识干家

企業閱讀　學以致用

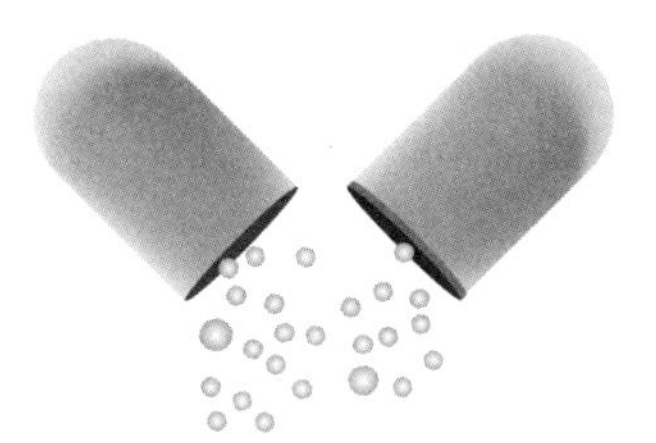

在中国，医药营销这样做

时代方略精选文集

段继东◎编著

中华工商联合出版社

图书在版编目（CIP）数据

在中国，医药营销这样做：时代方略精选文集/段继东编著．—北京：中华工商联合出版社，2015.7

ISBN 978-7-5158-1372-1

Ⅰ．①在… Ⅱ．①段… Ⅲ．①药品－市场营销学－研究－中国 Ⅳ．①F724.73

中国版本图书馆 CIP 数据核字（2015）第 153754 号

在中国，医药营销这样做：时代方略精选文集

作　　者： 段继东
责任编辑： 于建廷　效慧辉
责任审读： 郭敬梅
封面设计： 久品轩设计
责任印制： 迈致红
出版发行： 中华工商联合出版社有限责任公司
印　　刷： 河北宝昌佳彩印刷有限公司
版　　次： 2015 年 9 月第 1 版
印　　次： 2019 年 5 月第 2 次印刷
开　　本： 787mm×1092mm　1/16
字　　数： 250 千字
印　　张： 19.5
书　　号： ISBN 978-7-5158-1372-1
定　　价： 66.00 元

服务热线： 010－58301130
团购热线： 010－58302813
地址邮编： 北京市西城区西环广场 A 座 19－20 层，100044
http：//www.chgslcbs.cn
E-mail：cicap1202@sina.com（营销中心）
E-mail：gslzbs@sina.com（总编室）

博瑞森图书：企业阅读　本土实践

亲爱的读者朋友：

也许您是博瑞森图书的老读者，也许是新朋友，欢迎您阅读博瑞森图书！

当今中国，各行各业都存在着转型升级的压力与机遇。博瑞森图书与您一同应对转型挑战并发现其带来的机遇。

我们一直在问：什么样的书能为您解决管理难题并带来启发？

我们一直在找：哪些作品能帮助企业从跟随到领先？

我们一直在做：把最好的作品以最便捷的方式呈现给您，纸质版、电子版、书摘邮件、微信……

我们策划图书的原则是：

- 企业阅读——与您一样，做水中的游泳者，而非岸上的观众或教练，企业的困惑就是我们的任务。
- 本土实践——与您一样，立足本土环境，追求卓越实践，传播最适合当下中国企业的管理之道。

我们也向所有的企业管理者、管理咨询专家和企业研究者征稿，让更多被实践检验的好思想、好方法迸发出来，为企业助力！（bookgood@126.com 或 QQ：1963328416 或手机号（微信号）3611149991，绝非“自费出书”，不向作者收取任何费用）

如果有一天，您把博瑞森图书视为您优秀的事业伙伴、管理助手，我们也就实现了自己的梦想。

博瑞森图书

主　　编：段继东
执行主编：黄　屹
撰 稿 人：段继东　程建军　林延君　孙文辉
章建楠　门　萤　顾　威　周　亮
黄　斌　黄　屹　孙小飞　李智民
刘放之　周利生　林　雷　郭东军
王明威　孙国民　孙　刚　孙　哲
黄　新　杜　超　刘雪涛

主编简介

段继东：

中国医药企业管理协会副会长、北京时代方略企业管理咨询有限公司董事长、清华大学与北京大学特聘教授。现任及曾任多家医药企业董事、独立董事，包括仁和药业、昆明制药、康恩贝、舒泰神等九家医药上市公司，及齐鲁制药、重庆医药集团、锦州奥鸿等多家非上市企业。

深刻了解中国医药产业的现状、需求和困惑，对中外企业的管理特色有切身体会，对战略管理、组织再造、运营管理、集团管控模式、并购与整合、营销管理等方面有深入研究与实践。

曾代表中国医药行业在“中非合作论坛”部长级会议上演讲，被评为“中国医药行业十大企业家”，专著有《中国医药企业经典管理大系》《决胜十年——谁是医药新王者》。

北京时代方略企业管理咨询有限公司（以下简称“时代方略”）成立于2000年，专注医药行业管理咨询十余年，致力于打造中国医药咨询行业领导品牌，成为引领中国医药产业变革发展的顶级智库——医药行业思想创造者、战略引领者、模式创新者、管理提升者、资源整合者。

曾为跨国制药企业、国内医药工商业企业提供战略、营销、集团化管控、并购整合等管理咨询服务。合作客户包括辉瑞惠、帝斯曼、上海医药集团、国药控股、齐鲁制药、重庆医药集团、北药股份、以岭药业、仁和药业、吉林敖东、人福医药、北京舒泰神等近百家国内外医药企业。曾为CFDA和商务部提供政策研究服务，参与多次国家政策制定，组织完成《基本药物制度对药品生产和经营的影响预判》《新版GSP法规修订》《医药流通行业发展规划（2011—2015）》等。

营销是一杯值得细细品味的咖啡

国家食品药品监督管理总局（CFDA）南方医药经济研究所副所长

医药经济报总编辑

陶剑虹　博士

25 年前，传统媒体的最后一位看门人——秦朔，在他的毕业感言中说，希望自己 30 岁之后能有一张安静的书桌。如今，他告别纸媒，放眼中国，却很难找到一张精心治学的桌子。所有围在桌前的人，都在亢奋地谈论创业。不折腾不青春，勇于挑战自己，追寻梦想的人，总有可爱可敬的一面，创业艰辛，有些苦涩总要自己体会，有些甜蜜，说不清道不明就让人陷进去，就让旁人被感动。因此，我这个对营销只是纸上谈兵多、躬身实践少的媒体人，在收到时代方略段继东先生的邀约为本书作序时，很难说出“不”字，姑且，借着一页书卷，聊聊我对营销的感受。

“营销”这个词热了 20 多年，多少人把波特的《竞争战略》奉为圭臬。在一个渴望成功、渴望速成的年代，经典却可能不再经典，这个焦躁的社会环境和竞争体系，传统已经不能满足我们的求知欲。医药营销人在寻找能够一招制胜，更简单、更巧妙的法宝。他们想到的往往是方法比方向重要、出奇比守正重要，求术而忘道；他们迷失在旋转不定政策杠杆之下，被迫陷入焦虑，就像我们失去曾经拥有的许多简单快乐似的。段继东先生和他的营销战略咨询团队似乎诊断出营销的亚健康，凭着他作为一名优秀外科医生的职业素养，笔刀犹如柳叶刀，解剖中国医药营销的痛点，刀刀见血，切中要害。

没有人会否认，营销是医药企业当前最重要的工作，是一个好产品价值被释放的必要条件。《在中国，医药营销这样做：时代方略精选文集》力求给出的是一套有效的系统解决方案，犹如医药营销兵法讲评，铿锵有力。

营销问题和产品问题不同，产品是基因问题，而营销更多是管理问题。优秀企业营销必须具备这样的条件：短期可提升经营业绩，中期可提升营销能力，长期可打造企业核心竞争力。而许多规模小、发展滞后的企业，营销一直都是明显的短板和发展的制约因素，“五无现象”突出，即无体系、无平台、无策略、无模式、无人才。即使拥有一流的产品，但却多年无法做大，更是突破不了成长的极限。如何让营销力释放产品力？

在同质化竞争中体现不同内涵，赋予产品新价值，提供优质的差异化营销服务，才能实现领先。这个道理地球人渐渐都知道了，可是如何才能做到？

营销战略是营销的顶层设计，与企业战略相承接，是营销战术组合的主线和灵魂。然而，医药企业有自身独特的营销战略，为什么产业政策一变就不灵、市场一变就不灵、对手一变就不灵？

以往机会多、对手弱，只要做好自己就行了，而今天处在市场充分竞争时期，即产品同质化、市场同质化、营销手段同质化，对手都是超一流选手，花大价钱请来的高人，照样推不动营销，改变不了局面，问题出在哪儿？

我们曾经尝试用4P来固化营销模式，以为这样可以从经典教科书中找到试错的安全感。中国医药营销从亦步亦趋，到蹒跚学步，到漫长探索，再到快速起跳，20多年来，太多声音给我们忠告。梨子的滋味只有自己亲口尝后才知道。实战派是学习力最强的人群，在一个又一个细致的营销动作中，去体会“推”与“拉”的关系。

这些年，医药经济报刊载了无数中国医药营销人的商旅漫话、案例点评、心路历程，浓缩了中国医药营销成长史书，正是得益于段继东先生这样的智慧伙伴无私和真诚的分享。相信这本书，也能给出上述问题的答案。

这里有用心写成的文字，凝结着中国医药营销人进步过程中的心智。本书的撰写者大概就有经历这样的画面：盛夏午后星巴克，停下奔波的脚步，或是一人独处静思，或者三五成群低声谈论，谈营销中的那点事，手中的咖啡香气弥漫，营销有点苦，但品味它是快乐的。感谢他们为中国医药的营销白领奉上爽口悦心的咖啡伴侣，味道好极了。

我们跟随西方营销大师已经走了很久，他们进，我们激进，他们累，我们心累，他们鼓动人们告别红海开辟蓝海，我们也不管自己是否会裸泳。不要忘记营销模式是水准，是要素组合，需要与时俱进。

没有模式，是最高境界的模式，说的是需要不断创新和改变，而医药行业的营销模式恰恰体现了这一点。一是模式变化快，二是学不像，三是易泛滥，四是门类多。有以目标市场区隔划分的，如处方药、OTC、第三终端模式；有以管理手段划分的，如预算制、承包制、半承包制、毛利保底增量考核制；有以产品销售操作特点划分的，如处方药专业化学术推广模式、广告拉动渠道分销模式、精细化招商模式、普药渠道分销模式、普药直供终端模式、医药电商模式、医药保健品模式等。

当前，营销模式产品化是趋势性特征，以产品定策略、以策略定模式、以模式建队伍是当前营销模式的核心特点。

强在营销管理、赢在营销执行，但最终，医药营销人要牢记，最好的产品品质将带来最低的营销成本，尤其是与人的生命相关的产品。

中国医药营销人拥有最强的学习力和创造力，中国还有很多的医药企业被危机意识深深笼罩，发展挂在嘴上，心中忧虑生存。可以说，只有这些企业才有未来。

未来有多远，中国医药营销人需要更有技巧地将创新力和品牌力作为营销的根本支撑；每一种营销模式的突破首先是观念和认知的爆发，这是一个需要沉淀、反省和总结的路程。在日益开放的市场体系下，中国式医药营销的创意力和爆发力是无穷的，而这也是激励“段继东先生们”持续发现与创新的动力。

我们愈来愈靠近未来！

时代方略创立至今，已经走过15个春秋了。

这也是中国医药行业腾飞的15年，我们见证了行业的风云变幻，服务了众多的医药企业，和它们一起从小到大、从弱到强。战略、营销、管理、运营……我们也在一步一个脚印，忠实践行着中国医药行业智库的角色，在行业发展的长河中留下了自己的印记。

我们为客户提供了发展的良策，创造了优异的业绩。虽然成绩有目共睹，客户也对我们高度认可，可我们总希望还能为行业留下更多、贡献更多。

于是，我们在去年出版了《决胜十年——谁是医药新王者》，把我们多年来关于医药企业战略方面的经验、研究和思考进行了总结和呈现。这本书在业内也受到了广泛的认可，令我们十分欣慰。

战略咨询和营销咨询是时代方略的两大核心业务，这也和我的职业经理人生涯有关。众多业内同人很早就纷纷询问，时代方略何时会再出一本关于医药行业营销的书籍。事实上，我们也一直在紧锣密鼓地开展这项工作。

现在，《在中国，医药营销这样做：时代方略精选文集》终于和大家见面了，它正是我和时代方略全体同人关于医药营销的经验和智慧的集大成者。虽然目前市面上也有若干关于医药营销的专著，但论及思考深度和可实践性，应当是无出其右者，对此我们有充分的信心。

研发和营销是医药企业核心竞争力的两大关键要素。近年来，中国医药企业的研发能力有了长足的进步，还诞生了埃克替尼、康柏西普、阿帕替尼等重大创新品种，与国际先进水平的差距正在不断缩小。

而中国医药企业的营销能力却是另一番光景。一方面是行业政策的持续高压，另一方面则是挥之不去的商业贿赂阴影，导致业内外谈及医药营销，远没有研发那般的光鲜。

事实上，营销对医药企业的分量有多重，企业深有体会，更不必说营销和市场高管。商业活动的终极目的是要获得回报，营销业绩才是王道。无论光鲜的跨国药企在企业文化中如何高谈阔论其科学精神或是社会责任，强大的营销能力才是其持续发展壮大的根本保障。在当前，甚至相当长的时间内，对于绝大多数中国医药企业而言，营销都是最核心的竞争力，尽管不少人不愿意公开承认。

十余年来，时代方略给国内数十家各类型的医药企业开展过营销咨询，业务类型涵盖了营销战略、顶层设计、模式选择、团队管理、产品策划、市场推广等环节，对医药营销有着深刻的积累和理解。我和我们的团队来自于企业的市场营销体系，有着丰富的实践经验，同时和一线营销体系时刻都保持着密切的接触。得益于这些独特的优势，我们完全有理由相信，国内再没有第二家机构能够如我们这般，为医药企业提供营销智慧，实践也多次证明了这一点。

中国医药行业发展到今天，营销正在面临前所未有的变革。传统营销模式中的诸多不规范要素已经开始面临日益严峻的合规压力，行之有效的新模式尚在探索中，碎片化的市场格局导致了高壁垒和多样性，再加上产品的持续升级、新生代团队诉求的变化……这些都在持续颠覆我们过往对中国医药营销的认知，但是全盘复制外企的营销模式再次被证明是不可行的。行业和企业究竟何去何从？没有现成的答案，一切仍在混沌中。

尽管如此，我们仍然有充分的信心。中国医药产业从小到大、从弱到强、从计划到市场，正是无数中国医药人一点点艰辛摸索出来的。回顾各国的产业历史，那些伟大的企业也正是逐步诞生和成长于其间。我们有幸，和无数业内的朋友一起，从过去到现在，一直见证着、参与着、推动着。未来，我们还将继续贡献自己的点滴智慧，助推中国医药产业和企业继续成长，走向世界。

我们不敢奢望仅通过这本书，就能够精确描绘出营销的未来。我们所做的，是尽最大努力点燃一个火把。如果在混沌中，这个火把能够隐隐照出前进的方向，就足以令我们感到欣慰。

如果有人追问："中国医药营销，未来究竟路在何方?"我还是借用一句老话来回答："其实世界上本没有路，走的人多了，也就成了路。"

段继东

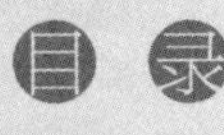
目录

第一章
高屋建瓴：营销战略抉择

第一节　医药企业如何制定营销战略

段继东

医药企业发展中的许多问题都迫切需要得到解决，营销问题是其中的重中之重。解决营销问题能够带来业绩，并为解决其他问题创造时间和条件。反之，企业会受业绩拖累，也无法解决其他问题。

营销问题主要是营销战略和营销打法。什么是营销战略？营销战略能解决什么问题？营销战略的核心要素是什么？如何制定营销战略？如何执行营销战略？这些都是企业一把手和营销管理者必须掌握和解决的问题。

企业营销战略落实到具体的管理工作当中，就是要做好两件事：

第一，建立营销管理平台，做好产品体系规划、业务体系规划及组织体系规划。

第二，落实营销战略的执行，也就是明确 5W1H。

所谓 5W1H，包括 who、what、where、when、why 和 how 这几个要素：

Who，就是明确营销战略的行为人，明确谁去做，谁参与，谁负责和谁考核。

What，就是明确营销战略的内容是什么，也就是具体的行动方案。

Where，就是明确在哪里去实施。

When，就是明确什么时间开始，什么时间结束。

Why，就是明确这么做的目的和意义是什么。

How，就是明确怎么做，如何去执行。

简单说来，做好这两件事就是要完成好营销战略的制定和落地。

营销战略就是解决好产品、队伍、市场、模式有机组合的问题。对于营销战略，在老板的脑海中是一套思路，在营销高管脑海里是一套方案，在营销执行者的脑海里是一套打法。

当前适用于医药企业的营销战略，必须解决以下几个问题：

一、门槛做进

门槛做进就是要解决为营销保驾护航的各种政策门槛的问题，如进入医保目录、新农合目录、招标目录、基本药物目录等。我们应当认识到，被政策的门槛卡住是战略的失败。我们看到一些企业通过促使产品进入目录，单独定价，在重点省份保持高价中标等进入门槛的措施为产品销售保驾护航。

实际上，企业做好了这一个点就撬动了全局。那些被政策拦阻在门外的企业将越过越难。过不去就是一道槛，四处碰壁，过去了就一片光明：产品原来无人问津，进入目录，高价中标以后，门庭若市；原来无销售网络，通过产品构建了网络；原来和代理商谈判低声下气，现在腰杆挺直，不交保证金不予合作。因此，进入门槛的产品就像穿了一件名牌套装，身价倍增。

那么如何做进门槛呢？首先就是要研究到底有几道门槛，处方药、OTC（非处方药）、基药的门槛都在什么地方，这些门槛到底有多高，如何跨越门槛，接着，企业需要做的就是赶紧抓紧时间吃透政策，面对现实情形去做好各省各地的招投标工作，做好进入新的医保目录的调整工作。曾经有一家企业，产品很好，独家医保，然而医保目录调整时被调了出来，这样的情况实在可惜。

二、品牌做强

现在许多大企业，对品牌方面的认知都存在问题。首先，不知道品牌的内涵是什么，企业代表的是什么品牌意义。其次，一些品牌出现老化，体现品牌的产品还是十几年前的产品。最后，品牌区域化特征明显，只在当地有名，在全国则没有名气。

从企业品牌和产品品牌联动的角度来说，很多企业品牌没做大，产品品牌也不响亮，更谈不上互动。因此，我们提出品牌要做强，也就是要把企业从区域性产品品牌做成全国性产品品牌，把区域性的企业品牌做成全国性的企业品牌。

今天，不管是医药行业，还是中国社会的各方面，出名还是管用的。品牌的价值应体现在营销策略中，也就是说，同样的产品，只要用上你的品牌，就可以比别人卖得贵、卖得好、卖得多。我们需要提高产品知名度、企业知名度，建立忠诚度、培育美誉度，用品牌化强化企业的规模化和专业化。

更重要的是，我们需要赋予品牌内涵。比如某企业品牌内涵是“创新、进取、专业、高效”。创新的具体内涵是：观念创新、模式创新、管理创新、制度创新、服务创新；进取是高品质产品、高效率服务、高水平管理、高速度发展；专业是专业化经营、专业化团队、专业化管理；高效是思想超前，战略领先，形象良好，敢于担当责任。该企业全力塑造品牌形象，以区别于竞争对手，使企业在各方面获得了不少实惠。

三、市场做开

市场做开是指做透核心市场，做开全国市场。每个企业都有自己的根据地市场，尤其是本乡本土和周围的地区。我们合作的一些企业中，常常出现在自己的根据地，产品做得还算可以，但产品一走出去，就没有了竞争力。

深入调研之后，我们发现，这些企业就是在根据地市场，实际上也没有做得很好。在根据地市场的产出，远未达到公司能力所及，潜力仍然很大。只要把根据地市场做好，再把公司的其他战略市场做好，增长就十分可观。所以，我经常建议企业第一件事是做好核心产品，做透核心市场。

企业要做的第一步应该是在根据地市场保住市场地位，保住市场份额，保住增长，这是做好全国市场的基础。第二步则是把全国市场做开。企业常常在某个小市场把业务做大了，而且被作为榜样和标杆得到宣传，但为什么能做好一个小市场，却做不好北京、上海、广东这样的大市场呢？**究其原因，在于能做好小市场是靠个别人的努力完成的，而大市场的做开需要制定全国性的策略和打法。**

企业的营销战略，需要在做透核心市场，做开全国市场的目标下有一揽子打法。我们知道一些企业有产品的销售目标，如核心产品过 1 亿元，过 5 亿元、过 10 亿元等。还有一些企业把市场开发管理做得很细，对每个目标都做了细分要求，如达到 1 亿元的城市、2 亿元的城市、3 亿元的城市分别要有几个。过亿元的产品多了，过亿元的城市多了，那就不愁业绩了。

业绩是由多个规模市场、多个规模产品和多个规模客户组成的。我们只要抓住了规模市场、规模产品和规模客户这三个核心要素，分三个维度来突破，业绩自然会突飞猛进。

以某企业为例，营销模式为终端直供模式，以终端强大的掌控力著称。其销售量 = 县经理数量 × 县级终端的数量 × 县级终端的产出。此时，终端市场的开发不是在做加减法，而是在做乘除法。通过终端市场的开发，保持县级经理的数量、县级终端的数量和县级终端的产出三个要素的增长，那么销售量的增长就会以乘积的方式增长。

四、网络做实

网络做实就是市场层级要下沉，医院层级要下沉。**市场层级下沉就是**

要从一、二线城市下沉到地县级城市。目前中国市场的潜力在农村，在地县级市场。正如中国自古以来的问题都是农民问题，把农民的问题解决了，才真正解决了问题。

目前，中国的地县级市场争夺才刚刚拉开序幕。但是很多企业都已经意识到地县级市场的广阔，如有一家企业的营销策略叫作“开发千县”策略，正是从地县级市场入手，抓住地县级市场的广阔市场空间。

从思路上讲，市场层级的下沉可以有两种思路。一种叫“农村包围城市”的思路，也就是企业先把地县级市场做好，再做中心城市和省会城市，**普药和半普药产品的企业走农村包围城市的路线常常比较容易成功**。另一种叫“城市带动农村”的思路，也就是先做好中心城市，然后由中心城市由上往下走，**新药、品牌药产品比较适合走“城市带动农村”的路线**。

医院层级下沉就是要从三甲医院下沉到社区卫生院、乡村诊所。据调查，越是基层市场，对大厂家、品牌药越看重，因此一些大企业在高端市场打响品牌后，其品牌药和新药能很容易地下沉到基层市场。某企业从20世纪90年代就开始做城乡结合部、乡镇卫生院的工作，当时很多企业还在做大医院的市场开发。现在该企业的产品销售大部分都来自乡村诊所。

市场层级下沉和医院层级下沉这两个维度共同为企业编织了一个立体的销售网络。企业要根据产品特性进行市场开发，通过产品建立网络，并将网络做实。

五、产品做大

产品做大就是要实施大产品战略，重点产品突破1亿元、5亿元甚至10亿元以上的规模。企业需要完成从一品不大到一品独大，再到多品齐大的转变。

近年来实力越来越强劲的外资企业阿斯利康，在我国销售的 21 个品种中有 17 个品种过亿元，甚至包括刚上市不久的品种，其中多个品种是相应领域的销售冠军。对于本土企业来说，如果一家企业构建有 1 个过 10 亿元的，5 个过 3 亿元的，10 个过 1 亿元的产品，那么可以预测，在两三年之内就能达到 50 亿元的业绩。反之，如果企业最大的产品销量都没过 5000 万元，其他产品都是几百万元的小品种，想要做到 10 亿元只能是黄粱美梦。因此，营销战略需要解决构建大产品和产品体系的问题。

六、管理做优

管理做优，就是管理体系优化，支持体系完善。管理体系优化就是简洁高效、流程优化。公司各个部门，包括生产、财务、人力等部门都全力支持营销；营销各个部门都全力配合支持营销一线。

比如有的企业仅营销的人力资源招聘部就有 10 多个人，有的企业专门设有营销财务核算部，全面支持营销一线的工作。

支持体系完善就是要重点强化两个部门和三个系统。两个部门是指销售管理部和市场部。销售管理部具备提供完整的销售分析和报表的能力，市场部要具备提供创新的策略支持的能力。

三个系统是指销售信息系统、客户管理系统和竞争情报管理系统。通过销售信息系统，能清晰准确地看到从生产到销售各环节的信息系统，营销尽在掌控中；通过客户管理系统，公司能有计划地开展客户的开发工作，对战略型大客户进行全面的服务和支持，并能掌握客户的变化、经营动态的最新动向；通过竞争情报管理系统，对竞争对手的变化、竞争对手的策略有及时和充分的了解，对竞争对手开发了什么产品、增加了什么客户、打法上有什么变化，都可以及时掌握。

企业的优秀从营销开始，优秀的营销从战略开始。

第二节　变革升级：再造优秀的营销系统

段继东

营销系统应该是企业最重要的部门，只有营销做好了，企业的发展才能得到持续健康成长，营销系统也是许多老板头痛和最关注的问题。

以往的营销更多局限在企业内部，更多是简单方法的营销。面对行业的快速发展，许多医药企业的营销系统都面临再造和升级的问题。医药企业的营销系统应该如何再造呢？医药行业营销系统有什么变化呢？

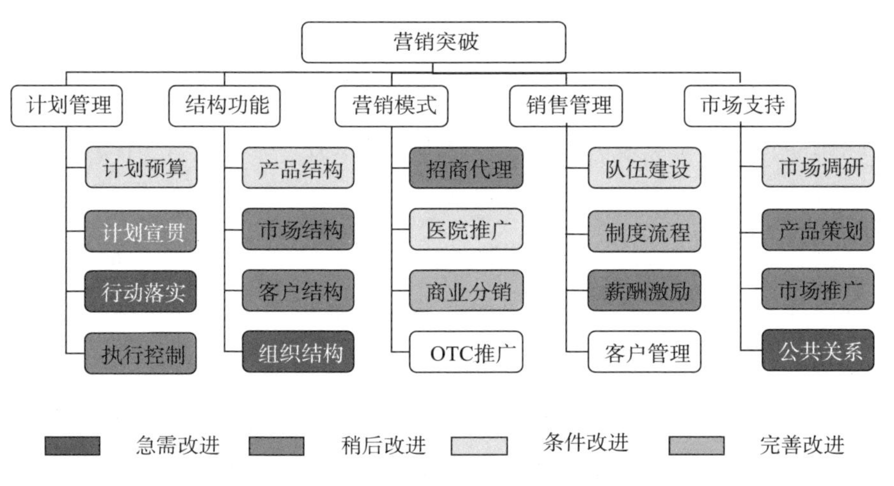

图 1－1　营销系统模型

一、建立理想的营销系统

图 1－1 是一个理想的营销系统模型。

首先从计划管理开始，有销售计划的递次和预算的递次，有计划的宣贯和执行，有计划的检查和落实，这是计划层面。

第二层面是结构功能，有产品结构，还有市场结构、客户结构和组织结构。以客户结构为例，战略客户占公司客户结构的比例？一般客户占多少？大客户占多少？他们每次的购买频率、当次的购买数量，决定公司的成长性，业务的成长性怎么样？所以，企业销售能不能上去，不仅仅看产品，还要看结构，通过两者，就会知道成长性是怎么样的。销售信息管理系统的作用就在于此，它是帮助做决策的。

营销模式，是招商代理模式？掌控终端模式？做普药的模式？还是厂商促销模式？这是不一样的。

销售队伍的管理，包括销售队伍建设、制度流程、薪酬激励，以及客户管理。

市场管理，包括市场调研、产品策划、公共事务和市场关系。

这张图说明，营销系统问题是个综合问题，各部分之间相互关联，要想把它解决好也不能一蹴而就。但是，有些问题要急迫解决，这是关键障碍；有些问题需要满足条件解决，待具备了条件再来解决；有些问题可以暂时不解决，先让它存在。不然就会造成一个局面：调整了结构，市场不支持，调整了市场，队伍不支撑，那么这个营销系统就不协调了。

目前大部分企业的这个系统多少是存在问题的，所以我们提出的概念叫营销系统再造，为什么叫再造呢？就是疏理之后去改造和完善，不是推翻，不是搞地震，是震动以后把不合理的地方改过来。怎么再造？首先要解决的问题是找到机会和击破机会，这个机会到底在哪儿？我们要成长的市场机会在哪儿？这需要先搞清楚销售的购买流程，这个产品通过几个购买流程？它是作为普药销售好，还是作为招商销售好？

有些企业的销售，比如很简单的出厂，就是一个一级商，几道分销，到底经过几道流程并不清楚，每一个流程的销售政策设计得也不合理。

营销系统的再造包括两个方面：调整和变革。调整是调整结构、调整政策、调整模式，它们是联系在一起的，调整模式就要调整政策、调整结构；变革就是团队变革、终端变革和渠道变革，它们也是联系在一起的。

二、调整产品、市场和客户结构

调整产品结构，增强产品竞争力。即突出大产品、盈利产品、有竞争力的产品，突出在重点市场的产品销售，要把竞争力体现出来。有一些产品，在短期内业绩可能不会增长那么快，但是后劲很强，可以代表企业的一个发展方向。

调整市场结构，强化控制力。市场控制力，就是尽可能多地去占据市场份额。所以产品对市场的控制力，首先体现在产品特点上，如果产品特点很鲜明，很快就能占据一定市场份额，一段时间后，为进一步拓展控制力，还需要借力占据的市场份额来控制市场。这是什么意思呢？就是说，占据70%和30%的市场份额，对市场的控制力和影响力是不一样的，换句话就是，尽可能地去扩大市场份额。

为什么有些企业有销售没市场呢，有销售增长但没有市场控制力，一个价格调整就下去了？就是因为它没有市场份额。普药也是如此，很多基层医疗单位用惯了某一个企业的产品之后，即使有人给出更优惠的价格，也不一定去更换，因为这里边还有很多的影响要素，像安全性、使用习惯等。

调整客户结构，要有成长力。客户结构要合理，大客户要占一定的比例，中小客户也要占一定的比例，通过明确的规定、明确的指标约定，落实到企业的管理实践中，通过详细的计划和安排落实到销售计划中。

结构调整是基础，市场细分是前提，战略制定是关键，战术控制是核心。

三、调整模式

模式调整是什么呢？就是专业化、职业化。做普药也需要专业化，拥有多少模式并不重要，重要的是把一个模式做到极致，像从简单招商做到策略招商，不是可以做得更好吗？模式的成功与否关键要看这个模式能不能形成核心模式，是否能够复制和输出。

一个企业的成功，不仅要自己能做好，能够把这套管理方法和模式加以放大，不管谁来加盟，都能按照这个模式来成长。谁要是创造了一个成功的模式，资源就会主动找到门上来，只要这个模式是领先的，是得当的，就会体现出适应市场、适合企业这两种关键的要素。适应市场，就是在市场上有生存的能力；适合企业，就是企业能够接受、能够承受这样的模式。

调整会对企业营销的创新和变革带来生机，一个新模式的诞生有一定的过程，一方面可以向别人学习，另一方面可以独创。

四、调整销售政策

很多销售人员过多地关注销售政策，并且认为销售人员，想的问题就是卖产品赚钱。但是，如果一个老总，一个销售总监，也这么想问题，那离销售管理的要求就相差太大了，且不是一点点的差距，这根本就没有站在一个战略性、前瞻性的角度去看待销售管理。政策只是销售管理中的一部分，是并不重要的组成部分，但也需要考虑。那么，销售政策是什么呢？

第一，从愿意卖，到愿意买和买得到。设计好销售的商业政策、销售人员的奖励政策、促销政策、市场开发政策、覆盖政策、上量政策、单产品的成长政策。

第二，从促销到促通。促销搞了很多，商业公司并不欢迎这样的促销，为什么？商业公司希望把价格体系维护好，返利能变成利润，这才是它们乐于看到的。如果所有人都实行促销政策，不得不在价格体系里做文章，去放大销量，把价格体系压下来，最终除了放大了销量做大了规模，却没有带来利润增长。但是，现在销售中的很多问题就出在促销政策上，大家一促销就降价，为什么不多做一做促通的工作呢？比方如协助商业企业去开发下游客户；多做维护持续增长的工作；开发新终端，把一些价格返利变成功能性返利；由销多少给多少费用，变成保持合理库存给多少费用、独家经营给多少费用、新开发几个终端给多少费用，这不是更有效的促销活动吗？

所以，促销的方式是要改变的，要从完全的随量返利，变成随量返利加功能性返利和市场开发，虽然短期内公司会受到一些影响，但从长期来看一定会有收获。

第三，从双赢到多赢。双赢只是厂商双赢，多赢则还有消费者、顾客、专家、病人、医生。在政策的设定上，对此应该有所考虑，并且这是一揽子的调整。因此，做调整的时候，一定要考虑相互之间的关系。

五、变革渠道和终端

普药主要是做渠道，招商也主要是做渠道，传统的招商是坐在家里招，现在的招商是找商、育商、管商，要去找合适的代理商，实际每个地区都有很多代理商，都有自己的特点，找到了合适的代理商，也就找到了合适的销售区域，那么也会有好的结果。所以，找商的重要性就体现出来了。还要育商，要去培育代理商，要跟代理商共同开发合作，要对他们进行培训。另外还要管商，对接双方的营销策略、企业发展策略，用战略性的合作手段去管理。

招商有很多机会，很多企业就是靠招商成功的，关键要升级招商系统，从简单的价格招商升级到策略招商。另外，要加强渠道建设，实现两个关键突破：深挖和拓宽。

深挖就是把重点市场从一级商、二级商、三级商，一直挖下去。

重点市场深挖，一般市场拓宽，实现广覆盖，覆盖的标准就是要选择合适的代理商，然后铺货，在当年要实现分单，重复购买。

在终端建设上，要强调有效覆盖合理产出，终端不是开发的越多越好。做药的经验表明，实际销售的大部分是20%客户产出的，要掌握住那些单终端产出量比较大的终端，对此有两个办法：

第一，增加有效终端的开发量；

第二，核单终端的产出量。

有一家企业，产品在一个省的销售额1000多万元，在做了单终端增量的考核和重点终端的开发后，当年销售就翻番，现在销售额达2300多万元。

六、落实营销系统的再造

营销系统再造是一个系统工程，也是一个庞杂的工程，但最终还是要落实到具体的销售管理中，具体的销售管理是什么呢？这是很多销售总监都比较关心的问题，也是老板关心的问题。其实，前边比后边重要，因为前边的方针和策略定了，后面的就是方法。通常营销系统再造有如下步骤：

（1）制定销售政策；

（2）对销售人员的进行绩效考核；

（3）进行销售指标的分配；

（4）建立销售运营管理系统；

（5）进行产品策划；

（6）做好营销的支持和服务工作。

由于公司在某些方面能力比较弱，系统不协调，所以效率发挥不出来，致使公司的竞争力有所下降，逐一落实上述层面之后，公司就应该能有很大的改善。

在营销战略的制定上，首先要考虑高层面的内容，其次是操作层面的内容。因为策略决定以后，操作方案就不会经常改动，即使改动也是局部的，是小变动。如果策略不能决定，改变也会是个大的变动。

落实到具体销售当中，就是要做好重点市场和全国市场之间的关系，任何一个新方法都不可能全面获得成果，一定要把重点市场做透，全国市场做开，这就是解决关键。关键是什么呢？

第一，关键就是关键市场，也就是重点市场。选取一两个样本市场，开始的时候可能不会产生多少销量，但它发挥的是旗帜的作用，是培育专家市场的作用，是建立品牌和地位的作用。在销量达到一定程度后，需要学术支持，那就要做好重点市场这项工作，如果品牌建立了，领导地位建立了，需要去扶植和放大，就要做好一般市场的工作。

这个重点市场是有标准的，标准是什么呢？一是市场潜力比较大的地区；二是地区经理比较能干的地区；三是公司的模式在这里最适合的地区，这就是重点市场，就是做样板的市场。

第二，关键就是要解决重点客户。重点客户是我们的基础，也就是大客户管理。大家应多听听大客户的意见，应该召开双方合作共赢的战略研讨会，讨论不讨论大不一样，看过没看过也大不一样。

有些医院的院长和主任，到大的企业参观，参观后感受截然不同。他们到山东齐鲁去参观，很多企业高压液象仪也就一两台，到了齐鲁的研究所，高压液象仪有 25 台，当时大家就肃然起敬，觉得这个公司对质量的控制、对产品的研发，是真正地做到位了，而不是停留在表面。因此，对重点客户的重点关照是有示范作用的。

对重点客户一定要重点关照，要做重点产品。产品很多，只能分先后主次，先把重点产品做好，重点产品是拉量最快的、能带来利润的产品，再解决重点环节。

可以对照一下，销售系统到底存在什么问题？计划薄弱就解决计划问题，人员缺乏就招聘人才，缺乏策划就自己策划或者请专业机构策划。总而言之，所谓营销系统的再造，是需要通过重点问题的解决来逐步实现的。

企业要发展，必须把营销先做大，只有营销强大，企业才能有机会去调整策略，进一步发展。营销系统再造是一个前提，这个工程漫长而艰巨，需要一步一步地做起。

第三节　建立系统完整的营销大纲

段继东

医药企业需要根据自身现有资源条件和未来战略规划建立营销大纲，规范和指导营销活动。通常而言，系统完整的营销大纲应该包括如下内容：整体营销策略、市场定位策略、产品策略、价格策略、渠道策略及促销策略。

一、整体营销策略

企业的整体营销策略应当由总体发展目标、策略思想和费用预算构成。

企业总体发展目标是对未来一定时期内企业发展的具体描述，包括销售目标、利润目标、市场占有目标、市场扩张目标和品牌发展目标。在企业总体目标下，还有根据不同标准划分的分类目标，包括年度销售目标、季度销售目标、月度销售目标、区域销售目标、分产品销售目标等，以确保能按步骤最大可能地完成目标。

制定目标的难点在于如何做到既不遥不可及、又不唾手可得，要符合企业客观的发展规律，再结合一定程度的激励因素来考虑，因此一个有效的目标需要对市场环境、竞争品牌、行业规律、资源投入、管理水平等因素进行综合评估，最终制定出一个现实的、真正具有指导意义的总体发展目标。

整体营销策略思想是对如何达成目标的方向性描述，是站在整体的高度所做的系统性概括，它对各项分类策略起着整合、指导的作用。整体营销策略思想的产生，是基于之前企业通过年度营销形势的深刻分析，对如何开展营销活动赢得竞争优势的一个最终结论，它的准确性和有效性取决于前期基础工作是否严谨、专业和客观。

费用作为企业最重要的财务资源，将在很大程度上影响着企业整体策略的制定，而企业的任何营销活动，都要在有限的资源条件下开展。营销费用的来源是企业的流动资金，它的多少取决于企业整体资金投入的计划，最关键的是企业的战略业务方向，具体而言是由企业高层确定的费用投入比率来决定的。

营销费用项目主要包括：广告制作费、媒体投放费、宣传品费、业务费、促销费、运输费等，对于各项费用应该占总费用的比例要合理分配，具体分配将依据整体营销策略来安排，这部分是放在营销计划制定内容中的。

二、市场定位策略

市场定位策略的基础是对市场的有效细分，市场细分的合理性决定着市场定位是否成功。所谓市场细分的有效性，指的是被划分的市场既能体现出某一相同性质的市场类别，又具备必要的市场消费容量，同时还能通过一定的渠道进行接触，这样的细分市场才是有效和有意义的。**目前最常用的市场细分标准是人口统计数据，但是更有效的市场机会总是隐藏在消费者的购买心理和购买行为当中，这需要对消费者进行深入的观察和了解。**

从细分的市场中选出企业的目标市场是一项很难的工作，很多企业总是想把同样的产品销售给所有的消费者，即便是做了市场细分，也总要多选择几个细分市场才满足。这里的关键在于企业需要对资源状况有清晰的认识，更重要的是要在市场渗透和扩张策略中抑制住产品延伸的冲动。在制定营销计划时，市场专业人员应该向公司领导提供有说服力的数据支持。

三、产品策略

产品策略的制定首先需要明确产品定位。产品定位即在市场定位的前提下对产品策略方向的界定，也是产品对市场定位的具体表现，需要做到的是产品与目标市场的一体化，最常用的是以高、中、低三类不同档次的标准加以区别。

为满足目标消费者的不同需求，企业应当规划出产品类别组合，通过包装、规格、品牌等表现。产品组合的关键是一定要以市场定位来确定产品线的长度和宽度，同时确立主导产品，并形成系列产品特色，合理控制产品种类和规格的数量。

满足不同消费者的需求或者追求多元化发展需要通过产品线扩张来实现。企业在做这类决策时，一定要考虑资源条件、市场定位和品牌管理的问题，避免损害企业的经营核心和品牌价值。

产品线延伸则是指企业力图用一种产品来满足更多消费者需求的策略，包括同类产品规格、包装、品牌的增加。产品线的延伸仍然是专业化经营的领域，其关键在于以不同的品牌加以区分，将产品的价值转化到不同的品牌上，形成一个完整的产品和品牌系列。

在营销计划报告中需要对以上产品策略做出具体的描述，必须强调的是整体营销策略思想是决定产品策略的唯一指导原则。

四、价格策略

价格策略的核心思想是价格定位，这需要依附于市场定位和产品定位，它们是制定价格政策的指导原则。在对价格定位时，最关键的因素是必须考虑竞争品牌的价格定位，以此作为一个重要的调整标准。

根据产品的种类、规格、包装、品牌等要素，可以制定出一套价格系列的组合，这样是为了满足市场区隔的需求，对于消费者而言，购买同一种产品的目的是不同的，价格组合可以为他们提供多样化的选择，更重要的是可以为企业带来不同的盈利水平。

定价策略是对企业的价格政策进行的总体描述，是一个解释性的纲要性内容，作为整体营销策略的一个重要部分。根据已有的价格组合体系，企业可详细分析出每个产品、规格、包装或品牌的毛利水平，并汇总出综合的毛利水平，这样将为决策层提供一个非常直观的判断依据。

五、渠道策略

渠道策略思想是对渠道策略的一种方向性描述，反映的是最核心的策略原则，以对具体的措施进行指导和解释。企业需要从分销网络体系的组合、层次、覆盖面等几个要素分析企业的渠道建设重点，并考虑分销网络建设的成本和效率，是整个渠道体系的基础和目标，决定着企业一系列渠道政策的制定方向。

分销网络的管理就是对如何管理中间商做出描述，包括经销商的经营模式、对经销商实施的管理方法、对经销商进行整合等内容，其最终实施的成效取决于对分销网络特点的了解，也就是说不同层次的分销体系需要恰当的管理模式，对于这点应该予以清晰地表述。

区域市场管理是对企业区域市场发展和扩张方向的描述，它要符合分销网络建设的目标，其作用在于更好地推动分销网络建设和管理，因此主要是对企业自身销售分支机构和销售队伍的管理要求，要制定出规范化的专业职能要求。

分销网络推广主要指针对中间商开展的推广活动，其目的是通过利益的激励来达成分销网络的建设和销售业绩的提升，要对推广策略思路和主要推广手段进行描述，作为渠道策略的战术支持部分。

六、促销策略

促销策略主要是确定促销推广重点和促销项目整合的策略思想，由于促销手段多样化，整合性便成了非常关键的因素，而整合的有效完成则必须要抓住重点，因此需要明确地对此做出描述。

促销推广形式主要包括媒体广告投放、消费者促销、主题推广活动、终端推广活动等，具体需要解决的是如何确定不同促销推广形式开展的阶段，各项内容在总体推广活动中所占的比重，以及不同市场拓展阶段的促销重点。

推广内容整合最关键的就是确定市场的拓展阶段和具体目标，然后确定各阶段的推广重点，再确定各阶段的推广主题，接着在主题之下选择主要的促销推广方式，并以其为中心对其他促销形式进行整合，由此形成一套整体的促销推广方案。

第四节　合理规划医药企业的业务体系

段继东

现在很多企业都对构建业务体系感到困惑，要建多大规模的销售队伍？是按产品分线，还是统一管理？每个业务体系的管理模式是什么？用什么销售方式来做？对于这些很多企业是疏忽的，甚至是比较盲目的，所以建队伍是一窝蜂，分开是一窝蜂，合并还是一窝蜂，导致模式经常变、策略反复改。

我们发现很多企业并非没有采取相应模式，也不是没有建过队伍，但最终没有成功是因为他们没有把正确的坚持下去。如许多企业都建了招商体系，但都没有找到根本的魂，很多时候找了代理商，却没有对代理商进行管理和培训，也没有服务，更谈不上产品策略。如此，业务体系不可能规划起来，招商形同虚设。

例如普药分销体系，如果不做普药终端拉动和分销，是分销不下去的，这不是靠人多能解决的。还有处方药专业化推广管模式、广告拉动渠道分销模式，终端直供模式，等等。

现实中既有按业务模式分线成功的，也有按统一管理销售成功的队伍，问题本质不在于分不分队伍，而在于企业各业务体系所处的发展阶段。企业必须思考分队伍的基础是什么？如果队伍分开，一支销售队伍大概能辐射的管理营销半径是多少？主要目标市场多大？每一个人员承担的指标是多少？不同的队伍卖什么产品，多大规模？分几支队伍，队伍之间如何管理？资源如何匹配，如何互补能最大限度发挥企业的综合管理作用？

具有百亿元规模的某大企业，在营销业务体系设置上充分考虑产品和营销资源的对接，在重点区域，以自有队伍进行三级终端覆盖，非重点区域采取招商模式，寻求居间人进行终端渗透。

企业主要的业务需按照“普药产品线队伍、招商产品线队伍、OTC 产品线队伍、处方药产品线队伍”分线。

分线的意义在于对不同市场属性和产品属性的产品上采取更有针对性、更有技术壁垒的模式。

许多企业学做 OTC，一个地区增加了几十名销售人员，但不做消费者教育；有的企业学做招商，设立三五个人的招商部，坐在家里等客上门，不做策略招商和政策保护，也没有招商、育商。这些做法无非是学个皮毛，不论分几条线如何分，本质上都是一个模式，渠道模式只是在市场的选择上不同而已。

分线的核心是“人 - 产品 - 模式”一体化。分线就是“卖什么产品，用什么模式、选什么人”。

普药队伍，由于普药产品多，销售靠的是区域品牌、成本价格、促销政策和客情关系。所以这支队伍人不用太多，也不要学医学药。学历不重要，最好派出家乡子弟兵，他们跳槽的资本不够多，对企业忠诚度高，能吃苦、会处事。

处方药学术推广队伍的产品主要是有学术卖点的新产品，需要教育医生、培养专家、专业化推广，所以需要有医药学基础，有过处方药推广经验的驻地医药代表，最好设立办事处进行管理。

招商队伍主要销售有特点的产品和半普药，靠的是公司产品的独特性、政策保护、招商空间，所以需要市场部强大的策略制定能力，要求销售人员主动招商，并具备很强的管理能力、沟通能力、谈判能力，需要本地派出高水平的管理者，而不是销售上的弱者。

OTC 队伍销售的产品主要是治疗慢性病、常见病、多发病的药品，靠的是广告、软文、新媒体等方式对消费者加以教育，对人员的要求是勤奋、简单、“听话”、照常办事，高中以上学历都可以胜任。社区部、城乡接合部都是销售半普药产品，只是市场在基层，人员要求同 OTC 队伍要求一样。

由此可知，每支成功的队伍都要从产品、人员要求、模式、工作重点的匹配性上达到一体化要求。

在此基础上，还应强化两个重要方面：

一是医药企业品牌体系规划。

网络是基础，产品很关键，品牌最重要。产品品牌、企业品牌是医药企业品牌建设的核心，品牌是区域开发竞争的重要手段。

现在企业品牌现状表现为以下几类：一种是有产品品牌没有企业品牌，一种是有企业品牌没有产品品牌，一种是产品品牌和企业品牌都没有。医药企业的品牌资源普遍处于浪费的状态，品牌价值没有发挥出来。

建立产品品牌和企业品牌联动的机制是企业能否做大的关键。比如，葵花药业品牌规划体系是从企业战略到产品开发、品牌形象、包装设计、广告创意等等都在一个系统中执行，各品类互相支撑，协调发展，共同支撑公司品牌。

企业要对品牌资源，尤其是产品品牌进行系统评估，考虑品牌资源是不是发挥了最大作用。建立路径是把企业的品牌内涵挖掘出来，通过有效手段传播，并促使客户认知品牌在制药行业中的特色，固化产品在客户心中的品牌形象。

我们常说制药企业发展呈现为专业化、特色化、品牌化三个阶段，品牌对企业的作用显而易见。企业可以通过先打造细分市场的产品品牌，然后再打造系列产品品牌，最后形成企业品牌。产品品牌带动企业品牌，企业品牌放大产品品牌，它们之间有相互联动的作用。

二是医药企业目标管理体系。

将战略目标分解到年度经营计划中，将年度经营计划落实到各阶段，并确保有效执行是构建前述四个体系的根本保障。

医药企业目标管理体系是通过有效的目标管理、目标分解和薪酬绩效保障解决营销保障问题。为什么企业害怕与代理商博弈？是因为没有进行客户管理。为什么企业年终销售计划实现不了？是因为没有过程的目标管理。为什么销售团队缺乏执行力？是因为目标管理举措没有做出来。目标管理体系是实现营销战略的保障，也是实现营销过程管理的关键。

所以，我们预测未来应该是产品为王的时代，应该是营销网络为王的时代。现在企业需要在营销体系建设下完成一个产品的塑造、网络的建立和营销服务的提升。对于医药企业来说，不论是大型企业、还是小企业，做好营销五大体系的规划——组织体系规划、产品体系规划、业务体系规划、品牌体系规划、目标管理体系规划至关重要。

第五节　无招胜有招：营销模式的最高境界

段继东

目前，医药企业营销已经从有模式时代进入到了无模式时代，为什么呢？众所周知，**环境的改变使得原来的营销模式必须做出变革，医药企业正在向着营销模式产品化、阶段化和个性化方向转变，此时正需要营销模**

式的重塑。

营销模式有许多种分法，各种各样，各有其说。从管理上来说，医药企业的营销模式一般可分为两种：一种是自营队伍的模式，采取预算制或半预算制；另一种是招商代理的模式，也就是居间人式的管理模式。

目前，这两种模式均受到不同程度的挑战，需要重建和优化。

一、自营模式

自营模式，即自己组建专业队伍，开发医院做市场。从市场开发到促销，到专家维护，再到终端管理，都由公司自己来做。好处就是公司有自己的子弟兵队伍，能够在打硬仗的时候顶上去，有利于医药企业长期向专业化方向发展。

未来竞争将朝着更专业化、更细致管理的方向进行，因此，企业自身的销售队伍就显得尤为重要。自己组建专业队伍的初衷就是提供更加专业、周到、及时的服务，使市场和生产企业捆绑得更紧。

跨国药企的成功很重要的一个因素，就是用自己的销售队伍做精细化的管理。对于这些外资企业来说，专业化的销售队伍可以说是其采取的七种利器中的基础，没有这支销售队伍，就不可能采取那么多专业的办法，提供那么直接的服务，达到那么好的效果。

现在很多国内企业也开始自建队伍，希望像外企一样，让销售生根，把市场做牢。部分企业较为成功，但许多企业对新队伍培育多年，投入多年，效果甚微，进退两难。

目前，采取自营队伍的企业碰到了哪些困难？主要有销售队伍的战斗力钝化，营销系统效率下降，费用加大，管理难度加大，成本上升，这些现象的产生和管理模式有直接的关系。

企业不是不敢投入，而是缺乏有效的管理系统，投入没有效果。销售队伍对公司的依赖性越来越强，独立性却越来越差，而且不愿意承担风险，好干就留下，干不好拎包就走，公司对这些自营队伍可谓又恨又爱，丢了可惜，留着难受。

最严重的情况是，这些队伍表面是办事处，而实质是代理商，要费用是公司队伍，做销售就变成了跟公司博弈。公司对这种状况是有苦说不出，有力使不上。实际上，这种情况说明在自营队伍管理系统上出了问题，而且不能通过单纯地解决薪酬、奖励和费用管理改变这种局面。

自营队伍到底应该如何管？我想自营队伍的管理需要站在营销战略的角度和营销管理的高度来看待，否则就会变成鸡肋，嚼之无味，弃之可惜。

因此，如果要在人员选择、队伍管理模式、营销组织结构、营销过程管控、薪酬及考核，销售政策制定和费用管控等几个方面升级优化，进行重建，问题还是可以解决的。

那么是不是一定要采取自营队伍呢？我想，对于是否采取自营队伍的模式，不能一概而论。**如果具备强大的管理能力，有好的产品，建自营队伍较为有利，如果管理能力较弱，没有一套有效管理办法，则要慎重。**

二、居间人模式

我们再来说说代理制“居间人”模式的管理。现在许多企业受益于这种模式所带来的成功，尤其是那些原来只有产品，销售比较弱的企业，收益更大。

然而随着销售做大，管理的问题也逐步显现，一点不比自营模式乐观，只是表现的方面不同。对出现的种种状况，企业家也越来越陷入害怕与困惑之中。

总结起来，企业家有五怕：

第一，怕模式变化。

现在的代理制模式是“产品/政策—空间”模式，产品、政策、空间三者缺一不可，一旦某个环节有问题，就没有生存合理性了。比如国家对于倒票的限制、对价格的管理，都可能使这种百发百中的模式变得毫无用处，如果企业自己有销售队伍，情况会好一些。

第二，越做大越怕。

由于市场掌握在居间人手里，做得越大，企业对市场网络越无控制力。客户只认居间人，不认企业。居间人也怕，做小怕市场被收回，做大又怕给人家做了嫁衣。由于双方没有深度信任，对继续做大市场极为不利。

第三，越没产品越怕。

要想居间人保持忠诚度，就要不断提供产品，不断改变销售政策，否则居间人会去别的厂家做新产品，分散了精力，完不成公司持续增长的目标要求。厂家希望把一个产品做大，居间人希望把多个产品做好。

第四，越控制不住越怕。

很多居间人在最初代理产品的时候，承担了很多风险，甚至还做了很多产品进门槛的政府事务工作。也就是说，企业基本完全靠居间人打开了市场。

居间人也认为自己劳苦功高，因此双方在关系上存在一些不对等。居间人希望尽快获得短期收益，补偿前期的投入。而企业则希望居间人继续开发市场，做有利于企业的市场开发活动，这就意味着要居间人继续加大投入。显然，两者的目标和想法出现了矛盾，因此也就面临着谁占主导的问题。原来合作默契的双方也因此变得猜疑和博弈。

第五，怕自己的销售队伍弱化。

因为采取居间人来销售，销售工作外包给居间人，企业自己的队伍并不是销售的主体，只起到了管理居间人的作用。市场做大以后，自己的销售队伍认为自己功劳很大，越来越懒，越来越没战斗力，只想着对上要政策，对下压居间人。企业对于这些“老人”很没办法，舍不得增长，也不愿伤了感情。

因此居间人模式也要变革，要将代理商像自己的销售队伍一样管起来。不仅要给产品，还要给服务、给策略、给支持、给管理，要做到营销价值链管理一体化，引导居间人队伍向专业化、规模化、正规化方向发展。

如何重塑营销模式呢？

对于自营模式来说，可以从营销组织管理、人员选拔、销售政策制定与设计、费用的使用、工作标准和职责等方面来进行一定程度的优化，逐步把队伍打造成真正属于自己的正规军。

对于国内医药企业来说，自营模式的优化既不能完全学外企，也不能完全搞大包。可以采取新队伍，新机制，新产品，新策略的模式来进行重塑。要有长期的耐心，还要找一个懂自营的操盘手管理。要强化总部、大区、办事处三级管理，强化职业素质教育和培训。要重点培养具有管理市场能力、组合策略能力、专业销售能力、网络建立能力、客户服务能力、信息管理能力这六种能力的人才。

对于居间人模式来说，做好代理制“居间人”的管理要引导三个方面，包括：引导他们把代理的重点品种规模做大而不是不断地在寻找品种；引导他们把专业化做强，要给代理商足够的专业指导，尤其是产品策略指导；引导把正规化做好，帮助居间人做好产品管理、市场管理、人员管理体系。

要做好三个方面，必须以这三点为基础，做好利益一体化、服务长期化、管理精细化。利益一体化就是要充分考虑居间人的利益，考虑其承担的工作、风险，充分保障居间人利益。尤其企业规模做大的同时，居间人的利益也需要随之增长，尤其是长期保障。服务长期化是说要对居间人提供长期的系统化支持和服务。销售做得好不好除了与居间人的能力密切相关以外，还取决于生产企业是否能够对居间人提供系统的支持和优质服务。因此，企业需要从支持、服务、战略指导这三个方面，把双方的合作捆绑得更紧。要做好精细化管理，要把企业的策略管理和居间人的市场管理都做得更精细，在细节上超过别人。

除此之外，还要在几个细节上下功夫：第一，做好优质代理商标准的设定和寻找。比如，寻找有政府事务能力、风险承担能力、终端服务能力，坚决执行公司策略，有足够资金实力的代理商。第二，要有寻找优质代理商的途径。第三，建立管理优秀代理商的方法，等等。

总之，模式无止境，没有模式就是有模式的最高境界。

第六节　中国医药营销模式的盘点与展望

段继东　黄　屹

中国医药行业的营销环境正在发生深刻的变革。无论是外资企业还是本土企业、处方药还是 OTC，长久以来形成的营销模式在这轮变革中开始不断受到挑战。许多企业已经对此进行了不同的应对和尝试，其中有成功的经验，也有失败的教训。无论如何，这些探索对于中国医药行业未来的发展，以及打造真正世界级的本土医药企业，都将产生积极的借鉴意义。

一、外资药企处方药营销：四位一体联动模式

自 20 世纪 90 年代初外资医药企业进入中国以来，对本土医药行业的

营销模式产生了深刻的影响。绝大多数国内医药企业正是通过对外企的学习、借鉴、模仿和吸收，才逐步形成了自身的营销模式。

外企的处方药营销通常围绕产品开展，以政府事务公关为前提，学术专家支持为基础，专业化能力为保障，体系建设为核心的四位一体联动模式。

（一）政府事务公关

政府事务被形象地比喻为“政策保驾”，是指在药品营销活动中，通过政府事务公关，尽量争取对自身产品有利的政策，同时规避不利政策。

近年来，与医药营销相关的政策主要有四点：定价、招标、医保和基药。种种迹象表明，定价政策今后将大幅放开，招标政策也可能发生重大变革。未来，医保和基药的政策影响会显著上升，尤其是医保。

绝大部分的医药企业都能意识到政策对营销的重要性，也会进行相关政府事务工作，只是实际开展力度不尽相同。外企对于政府事务一直以来都投入较大力度，某知名外企的处方药政府事务部近 70 人，OTC 政府事务部也超过 50 人。作为解决解决药企营销瓶颈的重要环节，政府事务部往往起着类似战略导弹部队的作用。

政府事务工作需要做到“两层三级”。两层，是指企业层面和营销层面，分别都要争取到相应的政策支持。“三级”，是指在中央部门层级、药企所在地政府层级和全国各地的省（直辖市）政府层级都要开展相应的工作。**在政府事务的管理方面，企业需要做到“专人、专款、专项”：以专人负责，使用专款经费，重点开展专项工作。**

（二）学术专家支持

外企的重点产品基本都有专家作为学术代言人，协助产品的巡回推广，并建立了“瀑布式”和“同心圆式”的推广体系。“瀑布式”是指逐级下沉的专家教育，省级面向市级，市级面向县级，县级面向乡级。“同心圆式”是指在全国建立几个大中心，包括一线城市北上广深及重点的二线城市。

除对外组织专家开展产品教育，外企内部还会建立隶属企业的各类型专家委员会，例如药监、药审、临床用药指南等各专家委员会，形成完整的专家体系。

（三）打造专业能力

外企的专业能力不仅是指专业化学术推广的能力，专业化学术推广是专业能力的一部分，实际还包括专业化市场管理能力、专业化客户管理能力、专业化培训能力和专业化商务能力等内容。

对销售人员的专业能力培训重点不是销售技巧，而是培训市场管理能力和组织管理能力，要把营销队伍从业务型团队变成管理型团队。

（四）建立体系支持

外企强大的体系支持通常包括三块：业务管理体系、市场支持体系、营销管理体系。

业务管理体系，即根据产品的营销模式不同，针对性地设置包括队伍数量、分线层级、团队人数、分管区域、指标分配、管理办法等业务管理要素。不同类型的业务管理会产生不同的效果。以业务分线层级为例，企业可能在大区层面分业务线，也可能到大区下层分业务线。大区层面分线将有助于管理聚焦，因为自上而下的资源配置会形成自上而下的强力管理体系；如果是大区下层分线，相对会更有利于资源的最大效率地利用。

市场支持体系，主要是产品策划和产品管理，需要围绕产品的生命周期、新产品的上市、老产品潜力的挖掘等方面开展。这类工作大部分是由企业市场部完成的，或借助内外部的力量。

营销管理体系，主要包括三项：人力资源体系、销售财务体系和信息管理体系。目前许多企业的营销人力资源体系都独立拆分，由专门人力团队负责营销人员招聘。财务处理能力也是决定营销模式选择的重要因素之一。信息管理体系需要对客户信息、竞争信息等要素进行详细搜集、整理和分析。许多外资企业和运营较好的内资企业，每个月都有若干份内部简报，包括销售简报、地区销售分析、主要竞争对手和竞品分析、政策，以及市场变化分析等内容，为营销决策提供参考。营销信息管理体系与市场部往往联动较多。

外企模式的影响。大部分国内企业一直以来都试图模仿外资企业打造营销模式，但许多企业并未获得成功，主要原因在于所有的相应营销管理都需要在一个系统化的平台上去实现。这样平台的形成需要积淀和磨合，需要与管理层和员工的教育及行为习惯相契合，甚至还需要受到企业文化长时间的影响，这些都是国内企业所欠缺的。

当前，外企高级职业经理人回流本土企业是十分普遍的趋势，但真正取得成功的并不多。许多国内医药企业重金挖来外企高管，却并没有带来相应的业绩，根本原因还是平台和管理体系的缺失。而习惯了成熟管理机制的外企高管，创造力往往也存在不足，进一步加大其在内资企业重新打开局面的难度。

如今，外企的体系建设、队伍建设、专业能力、市场都没有减弱，但由于遭遇 GSK（葛兰素史克）事件及本土优秀企业的崛起等大趋势，外企的营销模式也开始产生新的变化，主要表现在两个方面：人才和机制。首先是挑选优秀的人才，许多外企开始回归到其最初进入中国的状态，即倾向于寻找医药学科专业能力强的优秀人才，以便能够和处方医生更好地对话，从而更加专业地开展学术推广。同时，外企更加注重加强自身在优质营销服务方面的优势，并将营销服务更加细化到具体的服务内涵上，包括提供有质量的文章、会议等。

二、本土药企的优势：竞争体系 + 灵活机制

大多数本土企业的处方药产品科技含量较低，缺乏足够的学术亮点可供挖掘，但也不乏能够取得突出的营销业绩的企业。**这类本土企业的营销模式既有自营的，也有招商的，但无论哪种，模式成功的核心，在于确立竞争体系和运用灵活机制。**

竞争体系。竞争能够显著地提升营销队伍的动力。**对产品的销售资质的界定，无论是面对内部销售人员，或通过招商模式引进代理商，都要确保通过相应标准的资格竞聘来分配。**

对内资质的竞争需要制定严格的考核方案，例如有些企业会采取保留20%增速的市场的销售资质予以政策扶持，对10%～20%增速的市场进行资质的重新竞聘，对不足10%增速的市场之相关员工直接解聘，等等。区域市场的资质竞争可以实行企业内部招标，承诺相应的销量可以基于相应的政策。内部竞争建立的关键在于管理的执行力，对于销售业绩不达标或者搅乱市场的行为，一定要严格惩戒。

外部代理商的资质也需要通过竞争来分配，并加以严格管理。近年来，国家对医药流通环节的规范日趋严格，相当数量的代理商未来会面临淘汰，只有合适的代理商才能为企业创造利益。企业需要通过包括展会、媒体、定向等多种途径，尽可能多地将信息传递到目标代理商群体，并考虑通过某些技巧性的造势，引起竞争态势。同时，企业对产品的规划、维护市场秩序的方法等相关要素的管理都将影响代理商对产品和企业竞争价值判断。

某国内知名的大型处方药企业，甚至采取了更加激进的竞争策略：将某种优质产品在一个区域的销售权同时交给两支队伍，包括企业内部的自

营团队和外部的代理商，他们都可以进行销售，即使在同一市场上也可以交叉重叠。这样的策略最初曾引起巨大的争议，被认为会导致资源浪费，但随后证明：这一策略给营销团队带来压力的同时也产生了巨大的推动力，最终该产品获得了十分突出的销售业绩。

灵活机制。本土企业在保证营销团队整体费用核算的前提下，在诸多方面提供较大的灵活性，包括费用使用、人员聘用、筛选调动等。**利益绑定和增量管理是当前两种被有效践行的营销激励机制。**

利益绑定不是简单地将业绩与员工收入挂钩的绩效考核，而是指企业将产品业绩最大限度地与营销团队利益深度结合，以充分调动各种资源和团队积极性，包括内部和外部。对内方面，越来越多的企业开始对营销团队采取类似承包制的模式，从包括财务结算机制等方面将销售团队向类似代理商的方向改造，企业主要提供产品的学术支持，可能还会包括政府事务，此外仅对费用管理、内部管控等提出相应要求，其余全部放权。对外则运用股权合作的形式，与外部企业形成销售队伍联盟，组建新的销售公司，自身占主导股权，外部销售队伍的骨干占一部分股权，不少销售企业正是采取类似模式代理了许多品种。

增量奖励的基本模式是企业与销售团队共同制定年度销售业绩目标，并核准产品毛利。当年度销售业绩超过设定目标，将增量部分的毛利全部分配给营销团队。这笔奖励可以由营销团队全权处理，可以全部用作团队奖金，也可以拿出一部分开发市场，获取收益。这是一种类似投资基金管理的激励模式，对刺激团队获取增量业绩的动力非常大。

当产品科技不足、卖点受限、销售模式受到挑战的时候，还是需要用激励的手段，去解决人员积极性的问题。同时，企业还需要有严格的管理制度跟进。要么重奖，要么重惩，少有中间态。**真正理想的营销管理，应**

该实现以个体为核算中心，予以足够的利益分配，将个体主观能动性最大化地挖掘，同时做到管理最严、压力最大。

当医药企业缺乏销售模式，首先应解决产品问题，产品力不突出，则应考虑学习、借鉴成熟的销售模式；如果销售模式有障碍，则应通过管理、机制分配和比较竞争的方式去解决营销团队的活力。**对于企业究竟应采取哪种营销模式，没有绝对标准，基本上是组合模式。**

三、处方药的下一步：从政策驱动到市场驱动

当前，外资企业和本土企业的处方药营销模式都走到了亟需变革的十字路口。

外企面临如何在中国市场重新打开局面的问题，坚持何种销售模式的抉择。本土企业同样面临新的挑战，既往已成潜规则的带金销售，以后势必日益严峻。就目前来看，行业政策有可能不利于外企和产品力不强的国内企业，但对于产品力比较强的、不可替代的或者有强大营销服务能力的国内企业，相对比较有利。

医药行业开始回归价值本质。医药行业的价值本质有两点，一是安全有效的产品。没有这样的产品，不管这家企业今天的规模多大，业绩如何光鲜，将来都不会有前途。**二是回归优质的营销服务。**在产品同质化、市场同质化、营销模式同质化日趋严重情况下，只有靠强大的营销管理和营销服务，才能获得差异化的竞争优势。

多年以来，中国医药行业的营销政策基本是沿着国家政策的方向在变迁，未来的变化也会与之密切相关，但可以预见的是，更加市场化的运作是必然趋势。

未来的营销模式，将会是优质产品、专业化团队、营销服务、销售管理加上有效的分配机制，共同构成成功要素。专业化团队推销企业和产品

能力一般都比较强，尽管不一定能够做到差异化，但能够保证产品策略的领先。

销售队伍的激励方式可能发生很大的改变。薪酬体系考核和费用核算管理一定要有利润成本中心的概念，核心是要形成责任担当的观念，而不仅仅是工资、奖金、业务和报酬的问题。**未来的处方药营销要更多通过管理输出、模式输出和方法输出形式，通过一个有效的手段（包括股权等形式），把行业已有的营销资源、营销网络进行充分组合。**

四、OTC 营销变革：抓住新机会

OTC 营销过去最成功的模式就是“广告拉动 + 渠道分销”：在各种媒体上大量投放广告，同时对渠道进行压货，这个模式现在已经完全失效，包括哈药集团有限公司（下文简称“哈药集团”）等过去以广告模式为主的企业，销售都遇到较大困难，增长缓慢，而且销售费用很高。与之相适应，在以央视为代表的传统媒体上，药企所投放的广告数量也在大幅减少。

OTC 广告模式失效的重要原因之一是公众的需求日益个性化，大一统的广告模式越来越难以打动患者，难以形成购买力，尤其是类似央视这样传统媒体的广告投放。因此，OTC 产品需要用新的传播模式来代替传统模式，适应公众的消费习惯。新媒体由于广告投放更加差异化和个性化，对于与消费品有着高度相似性质的 OTC 而言，可能会更加有效。与之相适应，电商也是 OTC 产品的重要机会，及时向电商转型的 OTC 企业可能会有较大潜力。

基药和农村市场同样也是 OTC 的新机会，因为国家对基药的政策扶持将对消费者的购买力产生促进作用。如果企业的 OTC 产品能够纳入基药目录，则能够获得较高的报销比例，在支付力度上将拥有可靠保障。农村市场的消费水平和消费习惯也与OTC有较高的契合度。

因此，对于OTC产品而言，新媒体、电商、基药和农村市场都是企业营销模式转型需要抓住的重要机会。

在过去，OTC营销重点强调的是疗效和营销管理，包括产品销售如何在药店上柜、如何摆放、如何突出产品宣传等。现在，客流量管理、增加单客购买量、协助药店慢病管理、消费者教育等方面开始成为OTC新的关注点，实现的途径可包括线下和线上。例如在线下，辉瑞公司（下文简称“辉瑞“）尝试在上海某些重要的零售药店设立小型体检中心，提供血糖、血压等基本检测和诊断，以此带来客流量和销量。在线上，提升企业门户网站或相关电商的客流量则能够为OTC产品销售带来明显提升。

五、普药直供终端：价格体系和利益分配

普药终端直供近年来发展十分迅速。该模式的基本形式将是普药产品打包，并直供终端，同时在营销管理方面实行底价承包、分级加价、区域保护和人海战术等一系列策略。

普药直供模式最初由修正药业集团（下文简称“修正药业”）开始摸索，以第三终端为目标市场，针对性地解决农村基层药品供应不及时、不到位的问题，获得了明显的效果。如今，很多企业纷纷模仿这一模式，但除了仁和药业股份有限公司（下文简称“仁和药业”）和葵花药业集团（下文简称“葵花药业”）之外，成功的案例十分有限。

仁和药业在践行该模式时，根据自身特点进行了一定程度的优化，形成了“产品打包+品牌嫁接”的仁和药业模式，通过仁和药业的品牌整合其他企业的品种，并对一线员工开展培训支持。该模式自2009年开始，今年销售队伍达到5千人，销售额超过12亿元。采取类似模式的还有葵花药业和修正药业，它们将自身销售网络的优势发挥得十分充分，对第三终端

基层市场的掌控也十分细致。

普药企业采取这类模式，最关键的是要做好价格体系的严格控制，包括渠道和终端。此外还要根据自身情况，包括产品、目标市场等因素，做好各层级的利益划分。企业不用投入额外的销售费用，而要通过政策维持好各层级的差价，主要是地（市）、县两级，可能还包括省级，通过各营销层级的加价实现相应的利益分配，充分发挥基层营销人员的积极性。同时，企业还需要管控好风险控制体系、信用体系、监管体系等，从而实现有效的支撑。**采取普药终端直供模式的企业往往有军队式的企业文化，需要严格的管理和执行力。**

六、医药营销的大趋势：营销模式产品化

不同类型的医药产品目标客户群体可能有所不同，但营销理念的核心是类似的。**“做处方药就是和医生握手，做 OTC 就是和消费者握手，做普药就是和销售者握手”**，所谓握手就把利益让渡给目标客户，同时实行严格管理。还有些企业提出“处方药产品 OTC 化，OTC 产品保健品化”，实际上是为了实现尽可能广覆盖的目标客户群体。

医药营销未来的核心方向是营销模式产品化。

一直以来，企业可能会用某一种模式做品类相近、属性相近的产品，未来则可能对单一产品甚至单一规格采取不同的营销模式，包括选择不同的细分市场、采取针对性的销售管理和产品策略。

医药行业进一步发展，势必要求企业的产品营销逐步实现以产品定策略、以策略定模式、以模式建队伍。首先，企业应该重点解决的是营销模式的顶层设计，根据产品规划个性化的营销模式。在营销团队的选择上，尽可能根据产品模式寻找合适的人员，而非致力于改造现有的营销团队。因此，企业应在确定产品策略后，选择相应的销售模式，然后更多地用这

个销售模式去吸引、整合相应的团队和人员。

未来将很难出现如过去那样用单独一种营销模式席卷全国的盛况，不可能用一个办法解决所有的问题。因此，企业模式需要结合自身、结合产品来选择。步长制药集团（下文简称“步长制药”）提出要建立“五合一”模式，结合修正药业、广州医药集团有限公司（下文简称“广药集团”）、云南白药集团股份有限公司（下文简称“云南白药”）、江苏恒瑞医药股份有限公司（下文简称“恒瑞医药”）和自身的长处；石家庄以岭药业股份有限公司（下文简称“以岭药业”）现在不仅做自己的产品，还代理其他公司的产品，目的是形成若干优势的产品包，由产品包带动推广；还有些企业则主要围绕产品特性进行产品策略的梳理。几乎所有具有营销优势的企业都有各自的独特策略和战术。此外，在产品为王的未来，医药企业还应该尽可能去开发或者寻找具有独特优势、不可替代的优秀产品，这将是企业营销最坚实的基础。

中国医药企业的持续发展，将更多地需要通过资本和模式来整合行业的资源。相当数量的医药企业由于规模无法扩大、产品有限、观念陈旧等短板，未来将被吞并或淘汰。相反，有产品、有市场、有模式的优秀企业，通过借助资本的力量，将迅速扩张，获得更加强大的优势地位。

第二章 运筹帷幄：营销计划的制定与实施

第一节 企业的营销计划为何难以实现

段继东

营销计划是企业的战术计划。营销战略对企业而言是“做正确的事”，而营销计划则是“正确地做事”。

在企业的实际经营过程中，往往会碰到营销计划无法有效执行的情况。造成这种情况的原因：一是营销战略不正确，营销计划只能是“雪上加霜”，加速企业的衰败；二是营销计划无法贯彻落实，不能将营销战略转化为有效的战术。

一、不切实际的目标制定

首先，目标缺乏依据。很多企业在制定营销计划时，既没有进行行业分析，也没有进行自身的销售能力分析，往往只是根据此前的销售量和销售费用情况估计未来的销售目标，然后依据这个销售目标制定出全局的营销计划，这样的营销计划本身就可能存在极大的误差，致使由此分解的区域销售计划也缺乏可行性。

营销计划中的每个结论或计划都应有相应的数据加以支持，而其中的关键是企业领导更应该用“以数据说话”的要求对营销计划报告做出恰当的评估。这些依据至少包括以下几方面：

（1）正确领会上级营销主管部门新年度的营销工作精神。如：企业对本区域市场各项销售任务的安排，新产品开发状况及上市时间，企业对本区域市场的支持力度、费用控制等方面的要求。

（2）学习和借鉴本企业其他区域市场的营销经验。将不同区域市场的营销管理与销售特征进行分析、比较，启发本区域的营销创新。

（3）分析本区域以往的各项业务统计数据与财务报表，找出各片区有关指标的变化规律，并究其原因。

（4）收集市场基本面的现状，如各片区人口、经济状况、居民收入、投资状况、商业业态的转变等，并比较片区间的差异。

（5）研究市场竞争现状与发展趋势。

（6）充分听取销售人员的意见和建议。

其次，目标过高或过低。**正确的目标可促进企业发展，而错误的目标将会比没有目标对企业的危害还要大。**

目标过高会导致生产过剩、职员过多、市场投入过大，销售人员及管理人员因为明知指标不能完成而采取放弃态度，使投入与产出失控。目标过低，会导致生产能力设计不足、市场投入过小、销售人员压力不够，本应占领的市场却没有占领，给竞争对手留有充足的时间抢占市场，尽管完成了今年的指标却失去了大块的市场份额，后患无穷。

最后，不同部门还有可能存在目标不统一的问题，其可能原因包括：**营销计划执行的部门各自为战、不同部门对营销计划的理解不同，以及执行过程中缺乏统一的协调。**

各自为战的情况主要表现在各个职能部门之间，如市场部门和销售部门、销售一线和销售后勤部门等，这在很大程度上依赖于营销组织架构的合理性，如果组织架构落后于企业发展的要求，就会限制营销计划的有效执行。

企业内部的沟通渠道不通畅则会造成各部门对营销计划理解不同，导致对于营销计划实施效果的衡量标准不统一。

执行缺乏统一的协调主要原因是在营销计划的执行过程中，缺乏一个领导部门来推动整个计划的进行，各部门的本位主义比较严重，职能性的部门结构影响了企业整体业绩的实现，例如对于多产品结构的企业而言，对不同种类的产品总是缺乏管理，各个部门只注重各自职能工作的完成，而对于产品的发展过程缺乏综合的管理，从而造成各个部门的专业优势并没有转化为企业的整体优势，有可能还会造成企业资源的损耗和业绩的衰退。

二、有想法但缺办法

许多企业的营销计划目标明确，但路径缺失。在实际情况中，有些企业下达的销售计划很多时候只是一个简单的目标，甚至是一个口头的通知，这往往会导致各级销售组织对销售计划的理解和执行都存在很大误差，在执行过程中偏离主线。因为没有进行销售计划分解，又使销售计划流于形式，落实不到实处。

还有一些企业在制定销售计划时忽视企业现状，照搬其他企业复杂的销售计划模板，制定出极为复杂的销售计划，下发到区域执行时，又缺乏如何落实销售计划的培训，或者销售团队目前的能力和市场基础根本无法落实和执行如此复杂的销售计划。

此外，某些企业的营销计划方向正确但方法落后。营销计划缺乏严肃性，缺乏必要的节点，更加缺乏必要的过程控制。营销计划只有建立在科学的总结，以及对未来的准确把握上，才是真实可信的，并且计划的制定应当以结果为导向。

三、要求代替策略

目标和要求代替策略是企业普遍存在的问题，即把年度营销计划视为销售指标的制定，而对于完成这个指标的后续工作没制定相应的计划，也就是对如何达到这个指标、该怎样做、需要分配多少资源等关键内容没有进行布置。企业往往会在年底总结和第二年工作布置的时候提出很多的工作要求，这些要求往往代替了企业的年度经营策略，所以会导致这样的问题——上级对下级提出了很多的管理要求和工作要求，但是策略和方法却是缺失的。

很多企业制定的营销计划只是着重于具体的营销推广战术，对整体的营销策略思路不明确，市场的整体定位不清晰，造成实际工作中出现营销推广方向不明确的严重问题。

有些企业虽然也会制定一些产品策略、渠道策略、促销策略、价格策略等，但这些策略往往与实际的工作脱节，对于那些常年在一线拼杀的区域经理、销售经理来讲，这些策略的理论性太强，没有针对性，可操作性差。销售经理们还是按照以往的方式工作，如多加点班、多请经销商吃饭等。

缺乏正确的策略，即使企业不断加强计划的执行力，只会带来更多的问题。只有在有效的营销策略的指导下，才能抓住事情发展的重点，合理分配所有的资源，强化行动的针对性，提高资源的利用效率，为企业的成功提供方向性的保障。要使策略真正发挥作用，必须要将其转化为具体可操作的方法，重点在于通过富有创意的手段使企业达到策略的要求及效果，关键在于正确地做事，否则再优秀的策略也无法使企业赢得优势。

四、缺乏过程控制

由于部分企业的销售政策导向是以销量为核心，过分强调结果导向，结果区域人员只注重结果而不关心过程，采取的措施都是为了在短期内提高销量，而对于能否满足营销计划的战略要求则不予考虑。

在营销计划的执行过程中，往往最受关注的是一些硬指标，如销售额、铺货率、知名度等，而一些软指标，如市场价格体系、市场秩序、与

竞争对手的对比等，往往会受到忽视，也就是说在营销计划执行时，缺乏对执行过程系统的管理，就算实现了硬指标，软指标中存在的问题也将对企业造成根本性的伤害。

要使得计划真正可操作，一定要分清各项工作的主次，清楚地界定出关键行动措施。

实际上，无论是战略规划还是年度营销计划，只要能找出其中的关键，并进行关键点控制，就可以把计划变成行动方案，使计划流程发挥作用。假设销售主管的关键点是销售量，针对它，就可以制定出提高销售量的具体计划，而在计划中，时间的具体安排、实际实施的负责人是其中的关键点，我们只需抓住这两个关键点。

如果缺乏长程监控的观念，没有纠偏方案。在执行过程中，营销计划就可能被扭曲得面目全非。

新的竞争、科技及顾客的变化，往往会造成计划跟不上变化，此时，必须回到计划的起点重新检讨，因为这些基本的市场变项，只要仔细做一次营销诊断扫描，问题就会无所遁形，一一呈现在你眼前。之后，再循序进行SWOT（Strengths 、Weakness、Opportunity、Threats 即竞争优势、竞争劣势、机会和威胁）分析（态势分析），对公司内部的资源能力、外部环境的机会与威胁进行分析，从而理出应变局之道。通过分析得出的结果有许多可能性，也许需要为企业目标重新定位，或是改变营销目标与策略。简言之，进行修正调整的目的只有一个——让你的业务能在复杂多变的竞争环境中茁壮成长。

五、责任没有分解落实

销售人员要善于把销售目标分解成可执行的销售指标，销售目标是一种“战略”，战略是无法执行的，要把它分解成“战术”动作，即销售指标才能执行。例如，**每月 100 万元的销售任务就是一个销售目标，这个销售目标无法执行，只有把它分解到每个业务员、每个市场、每个客户、每个品种上，销售目标才能真正地实现。**

要使销售目标得到更好地落实，避免人人都是目标对象，但人人都不是目标承担者这一现象，就必须明确目标的具体执行者，即确定执行对象或责任人，通过将目标分解到责任人，目标才有了具体的承担者，目标的实现才有方向和载体。确定责任人时还要注意一个问题，要善于将目标准确无误地予以传达和贯彻，不能截留和歪曲，信息渠道和信息收集应尽量扁平化，要通过沟通，使每个人都能心平气和地接受目标和指令。

工作指标要得到顺利地贯彻执行，必须要制定符合实际的执行标准。**执行标准的制定要遵循 SMART 法则，要科学、量化、具体、实际、可执行、可考核、具有时间性。**具体的可执行标准制定出来后，执行的内容才有了依据，如果在执行中出现偏差，可以参照标准，及时纠偏，避免偏离目标太久而不可挽回。

下达的销售计划只是一个简单的目标，甚至只是一个数字，而没有相应的分析和措施安排等来指导，导致各级销售组织、各层次销售人员对销售计划的理解和执行都存在很大差异，在执行过程中相互不协调。没有进行销售计划实施步骤的分解和细化，使得销售计划的执行不到位，最终流于形式。

六、计划实现的资源保障

有些计划项目分配到的资源往往并不能保障计划的实现，而且有的企业在面对销量下滑的状况时，往往不能坚持按计划进行，而会把费用倾斜到能立即提升销量的项目上，比如渠道返利促销，但这只是一种短期行为，不会带来根本的帮助。

对关键项目要有资源保障。有的企业计划实施深度分销，但在区域市场只派驻了少量人员，以致根本无法实现。因此在计划实施中，一定要通过制度对关键项目进行确定，并结合绩效考核，通过政策加以保障。

第二节　正确制定企业年度营销计划

段继东

年度营销计划该由谁来制定？在很多企业，这往往是总经理的事情，但实际上这是一个误区。企业总经理该做的其实只是营销策略的决策，而营销计划应该交给专业的市场部门和人员来制定，如此方能确保营销计划的专业性和有效性。

年度营销计划的专业性体现在数据收集和分析的专业性、对具体问题处理的专业性、工作流程的专业性，以及不同部门整合的专业性，这些工作只有通过不同部门的专业人员共同协作才能完成。

很多企业在其发展初期是没有设置市场部的，但随着企业规模的扩大，单纯依靠销售部已无法建立核心竞争优势，企业的竞争最终会上升到策略的竞争，而市场部的职能就是确保企业能够具备专业的营销战略和规划能力。

没有设置市场部的企业，年度营销计划职能一般由总经理制定，因此要制定出专业的营销计划，就必须重组企业的组织架构，其中最核心的内容就是设置市场部门，聘用专业的市场策略规划人员，赋予专业的职能，承担起制定整体营销计划并且推动该计划实施的责任。

随着企业规模的不断扩展，营销计划应该维持一种动态发展的状态，以适应企业竞争形势的要求。具体而言，在企业发展初期，由于企业经营者将精力放在市场一线，对市场比较熟悉，营销计划主要由经营者自己或者助理制定；当企业的规模不断扩大，企业经营者的角色定位相应发生转变，此时应该至少安排一名专业的市场职能人员，负责营销策略规划的制定和营销计划的推动；而当企业进入到成长阶段，企业就应该设置专门的市场部门，配备在市场研究、传播、促销、品牌管理、策略规划等方面具有丰富经验的专业职能人员，负责为企业制定专业、系统的营销策略规划，并且有效推动计划的实施。

一份有效的营销计划通常有如下要求：系统完整的结构、充足的数据支持、清晰的策略思路和目标、整合的策略系统、有效的战术转换，以及有条理的实施步骤。

一、系统、完整的结构

一份专业的营销计划应该包括：对以往营销工作的总结、对营销问题的反应和分析、对宏观经营环境的分析、对行业发展趋势的分析、对产品发展态势的分析、对竞争对手的分析、对企业自身发展状况的分析、总体营销策略思路和目标的确定、系统的市场分析和市场定位、具体的营销策略、将策略转换成具体的营销计划、对营销计划的财务分析、对营销计划执行的评估和监控。

系统、完整的结构要求专业人员必须按规定的格式来制定年度营销策略规划，同时企业领导也必须按照要求来审核营销计划报告。

二、充足的数据支持

硬性数据支持包括：总体销售额（量）、区域销售额、分产品销售额、市场占有率、销售增长率、营销费用额（率）、市场铺货率、品牌知名度（忠诚度等）。软性数据支持包括：消费者购买心理和行为特点、产品在市场上的发展趋势、竞争对手状况（营销政策、费用投入、销售状况、产品结构等）。拥有这些数据，企业就能够对市场形势和企业形势进行细致的分析，制定出针对性强的营销策略和计划。

充足的数据支持要求专业人员对营销计划的每个结论或计划都要有相应的硬性或软性数据来加以支持，企业领导更应该用数据对营销计划报告做出恰当的评估。在实际工作中，很多企业领导一方面要求下属的结论要由数据得出，另一方面做决策时却只是按照自己的经验和判断来进行，没有考虑专业人员或部门提供的有利依据，这样往往就在企业内部产生一种消极的情绪：市场专业人员认为自己制定出再好的营销计划也没用，除非刚好符合领导的想法，否则还是领导自己说了算，因此在制定营销计划时只是敷衍了事，营销计划失去了其严谨性和专业性。

三、清晰的策略思路和目标

有效的营销策略一定是单一的，只有单一才易于理解和操作，利于抓住事情发展的重点，同时也更可能合理分配所有资源，强化针对性，提高资源的利用效率；策略的清晰性具体表现在市场的定位，即不要妄想满足所有消费者的需求，而应只满足能给企业带来最大利益的消费者的需求，并在清晰的市场定位基础上，制定出具体的细分策略和营销计划。

策略思路和目标是战略方向问题，往往取决于企业领导的意识，在现实中表现为专业化和多元化之争、品牌渗透和品牌延伸之争，其中最本质的因素是企业盈利的时效性和最大化，只要眼前有最快、最大限度盈利的方法，企业就会做出有悖于原有营销策略目标的决策，使未来的发展规划模糊化，造成经营方向以及品牌管理的混乱。

四、整合的策略系统

清晰的策略和有限的资源需要通过整合加以保障，也就是在整体营销策略思路指导之下，对产品策略、价格策略、渠道策略、促销策略这四大策略系统进行整合，同时在具体的营销推广方面也要进行相应地整合，使各项资源围绕统一的策略和目标进行合理安排，并且强化企业的推广力度和效果，提升品牌的渗透力度。

策略系统需要企业设立合理的组织形式来加以保障，市场部与销售部、总部与分部等各部门之间都存在着不同的利益冲突和评估标准，要使营销策略规划正确执行，就必须先整合各部门之间的职能、业务流程和沟通原则，保证营销计划在实施中的整合效果。

五、有效的战术转换

营销策略为企业的成功提供方向性的保障，但要使策略真正发挥效果，必须要将其转化为具体可操作的方法，重点在于通过富有创意的手段使企业达到策略的要求及其效果，关键在于正确地做事，否则再优秀的策略也无法使企业赢得优势。

战术转换的关键依赖于市场专业人员充分考虑营销策略的可操作性，对市场的具体细节非常清楚，并充分征求其他相关部门的意见，使营销计划容易被理解和实施。

六、有条理的实施步骤

营销计划的实施也是系统的运作过程，一方面通过对各环节的合理安排使资源得到最大限度的利用，另一方面可以有效应对突发事件，做到有计划地应对变化，不至于丧失机会或者遭受风险；同时也利于企业对营销策略和计划的实施进行有效监控和评估，及时发现问题并予以调整。

要做到这点，首先，具体实施营销计划的各部门要明确责任和权力；其次，市场专业人员必须密切关注营销计划的进程，对相关执行部门进行同步指导和协助，对营销效果及时评估和调整，并及时向企业决策层汇报计划实施进度和状况，以此确保营销策略目标的顺利达成。

第三节　营销计划的指标设定

段继东

医药企业需要实现从落实营销战略到获得业绩增长回报的转换，在这之间，制定切实可行的经营计划是一个关键的衔接点。企业通过必要的流程来确保一份有效的营销计划报告包含必须提供的内容，使营销计划至少在数据提供和整体策略方向上没有大的出入。

一个良好的规划流程主要包含：数据收集和分析（销售数据、财务数据、市场数据、竞争数据等）、与相关部门的沟通、对现有运作状况的描述、对现有问题的分析、对以往营销工作的系统总结、对市场形势的描述和分析、对竞争形势的描述和分析、营销总体思路和目标的确定、营销 4P（Product、Price、Place、Promotion 即产品、价格、渠道、促销）策略的制定、营销计划的制定、营销财务分析和控制、营销计划的执行配合等。

在营销策略规划报告的制定过程中，市场专业人员需要得到各个部门和人员的支持，如市场调研部、广告部、销售部、销售办事处、产品研发部、财务部，以及企业高层领导等，这个过程效率的高低对企业的整体运作具有一定的影响。要保证这个过程的高效，除了在企业内部营造团队协作的文化外，更重要的是建立各协作部门的责任制度，在业务流程的串联中使各部门能够明确并正确完成自己的工作，避免企业内部经常出现扯皮现象，降低内部交易成本，提高市场反应速度。

营销计划的指标体系通常包括以下四项基本内容：经营指标、管理动作指标、发展指标和其他专项指标。

一、经营指标

经营指标主要由销售指标和财务贡献指标构成。

销售指标是最基本和使用最广泛的企业年度营销计划指标。通常，销售指标的基本要素包括：销售额（可以反映现有的销售状况）、销售增长率（新增销售额与基期销售额的比值，可以反映销售收入增长能力，预示未来的销售业绩状况）、销售利润率（企业最终目的都是追求利润的最大化，没有利润的销售增长是没有意义的增长），要获得真实反映销售业绩的数据，还必须考虑销售利润率这一指标。

销售回款率和市场占有率也是重要的销售指标、销售回款率即企业从顾客那里收回的货款占应收货款的比例，回款率低的销售额及其增长是没有意义的，很多医药公司因为一味追求销售额，反而被巨额的应收货款拖垮。市场占有率是指产品在一定区域内占同类产品总销售量的百分数，这个指标在领军企业之间的竞争中显得尤其重要。

二、财务贡献指标

所谓财务贡献指标，其实就是我们常说的业绩。财务指标还可以分成三类：签单额度，即签订了多少订单；回款额，即有多少回款；费用控制，即为了完成订单使用了多少费用。

在确定财务指标的过程中，很多公司都会面临这样的问题，就是简单下达业绩指标。如：“张三，下半年必须完成 300 万元的定额！李四，你所负责的区域现在客户增长非常快，需求非常旺盛，你必须完成 400 万元的任务。王五，你所负责的区域在公司一直都是大头，下半年完成 600 万元的任务不算多!”销售经理把任务分摊后，就认为万事大吉了，其实这是远远不够的，而是应该将任务进一步细化。

（一）分析以往地区或客户群市场的细分贡献

首先，分析以往地区或客户群市场的细分贡献，这对于销售计划的制定具有很大的参考价值。也就是说，在制定销售部门下一阶段的整体销售计划之前，必须分析并参考上一个销售阶段各个地区或客户群的产出情况。假设现在是 12 月上旬，那么在制定北京地区明年的销售计划之前，首先，要把本年度上半年（1 月 1 日至6 月 30 日）产品销售的产出情况进行简单的分析：1 月份产出多少？2 月份产出多少？3 月份产出多少……有了初步的分析之后，就可以进行相应预测了。

（二）预测未来的地区或客户群市场变化量

对前一阶段某地区或客户群进行分析之后，就要相应地预测该地区或客户群未来的变化，这是销售业绩计划中的一项重要内容。例如随着北京今年一些建设项目的推进，以及明年几个大型项目的实施，预测明年 1 ~6 月的增长情况。这是按区域来划分产品市场的模式，还可以按照客户群来划分：如有 3 个客户群，分别是中小企业客户群、政府客户群和教育客户群，在分析 3 个客户群今年上半年的发展之后，就可预测他们明年上半年的发展情况，从而制定一个比较合理的计划。

（三）确定各产品的目标总量

对未来的市场变化量进行相应预测后，就可以大概确定各个产品在各客户群中的销售指标额，再将这些指标额累加，得到的就是企业各个产品的目标总量。

（四）规划分解到各细分市场

确定产品目标总量后，就要将规划分解到各细分市场。

三、管理动作指标

诸如填写管理报表、完成某些管理工作、参加公司的相关例会，以及参加工作述职等，都属于管理动作。所谓管理动作指标，就是指按照公司要求完成各种管理动作。这个指标往往容易被忽略，但实际上它也是一个非常重要的指标。它有助于公司更加有效地管理控制销售队伍。此外，尽管管理动作指标不涉及实际的绩效，但是能够对绩效起到有力的促进作用。

首先，销售报表的管理。这项内容要做到“三 E”：Everyday—每天，Everybody—每人，Everywhere—每处。每位销售人员的每日指标计划、每日指标完成情况及存在问题都要在销售报表中进行控制。通过销售报表反映计划执行过程的详细情况，了解销售人员是否抓住了计划实施的重点、发现实施过程中存在的问题，同时还可以了解营销目标的完成情况，掌控计划的实施进度。

其次，业务流程效率管理。销售工作中的流程是保证销售计划落实的工具。流程包括两个层面：销售团队内部的执行流程和业务流程。

一方面是销售团队内部的执行流程主要用来规定每个岗位在执行销售计划中承担的任务和职责，以及每个岗位之间工作任务的关系和传递顺序及时间。

执行流程用来保证在执行销售计划时要做到每项任务都有人负责，每项工作都能在指定时间完成，从而最大化地保证销售计划的有效执行。

另一方面是销售团队和企业其他相关职能部门的业务流程，主要用来规定每个部门在营销活动中承担的任务和职责，以及部门之间的工作关系和传递顺序及时间。

业务流程用来保证可能影响销售计划达成和落实的每个部门都能按照

流程中规定的任务和职责，在指定的时间里最大化地支持和保障销售计划的最终落实。

业务流程效率评价指标包括：销售人员的效率、广告效率、促销效率，以及分销渠道的效率。具体内容如表 2－1 所示。

表 2－1　业务流程效率评价指标

销售人员的效率	广告效率	促销效率	分销渠道的效率
①每个销售人员平均每天进行的拜访次数 ②销售人员每次拜访平均所需的时间 ③销售人员每次拜访的平均收入 ④销售人员每次拜访的平均成本 ⑤销售人员每次拜访的招待费用 ⑥每 100 次销售拜访的订单百分比 ⑦每一周期新的客户数 ⑧每一周期流失的客户数 ⑨销售人员成本占总成本的百分比	①每种类型的媒体、每个具体的媒介工具触及每千人的广告成本 ②广告的接收者在其受众中所占的百分比 ③顾客对广告的内容和有效性的意见 ④广告前后顾客对产品态度的变化 ⑤由广告所引至的询问次数 ⑥每次调查的成本	为了有效提高促销效率，必须记录每次促销活动及其成本对销售的影响。通过观察评估不同促销活动的效果，最后选出最有效的促销措施	分销渠道的效率体现在存货控制、仓库位置和运输方式的效率 ①库存水平和库存周转率 ②出库情况 ③客户投诉 ④分销成本

四、发展指标

发展指标与客户密切相关，具体包括客户增长指标和客户满意指标。

客户增长指标包括新客户群体的开发和市场占有率的提高。确定客户增长指标往往需要依照如下四步：

第一，总结去年各典型市场的客户数量。

第二，对现有客户进行成长性分析。

第三，预测未来的相应客户数量的自然增长比率。

第四，形成“市场—客户”增长计划。

客户满意指标是一个公司在市场上的形象指标，客户的满意度决定了公司形象的良好程度。不要以为客户已经付款购买了企业的产品，就万事大吉了。实际上，销售队伍还应成为企业与客户之间的“润滑剂”，通过其润滑和磨合的作用，使客户不仅购买产品，而且感觉非常满意，愿意持续采购或者将产品介绍给朋友。

客户的满意指标包括：销售人员的工作是否到位、产品质量本身是否令客户满意、产品定价能否让客户接受、服务是否达到或超越客户期望的水准等。

如果客户满意度不高，不应把责任全部推到销售队伍身上，而要认真分析是哪个环节出了问题，并对导致问题出现的因素进行综合考虑。

五、专项指标

专项指标是指每年度除了常规的计划以外专项管理的重点。如，今年企业专项管理的重点是营销执行能力指标。虽然有些企业的营销战略规划和行动方案是切实可行的，但在执行中却经常出现偏差，以至无法得到有效的贯彻落实；根据调查，企业在运营中出现的问题多为营销执行的问题，即营销执行力的欠缺。营销执行力主要体现在以下几方面：

（1）营销组织

营销组织是营销运作的基本架构，营销组织健全与否，直接关系到企业营销决策的执行力度和效果。

（2）营销人力资源

市场竞争首先是人才的竞争，一支高素质的营销队伍是医药企业不可或缺的，营销人力资源是企业营销执行力的一个重要指标。

（3）医药代表的培训与管理

在医药企业营销中，医药代表水平的高低较大程度地决定了医药企业营销能力的高低。对医药代表的培训与管理尤为重要，通过培训，能够显著提高医药代表的水平，进而提高企业的营销水平，以及营销执行力。因此，医药代表的培训与管理也应作为评价医药企业营销能力的一个重要指标。

第四节　营销计划的分解途径

段继东

营销计划是对业务内容的总体性要求，只有对其进行分解，才能找到其包含的重点，从而有助于营销计划的正确实施。例如一份加强零售终端推广的营销计划，如果能从不同终端的种类、开发不同终端的进度、可选择的推广方式等进行细分，就可以把握不同阶段的业务工作重点。

要持续推动营销计划的执行，就要使营销人员及时看到效果，将营销计划进行分解，即将目标进行分解，使营销人员看到通过自身努力达到的成绩，从而提高工作的积极性，而不是长久看不到营销计划实施的效果，影响工作的心态。

将营销计划分解可以使一线的销售代表容易领会重点，使他们在不同的推广阶段能按照单一的目标进行努力，而不是面对众多目标分散工作精力。

企业都有这样的经验，对营销计划的评估不能过长，否则就无法把握工作开展的过程，也无法及时衡量销售人员的工作成效。如销售人员已经认真按照营销计划在实施，但由于竞争对手的攻势而造成销售目标未能达成，如果不能通过对营销计划的分解进行评估，将会认为销售人员的工作不到位，但这不符合实际情况。

营销计划的分解方式，具体如表2－2所示。

表2－2　营销计划的分解方式

分解类别	分解详情
按时间分解	周计划、月计划、季计划
按区域分解	省级区域、地市级区域
按阶段分解	市场发展阶段、销售季节阶段
按项目分解	项目种类、项目重点
按产品分解	产品类别、产品销量、新老产品
按渠道分解	渠道类别、渠道性质

一、按时间分解

周计划。一般执行到销售代表层面，对最基层的销售问题进行反映，这个层面的营销计划由各区域的销售主管把握，主要反映营销计划在执行过程中最直接的效果。

月计划。一般执行到销售主管和地区经理层面，主要是对各区域，以及整个地区的销售状况进行反映。此类计划一方面便于地区经理对本地区销售态势的掌控，另一方面则便于总部对地区分部营销计划执行状况的掌控。

季计划。一般执行到地区经理和总部层面，主要是对营销计划执行成效的阶段性反映，是对营销计划进行阶段性的整体性评估，避免营销重点过于集中于短期，同时对整个市场形势进行整体判断，并对销售人员的工作成效进行指导。

二、按区域分解

省级区域。按省级区域分解可掌握全国各大区域市场的总体分布情况，对营销计划在各区域的实施重点进行把握，对营销计划在各区域之间的分配状况进行评估，掌握各区域可能产出的效益。

地市级区域。按地市级区域进行分解，可以使地区经理掌握本区域的市场状况，并在区域之间对营销计划进行合理分配，掌控各区域的营销计划实施重点。

三、按阶段分解

市场发展阶段。导入期、成长期、成熟期和衰退期，这是借鉴了产品生命周期的概念，在市场中这种概念仍然适用。营销计划要有效执行，必须要考虑市场的不同发展阶段，计划在不同的市场阶段，应该采取不同的对应方式。

销售季节阶段。在淡季、旺季这两个销售季节中，消费者和经销商的行为方式都是不同的，如经销商在旺季会忙于出货，在淡季可能会加强送货。又如对于一份铺货的营销计划，淡季应该是工作重点，而在旺季则以维持为主，这样才能提高营销计划的实施效率。而这些都要求企业在执行营销计划时加以考虑。

四、按项目分解

营销项目种类。广告、促销、铺货等都应包含在一份营销计划的实施内容中，而营销计划最终也要落实在这些项目上，因此按项目分解营销计划是十分必要的，如广告计划可以分解为媒体广告和店面广告，促销可以分解为消费者促销和渠道促销，这样有助于把握营销计划的实施重点。

项目重点。就是将营销计划中的重点项目和常规项目分离出来，如对于终端推广而言，货架陈列是常规工作，而堆头陈列和特价销售则是关键性的推广，这样有助于营销费用的有效使用。

五、按产品分解

产品类别。营销计划按产品类别分解十分重要，尤其是对于实施品类管理模式的企业，每一类产品的营销计划的重点都不同，因此同样的要求在具体实施时差异可能会很大。例如同样是实施深度分销计划，功能性食品的分销可以直接深入零售终端，而饮料类产品则适合通过覆盖批发商来间接达到对零售终端的辐射，因此在具体操作方式上是不同的。

产品销量比例。按产品销量比例分解主要要把握 80/20 法则（是按事情的重要程度编排行事优先次序的准则，建立在“重要的少数与琐碎的多数”原理的基础上）。对各类产品在销量上的贡献甚至是利润上的贡献进行衡量，在有限的资源条件下，尽量倾斜于能产生更大效益的产品类别上，这也有助于企业把握推广的重点。

新老产品。这种方式的关键在于区别产品延伸问题，一般而言老产品总是占据最大的销售比例，也许盈利能力也最强，但是发展趋势是逐渐下滑的，而竞争环境又特别恶劣，这种情况下企业必须扶持有市场潜力的新产品，因此在营销计划执行时要分别确定新老产品的推广重点，在维护老产品市场份额的同时，尽量迅速地将新产品推入市场并站稳脚跟，例如不少彩电企业在行业环境恶劣的状况下，纷纷推出其他类别的消费类电子产品，如手机、空调等，这些新产品在营销计划中都得到了不同程度的特别扶持。

六、按渠道分解

渠道类别。批发渠道与零售渠道具有很大的区别，营销计划执行过程中对其的利用也不同。批发渠道注重经销商利益，零售渠道则注重消费者利益，因此对营销计划的实施重点，要对这两种渠道进行区分，从而实现不同的营销目标。例如同样是渠道促销，批发渠道可以采取实物返利形式，零售渠道则可以采取特价销售形式。

渠道性质。专业渠道、商业渠道、特殊渠道，不同特性的渠道具有不同的市场地位。例如啤酒行业既有大众类的批发渠道，又有专业类的餐饮渠道，这两者的营销工作重点是不同的，前者借助于庞大的分销网络，后者则借助于为餐饮店提供利益，那么对于什么渠道应该成为营销计划的重点，应该在具体执行过程中，根据市场竞争形势和资源状况做出合理的安排。

第五节　如何开展营销计划的评价

段继东

一般而言，企业的发展战略反映企业的发展方向和宏观目标，但它只是方向和目标，如果没有营销计划予以具体落实，势必成为空中楼阁。

如果企业的营销计划没有贯彻落实企业发展战略的意图，而是自行其是，亦要碰壁，不但可能导致营销计划与发展战略的不协调产生冲突，造成企业发展中的“南辕北辙”或运行中的政令不一，而且有可能脱离企业发展战略的年度营销计划，势必如无根浮萍，既缺乏根据，又可能丧失方向感和目的性，从而带有很大的盲目性、随意性，无法适应市场经济的发展要求。

因此，制定企业营销计划的首要原则就是必须贯彻、落实企业的发展战略。如果说发展战略是纲，营销计划就是目的；发展战略是企业发展的方向，那么，营销计划就是企业朝这一方向迈进的方法和步骤；发展战略是宏观指导思想，那么，营销计划就是落实这一宏观思想的具体化、程序化、科学化的运行方案。所以制定营销计划，不论是长期的，还是中、短期的，都应该紧紧围绕企业发展战略来进行。

一、评价营销计划的关键要素

首先，企业营销计划的制定应始终与企业发展战略保持一致。例如，在企业发展战略中把建立跨行业、跨地区、跨国界的企业集团作为发展目标，那么，营销计划就应当根据这一战略来制定，在计划中充分体现这一战略思想，在长期和中短期计划中不同程度地贯彻落实这一战略意图，一般应把它们分解成短期、中长期目标，逐次予以落实在短期、中长期营销计划中。任何与战略目标和发展方向不协调或相冲突的营销方案、方法，不论它多么完美，都不应出现在营销计划中。

其次，在营销计划制定过程中，应当分别在短期、中期、长期计划中予以具体落实，并确定具体量化的指标和实现方法、实施程序。

如在长期计划中，确定出每年拟以多少个省级区或以多大增长速度扩大市场占有率，最终达到一个定量的指标要求。同时，对扩展目标市场的次序，采用的分销、促销方式等做出明确的计划。又如在年度计划中拟定当年计划扩展的目标市场（一省或若干个省区），并给出量化指标（如占领区域的覆盖率、销售额、增长百分比等）。如果技术上可能，还应将年度计划的任务进一步分解到每一季度中加以落实。

二、评价策略的可行性

SWOT 分析和 PEST（Politics、Economic、Society、Technology 即政治、经济、社会、科技）分析（宏观环境分析）是常用的策略可行性分析工具。

SWOT 分析是企业根据了解的将开发地区的人口数、该产品所治疗疾病的发病率、易感人群、地区经济状况、医生的用药习惯、治疗该种疾病的所有药物的销售总量、竞争产品及公司的情况、本企业的销售网络分布及希望的市场份额等各方面的情况，综合考虑后对营销策略进行可行性分析。SWOT 分析的各项要素如表 2 –3 所示：

表 2 –3　SWOT 分析的各项要素

S—Strengths：优势	本企业产品或企业自身与其他企业相比所具有的独特优点及长处。如：服用方便
W—Weakness：劣势	本企业产品或企业自身与其他企业相比的不足之处。如：价格较贵
O—Opportunity：机会	整个市场环境给企业带来了哪些机会。如：发病率高、病人多，政府的政策保护
T—Threats：威胁	整个市场环境中对本企业不利的情况。如：竞争产品多且攻势强，市场占有率大

以 SW 为纵轴，OT 为横轴画一个坐标，如图 2 –1 所示。

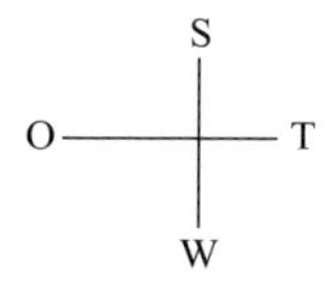

图 2 –1　SWOT 分析坐标图

把将要推出的产品在坐标上定位后，企业就可以清楚地看到产品处于什么情况，并据此设计出适合的市场推广方案。

这种工具主要通过分析企业内部的优势、弱势，企业外部的机会和威胁，从而为制定营销策略提供可靠的依据。

PEST 分析的各项要素内容如下：

① P——Politics：是指对当前医药政策、法律法规的分析，如：招标网、基药、两票制、大病医保、差比价原则、城镇和农村医疗体制改革、零售药店的管理、商业 GSP（Good Supply Practice 即药品经营质量管理规范）、反商业贿赂，等等，分析这些要素对医药企业会带来什么影响。

② E——Economic：是指对当前医药经济形势和各种医药经济指数的关注和分析，如上游原材料上涨、物价上调、购买力变化、通货膨胀、对医疗的支出、不同地区的差异对医药企业所带来的冲击。

③ S——Society：是指对人口变化、消费习惯、生活习惯、对健康/疾病的态度、治疗习惯和变化等社会因素的分析与研究。中国的区域市场太大，得区域者未必能得天下，一个成功的区域模式往往具有不可复制性，主要是由于社会要素对医药经济和患者消费观念所带来的变化。

④ T——Technology：是指医学发展、药物发展、技术改进、治疗方式改进对医药行业所带来的变化，如：从治疗胃溃疡的 H_2 受体阻滞剂（H_2 antagonist，是一系列用于阻断组织胺作用于胃的壁细胞、减少壁细胞分泌胃酸的药物）到 PPI（proton pump inhibitors，质子泵抑制剂），医学科技日新月异，产品不断升级换代，营销的模式和手法也要不断创新。

三、评价行动的标准

SMART 及 5W 和 1H 是常用的行动评价标准。

SMART 标准各要素如下：

（1）S—Specific：具体的，能准确说明要达到的最终结果，而不是工作本身。

（2）M—Measurable：可衡量的，指目标可以通过考评的绩效标准来衡量。

（3）A—Attainable：可实现的，指设计的目标实现起来应具有一定的困难，并不是轻而易举就可以达到的，也并非不能达到的，而是通过努力可以实现。

（4）R—Relevant：相关性的，是指要实现设计目标与其他目标的关联情况。

（5）T—Time-bound：时间限制，是指计划日期，分为固定最后期限及可调整（因具体情况而变）的最后期限。

5W 和 1H 是指何人（Who），为什么做（Why），何时（When），做什么（What），何处做（Where），如何进行（How）。

何人（Who）是指由谁负责计划，谁参加计划，谁执行计划。在计划中不仅要明确规定目标、任务、地点和进度，还应规定由哪个主管部门负责。例如开发一种新产品，要经过产品设计、样机试制、小批试制和正式投产几个阶段。在计划中要明确规定每个阶段由哪个部门负主要责任、哪些部门协助，各阶段交接时，由哪些部门、哪些人员参加鉴定和审核等。

制定销售计划的时候，不但高层、财务人员要参加，个别的销售骨干也应参加，通常还应征询一些管理专家的意见，同时还要了解客户的需求，甚至要进行市场调研。公司的销售管理层要做好销售计划与市场计划；公司的大区经理、地区经理要做好公司的执行计划，即业务计划；基层的销售人员要做好他们的时间计划、工作计划。

为何（Why）是指营销计划的目的，要明确计划工作的宗旨、目标和战略，并论证可行性。要达到什么目标，总体指导思想是什么。

何时（When）是指规定计划中各项工作的开始和完成的进度，以便进行控制，并对能力及资源进行平衡。如营销计划何时开始实施，何时结束。何时其实是一个时间尺度，在制定计划时，这个时间尺度往往容易被忽略，只有开始的时间，没有结束的时间，造成在检查和监督上很困难。所以在制定计划的时候，必须要把时间的单元合理规划好。

做什么（What）是指具体的行动方案是什么。具体的行动方案与策略不同，策略是营销计划的思想，而行动方案则是具体可落实的计划。

何处做（Where）是指“何地做”：规定计划的实施地点或场所，了解计划实施的环境条件限制，以便合理安排计划实施的空间组织和布局。如营销计划在哪里执行，在哪些部门执行，分解到哪些人，目标市场在哪儿。

如何进行（How）是指“怎么做”：制定实现计划的措施，以及相应的政策和规则，对资源进行合理分配和集中使用，对人力、生产能力进行平衡，对各种派生计划进行综合平衡等。例如如何执行营销计划，如何确保营销计划顺利实施，出现问题的时候，纠偏方案是什么。实际上，一个完整的计划还应包括控制标准和考核指标的制定，即告诉实施计划的部门或人员，达到什么标准才算完成计划。

四、评价计划的风险

许多企业年度营销计划，没有涉及风险应对措施，认为市场一定能按照预期发展下去。而市场总是在不断变化的，不变的只有“变化”。企业应该对各种突发事件进行充分的分析、预测并制定防范措施。

对于营销部门来讲，风险一般可分为行业风险和企业内风险。

行业风险主要包括政治形势的变化、政府政策的调整、社会关注的转变、行业变化、消费者购买偏好转移、物资的短缺，等等。

企业内的风险主要包括经营风险和财务风险。经营风险主要有：决策失误、质量下降、成本上升、管理水平低下、高层人事变动，等等；财务风险包括：现金流风险、融资失败、投资失误、大量呆坏账等。还有一些负面的媒体报道危机，等等。

这些都构成了企业风险，在制定企业营销计划时，要充分考虑这些问题出现的可能性，做好积极地预防和应对。

第六节　营销计划的实施准备

段继东

从完成营销计划的制定到计划的开始实施，企业还需要做好必要的准备工作。这些准备工作主要包含三项内容：统一思想、技能提升、有效保障。

一、统一思想

首先，企业要统一思想，宣贯（宣传并贯彻实行）企业的经营哲学，通过企业文化建设改善员工心志，使员工更务实。宣贯的核心主要包括以下几个方面：

（1）如何看待顾客；

（2）如何看待员工；

（3）如何认识对社会和环境的责任；

（4）如何做好合作与竞争；

（5）如何认识成本和利润等。

要创造一种优秀的企业文化，使企业全体员工产生由衷的认同感和使命感，培育员工奋发向上、求真务实、重执行的心理品质，确保企业经营业绩的不断提高。

计划确定后，企业应不断通过培训、会议等各种形式，在各个层面反复宣传营销指导思想，贯彻执行，统一思想。

企业应重视员工的培训，从战略目标到销售计划，从执行方案、步骤到素质能力等，都应进行培训。培训包括四大步骤：讲解、示范、演练、巩固。大多数企业的培训可能只完成了第一步——讲解，这也是很多企业培训后没有收到效果的原因所在。就如骑马，优秀的培训不仅仅讲授如何骑马，还要进行示范，最后再把受训者扶上马，让其自己去体验，最后再送他（她）一程，认为他（她）合格了才算结束。

对于营销员而言，应训练其适应环境的能力、独立作战的能力、关键环节和关键客户的突破能力、对行为的调整能力，等等。对营销经理来说，应忠诚事业，对整个计划了如指掌，在执行过程中，保持清醒的头脑，明辨真伪，牢牢把握计划的执行进度，纠正偏离轨道的执行方向，并能果断地处理纠纷。

二、技能提升

技能提升主要是针对整个营销团队而言，具体包括三部分内容：人员规划、强化培训和建立激励考核机制。

营销团队人员规划即根据销售计划合理配置人员，制定人员招聘和培养计划。如，某公司年销售目标是 5 亿元，公司本部的营销员队伍要达到 200 人，这些人员应在何时到位，落实责任人是谁等，都有具体的规划明细。

强化培训能够提升团队整体素质和战斗力。培训分为企业内训和外训两种，内训又分为潜能激发、技能提升、操作实务等；外训则是选派优秀的营销人员到一些大企业或大专院校、培训机构接受培训，等等。

此外，企业还需要建立良好的激励考核机制，通过定期晋升、破格提拔、鼓励竞争上岗、评选营销标兵等形式，激发营销人员的内在活力。

三、有效保障

为了营销计划的顺利实施，企业需要从管理制度、流程、权限和资源四个方面对营销计划予以保障。

基础性管理制度主要包括三部分：绩效考核制度、部门协作制度、职能型管理制度。

绩效考核制度将营销计划要达到的目标与营销人员的绩效考核联系起来，从而促使营销人员围绕营销目标开展工作，使营销计划落到实处。例如按照营销计划要开展深度分销，可以制定一个铺货率的考核要求，使营销人员的工作重点放到提高铺货率上。

部门协作制度围绕营销计划的重点，解决好部门之间的协作关系，在部门之间确立合同关系，明确责任权利，另外也可以采取项目小组的形式开展工作，提高营销计划的运作效率。例如，在营销计划中，新产品开发业务关系着企业的持续竞争力提升，其参与部门涉及市场、生产、技术、供应等，要提高新产品开发的速度和效率，一方面要确立市场部在新产品开发过程中的领导作用，另一方面通过责任书的确认，使其他部门按照要求完成新产品开发各环节的工作。

职能性管理制度的重点是提高营销计划实施效率的管理制度，如营销推广管理制度、区域管理制度、渠道管理制度、销售业务管理制度等，这些制度一方面为销售人员提供了开展工作的规范，另一方面则为衡量销售人员的工作成效提供了标准。另外，管理制度还影响着销售人员的思想意识和行为模式，其根本点都围绕着营销计划的有效执行而设置。

流程保障需要围绕营销计划的关键业务内容优化运作流程。营销关键业务流程的优化、重组，将对营销计划的有效实施产生重要作用，有些营销计划是好的，但在实际运作过程中，由于业务流程运作不合理，造成营销计划实施的效率低下，直接影响到营销目标的实现。

在一些关键性的业务流程中，如产品研发流程、营销推广流程、营销计划流程、订单处理流程等，其运作效率的高低，反映出整个组织结构和部门职能是否合理，因此要真正做到业务流程重组后企业能够高效运转，就要根据业务流程的要求，从组织和职能上加以保障，确保业务流程能为企业带来根本性的利益。

各部门业务职能的落实和营销计划的有效执行在很大程度上取决于各部门能否充分发挥各自的职能。营销计划实施时，一定要赋予各职能部门相应的权限，否则将会影响营销计划执行的效率。总部对于营销计划应该强化专业方面的权限，而分部对于执行营销计划则应该加强针对性方面的权限，使营销计划在执行过程中可以得到很好的整体配合。

营销计划各项业务活动的权限分配即对营销计划中的业务内容进行合理分配，使各个职能部门都能找到相对应的工作内容，它主要是解决业务活动开展过程中的决策权限，如新产品研发由哪个部门推动，销售计划由哪个部门分析、整合和落实等。

为达成营销计划的目标必需配备各种资源。营销计划的制定是一回事，而在执行中对计划的资源保障又是另一回事，虽然营销计划包含费用预算，但往往有些项目分配到的资源并不能保障计划的实施，而且有的企业面对销量下滑的状况时，往往不能坚持按计划进行，总是会把费用倾斜到能立即提升销量的项目上，如渠道返利促销，但这只是一种短期行为，并不会对企业的长期发展带来根本的帮助。

关键项目尤其需要得到资源保障。例如有的企业在营销计划中准备开发大型超市和卖场，但是在开发费用上却没有相应的分配，如进场费、条码费、陈列费、堆头费、促销费等，只能使终端的开发工作举步维艰；又如有的企业在营销计划中准备实施深度分销，但在区域市场只派驻了少量的人员（如一省一人或数人），根本无法做到深度分销，只能依靠经销商的粗放经营模式。因此在营销计划实施中，一定要通过制度对关键项目进行确定，并与绩效考核结合起来，通过政策加以保障，使营销目标得以顺利实现。

第七节　过程管理：营销计划的有效执行与控制

段继东

在年度营销计划的实施中，往往通过控制 PDCA 循环的方式来实现营销的过程管理。PDCA 的四个要素分别指计划（Plan）、执行（Do）、检核（Check）和完善（Action）。企业通过 PDCA 循环管理，可以检核和完善目标，能够不断总结、不断提升，从而让执行的质量更高，使营销计划能够顺利得以实现。PDCA 的各要素如表 2－4 所示：

表 2－4　PDCA 的各要素

项目	内　容
Plan：计划	即制定目标执行的计划，包括具体的责任人、完成时间、工作步骤、营销方案等，通过制定完整的销售计划，使得执行有章可循、有法可依
Do：执行	计划制定出来后，就要按部就班、有条不紊地执行，只有脚踏实地，制定的目标才能完成
Check：检核	即要注重过程监控和管理，细节决定成败，通过检核销售计划的进度及出现的问题，及时发现与目标偏离的地方
Action：完善	即根据偏离的方向及时纠偏，使目标向预定的方向发展

分析市场营销环境、制定市场营销战略和市场营销计划是解决企业市场营销活动应该“做什么”和“为什么要这样做”的问题；而市场营销执行则是解决“由谁去做”、“在什么时候做”和“怎样做”的问题。

营销执行是一个艰巨而复杂的过程。美国一项研究表明，90% 被调查的计划人员认为，他们制定的战略和战术之所以没有成功，是因为没有得到有效执行。

一、有效执行涉及的内容

为了有效地实施营销战略，必须制定详细的行动方案。这个方案应该明确营销战略实施的关键性决策和任务，并将执行这些决策和任务的责任落实到个人或小组。另外，还应包含具体的时间表，定出行动的确切时间。

（一）调整组织结构

企业的正式组织在市场营销执行过程中具有决定性的作用，组织将战略实施的任务分配给具体的部门和人员，规定明确的职权界限和信息沟通渠道，协调企业内部的各项决策和行动。组织结构具有两大职能：提供明确的分工，以及发挥协调作用。

（二）设计决策和报酬制度

为实施市场营销战略，还必须设计相应的决策和报酬制度，这些制度直接关系到战略实施的成败。就企业对管理人员工作的评估和报酬制度而言，如果以短期的经营利润为标准，管理人员的行为必定趋于短期化，不会有为实现长期战略目标而努力的积极性。

（三）开发人力资源

市场营销战略最终是由企业内部的工作人员来执行的，所以人力资源的开发至关重要，这涉及人员的考核、选拔、安置、培训和激励等问题。在考核选拔管理人员时，要注意将适当的工作分配给适当的人员，做到人尽其才；为了激励员工的积极性，必须建立完善的工资、福利和奖惩制度。

（四）建设企业文化

由于企业文化体现了集体责任感和集体荣誉感，甚至关系到员工人生观和他们所追求的最高目标，它能够起到把全体员工团结在一起的“黏合剂”作用。因此，塑造和强化企业文化是执行好企业战略不容忽视的一环。

为了有效实施营销战略，企业的行动方案、组织结构、决策和报酬制度、人力资源、企业文化和管理风格这五大要素必须协调一致，相互配合。

二、分析执行中的问题及原因

营销执行中的问题可能来自多个方面，包括计划本身和执行人员等。

营销计划本身可能存在脱离实际的问题。企业的营销战略和营销计划通常由上层的专业计划人员制定的，他们往往不了解计划执行过程中遇到的具体问题，因此，所定计划脱离实际。此外，他们可能只考虑总体战略而忽视执行中的细节，没有明确而具体的执行方案，结果使计划过于笼统而流于形式。

执行人员对目标计划可能理解不透。企业的营销战略和营销计划一般由上层的专业计划人员制定，执行则要依靠市场营销管理人员。由于这两类人员往往缺少必要的沟通和协调，且企业在培训方面又流于形式，市场营销管理人员在执行过程中经常会对营销目标及计划的理解产生偏差，导致执行走样。

营销人员可能选择短期行为。企业的营销战略计划通常着眼于企业的长期全局目标，但具体执行这些战略的市场营销人员通常是根据短期工作绩效，如销售量、市场占有率或利润率等指标进行评估和奖励的，因此，市场营销人员常会选择短期行为。

营销人员可能不执行、消极执行、乱执行。新的营销计划如果不符合企业的传统和习惯就会遭到抵制，新旧战略的差异越大，执行遇到的阻力可能也就越大。特别是当新的计划危害执行者的既得利益时，营销人员就可能会不执行，或者只选择其中有利的部分执行。当受到上级强制时，就可能会消极应付，甚至乱执行。

营销经理人员可能存在败德行为。有些营销经理不是维护企业的利益，而是倚仗权力谋享乐。每到一地走访，经销商的简单招待是不够的，“革命小酒”显然需要天天醉的，还要提供桑拿、卡拉 OK、泡吧等服务内容——经销商是现实的，投资在这些人上的腐败金钱一定要获得加倍的返还。更严重的是腐败，有的营销经理（人员）和经销商联手骗取企业的费用，收受经销商的贿赂，有的干脆自己做经销商，把企业的资源和利润像洗钱一样进行转移。

管理者可能没有常抓不懈，没有做好表率。在大的方面，管理者对政策的执行不能始终如一地坚持，虎头蛇尾；在小的方面，管理者对于布置的工作不进行检查，或检查工作时前紧后松，在工作中宽以待己、严于律人，自己没有做好表率等。古人云：其身不正，虽令不从。所以企业要强化执行力，必须在每个方案出台时引起管理者的高度重视，管理者一定要率先示范，做出表率才行。

三、营销执行中可采用的几点措施

首先，可以利用民主机制来制定具体可行的实施方案。

不能仅靠专业计划人员为市场营销人员制定计划，而应让那些与此营销计划执行有关的人员参与，如：将执行此计划的市场营销人员、受到计划执行影响的人员、相关专业领域的专家、组织里面高中低层的代表员工等，让他们参与企业营销计划的制定过程，会提高他们的参与感与积极性，会更利于市场营销执行。同时，还会使战略在未执行前就获得很多感情支持：这是“我们”制定出的战略，而不是“你们”下达的战略。当然让许多人员参与也有需要特别注意的地方：这样的营销战略及计划制定程序可能耗时较长，企业领导可能在试用一两次后就失去了兴趣；制定出的战略因为折中了各方面的方案而易于平庸化。但企业领导绝不能因为遇到这些困难就半途而废，而应耐心地使程序和参与人员不断成熟。一旦跨越了这个阶段，组织的执行能力上了一个新的台阶。

制定营销计划除了多方参与以保证可行性外，还需要具体可操作。在这里，5W1H（即 What 、Why 、Who、When、Where、How）的方法就非常值得借鉴。

其次，企业应利用培训机制使执行人员理解目标计划、懂得如何执行并提升能力。

企业应重视员工的培训，从战略目标到销售计划，从执行方案步骤到素质能力等，都要进行培训。培训包括四大步骤：讲解、示范、演练、巩固。大多数企业的培训可能只做了第一步：讲解，这也是很多企业培训后没有效果的原因所在。

对于营销人员个人而言，应训练适应环境的能力、独立作战的能力、关键环节、关键客户的突破能力、对行为的调整能力，等等；对营销经理来说，应忠诚事业，对整个计划了如指掌，在执行过程中保持清醒的头脑，明辨真伪，牢牢把握计划的执行进度，坚定执行，纠正偏离轨道的执行方向，并能果断地处理纠纷。

企业还需要有严格的管理机制和激励机制来保证计划必须执行。严格管理包括两个方面的含义。一是严格执行各项营销计划及方案，二是在评价销售员工的工作绩效和行为、对员工实施奖励、惩罚或提升时，一切照章办事、赏罚分明，而不考虑任何人情面子。

每个公司由于实际情况不同，都会有自己的激励政策和措施。激励政策具有一定的风险性，如果它不能给公司带来正面的影响，就很有可能会带来负面的影响。所以，在制定和实施激励政策时，一定要谨慎。激励要因人而异，奖惩要适度且兼顾公平性，注意只奖励正确的事情。只有这样，才能提高激励的效果，较好地完成销售计划。

通过企业文化建设，可以改善员工心志，使员工更务实。

企业文化包括以下几个核心问题：

（1）如何看待顾客；

（2）如何看待员工；

（3）如何思考和定义竞争；

（4）如何做好对社会和环境的责任；

（5）如何认识合作与竞争；

（6）如何认识成本和利润等。

企业应建立一种优秀的企业文化，使企业全体员工产生认同感和使命感，培育员工奋发向上、求真务实、重执行的心理品质，确保企业的经营业绩不断提高。

好的执行要求企业领导以身作则。营销管理制度制定后，关键在于执行。企业领导应以身作则，自己带头执行。再好的制度，如果没有人去执行，或执行不到位，也是没有用的。管理上切忌只喊口号不做事，有的企业营销制度制定得比较完善，并编制成册，或经常把制度性的标语贴在外面，可是在执行过程中往往就变了样。因此，制度制定后并不等于达到了管理的目的，关键是领导以身作则，通过制度管理实现有序管理，使管理有法可依，并在管理过程中不断完善相关的制度。在这样的前提下，员工才会严格按计划执行。

四、控制市场营销计划

年度营销计划控制是指由企业高层管理人员负责的，旨在发现计划执行中出现的偏差，并及时予以纠正，帮助年度计划顺利执行，检查计划实现情况的营销控制活动。

有效的年度计划控制活动应实现的目标包括：

（1）促使年度计划产生连续不断的推动力；

（2）使年度控制的结果成为年终绩效评估的依据；

（3）发现企业潜在的问题并及时予以解决；

（4）企业高层管理人员借助年度计划控制监督各部门的工作。

下列五种工具可以有效地检查计划的执行情况：

销售分析：根据销售目标衡量和评价实际销售情况。销售分析包括销售差异分析和微观销售分析。

市场份额分析：表明相对于竞争者公司的绩效如何。如果公司的市场份额增加了，就意味着比竞争者跑得快；如果市场份额下降了，则意味着落后于竞争者。市场份额包括总的市场份额和相对市场份额。市场份额的变动取决于客户渗透率、客户忠诚度、客户选择性和价格选择性。

营销费用——销售额分析：年度计划控制要求保证公司在实现其销售目标时没有过多支出。营销费用对销售额之比包括销售队伍对销售额之比、广告对销售额之比、促销对销售额之比、市场调研对销售额之比和销售管理费用对销售额之比五部分。

财务分析：营销费用对销售额之比应放在总体财务系统中进行分析，以便决定公司如何盈利，在什么地方盈利。公司可以利用财务分析来判定影响公司资本净值报酬率的各种要素。要提高资本净值报酬率，公司就必须提高净利润与总资产之比，或提高总资产与资本净值的比率，分析其资产构成，即现金、应收账款、库存和厂房设备等，并注意是否能改善其资产管理。

以市场为基础的评分卡分析：客户绩效评分卡，记录公司历年来以客户为基础的工作，包括新客户、不满意客户、失去的客户、目标市场认知、目标市场偏好、相关的产品质量和相关的服务质量。对于每项内容企业都应建立标准，如果当前的结果偏离了标准，就应采取改正措施；利益相关者评分卡，公司要追踪所有对公司业绩具有重要利益和影响的成员的满意度，包括员工、供应商、经销商及股东等。为各个群体建立标准，当某一群体和更多群体的不满增加时，公司就应采取行动。

第八节　营销计划的动态调整

段继东

营销计划制定后，并不意味着该计划就一成不变，而要根据市场的变化主动对营销计划进行调整，这就需要对营销计划进行分解，包括月度分解和区域分解，从而才能既保证营销计划的稳定性，又保证营销计划的适应性。

一、滚动式营销计划

营销计划应当是滚动式、有分解的，包括月度分解和区域分解。滚动式营销计划执行的核心是先“由大到小”，再“由小到大”，即先从年度计划、季度计划、月度计划到周度计划，然后再从周度计划、月度计划、季度计划到年度计划，前一阶段是对营销计划的整体性进行掌控，后一阶段是通过富有层次的滚动执行和调整，来达到对整个营销计划在适应性方面的保障。

此外，还需要从部门和制度上加以保障，有专门的职能部门对营销计划的执行状况进行评估，并对各区域的营销计划进行综合平衡，这样才能使营销计划保持整体性的动态发展。

二、对市场态势的判断

市场态势主要由三方面构成：竞争环境、行业趋势和消费趋势。

竞争环境既包括整体大环境，又包括各区域的小环境，由于不同企业的市场重点不同，资源的投入也有差异，造成不同区域之间的竞争环境各有特点，因此营销计划的执行也不能一刀切，应该根据不同区域市场竞争环境的差异进行相应调整，使营销计划符合实际状况。

某些行业的发展趋势变化很快，而各区域之间行业的发展是不平衡的，因此营销计划在执行过程中应根据行业发展状况进行分析，提出相应的应对措施，使营销计划能符合行业在不同发展阶段的特点。例如彩电行业，可能营销计划的目标是加强网络建设，但由于价格战导致整个行业的利润率降低，从而迫使各企业不得不加强技术创新和产品创新，这就使整个行业发生了迅速的变化，相应地也就促使营销计划在实施过程中进行调整。

消费趋势是指消费心理和消费行为模式的变化趋势，例如现在超市和卖场等现代零售业态的迅速发展，使消费者的行为模式发生了很大的变化，以前购物一般在批发市场、批发点和百货商场，而现在大多数在超市和大卖场，因此一份加强批发通路建设的营销计划，就只能是用于传统业态为主的市场，而在发达城市，就只能调整这份营销计划，使之适应当地零售业态发展的现状。

三、对区域性营销计划的强化

企业的区域性组织是营销计划实施的基础部门，关系营销计划能否真正执行到位，而且又是最接近市场变化的层面，因此只有强化区域营销计划的执行效果，才能使营销计划真正达到动态的调整。

强化区域营销计划的执行效果，也就是提高分支机构对营销计划实施的系统性，一定要做好区域营销计划的分解工作，真正发挥区域执行营销计划的能动性，使营销计划在实施过程中具有针对性。

四、营销计划动态调整的稳定性

动态调整在不同层次上各有不同。营销计划强调适应性和针对性，并不是说可以任意对营销计划进行调整，而应该在不同层次上进行不同程度的调整。对全国性计划而言，要体现全国市场的特点；对省级计划而言，要体现省级市场的特点；对地区计划而言，要体现地市级市场的特点。因此，动态调整通过在不同层次上的差异，其实是一种共同性基础上的调整，既考虑了各区域市场的特点，又保持了统一的共性。

动态调整是在稳定性基础上的调整。除了上面提到的层次性，还有时间性的问题，而时间性构成了营销计划的稳定性，也就是说动态调整并不是可以随时对营销计划进行调整，同样，也要反映一年、一季、一月和一周的共性，同时还要兼顾各种共性之间的协调，从而在整体上保持一种动态和平衡的发展。

第九节　如何撰写年度营销工作总结

段继东

年度营销的总结与分析是制定下一年度营销计划的重要依据，也是年度营销计划首先需要展示出来的内容。一份翔实的年度营销工作总结与分析通常有如下内容：业绩、费用、产品销售、内部管理、计划执行情况、存在问题。

一、销售业绩的回顾及分析

销售业绩的回顾是对即将结束的年度的盘点，使企业相关部门和人员对整个企业的运营情况有个直观的了解，同时对完成目标的情况进行一个对比，以掌握企业的发展程度。

销售业绩的回顾内容包括年度累计销售额、月度销售曲线、各季度销售额的对比、区域销售额及对比、各销售办事处的销售对比、年度销售额完成率、年度销售额增减率、与历史同期销售额对比等。对销售业绩的回顾是为了进行系统的分析，找出企业销售增减的原因，为下一步的营销策略规划提供依据。

销售分析的内容包括月度销售的趋势状况、各季度销售差异的原因、各区域销售差异的原因、各销售办事处销售差异的原因、年度销售增减的原因等，即从整体上对销售业绩变化的因素进行一个简要的描述。

二、费用投入的回顾及分析

对营销费用投入的回顾，重点是了解企业资金的使用状况，与年初的费用预算进行对比，由此判断资金的使用效率，并计算出企业经营的销售成本。

回顾的内容包括营销整体费用投入、营销分类费用投入（广告费、业务费、经销商奖励、宣传品费、运输费等）、各区域的营销费用对比、各销售办事处的营销费用对比、各类产品的营销费用对比、总部与办事处分别投入的费用、媒体广告的投入费用等。

通过对营销费用投入的回顾，可以分析出费用的使用效率和合理性，主要指标有：营销总费用增减率、营销费用与销售额比率、各分类营销费用的增减率等，这些指标可以用来评价费用的使用效率，同时还可以进一步分析造成各类营销费用增减的原因。

三、产品的销售回顾及分析

当企业拥有多个产品的时候，就有必要对每个（类）产品的销售情况给予关注和了解，以掌握不同产品在销售额和利润中所占的比例，以及各自对资源的利用效率，通过这样的分析可以淘汰缺乏竞争力的产品，将资源集中于可以带来最大效益或者最大发展的产品。

产品销售回顾的内容包括不同产品的总体销售状况、各区域不同产品的销售情况对比、各月份不同产品的销售情况对比、各办事处不同产品的销售情况对比、与历史同期销售情况对比、不同产品的费用比率等。

企业需要根据不同产品的销售数据进行分析，包括产品销售的 ABC（Activity Based Classification）分析、产品的费用效率分析、各产品的发展趋势、产品在不同区域的差异化分析、各办事处产品销售的差异化分析、产品品质的优劣定性分析等。

四、内部管理运作的回顾及分析

内部管理运作的回顾主要指对营销各部门之间的协作情况进行总结，例如市场部与销售部的协作、总部与办事处的协作等，其中最关键的就是对主要业务流程的评估。

对内部管理运作的回顾内容包括销售办事处执行营销计划的情况、市场部对销售办事处的专业支持情况、销售计划部门与供应生产部门的协作情况、物流部门与办事处的协作情况、总部与分部之间的信息沟通情况等。

根据以上情况可以对营销管理系统的运作效率进行分析，主要包括：关键业务流程的时间和环节长短、不同部门沟通环节的多少、营销政策执行的速度、市场推广开展的时间、对市场变化的反应速度、市场信息流动的速度等。

五、上年度营销计划主要内容的执行情况

对上年度营销计划执行情况的总结，主要是对产品、价格、渠道和促销这四个方面所开展的工作进行回顾，重点是掌握整体营销活动对相关营销指标的影响情况。

评估上年度营销计划成效的内容包括产品对市场的渗透程度和扩张程度，新产品的投放效果，价格的上涨、下降或维持对销售带来的影响，分销网络的建设情况，对经销商进行管理的效果，开展渠道促销对销售的影响，媒体广告投放对销售产生的影响，消费者促销活动对销售产生的影响等。

在评估营销计划的基础上，重要的是在竞争形势不断变化的环境中，挖掘出影响销售的根本因素，为未来营销策略规划的制定提供坚实的依据；分析的重点是竞争对手，通过在产品、价格、渠道、促销各环节与竞争者的详细对比，找出彼此之间的差异点，确定导致销售差异的原因，并进行必要的调整。

六、存在问题的描述及分析

即对企业整体营销活动中产生的问题进行综合描述，问题本身有可能隐藏着解决方法，因此要了解每个问题的来龙去脉和问题之间的相互关系，从中发现最根本的原因。

营销活动中产生的问题主要包括营销人员问题、营销推广方法问题、营销资源问题、营销后勤问题、营销部门协作问题、营销组织体系问题等。

问题之间可能都是互相关联的，因此在进行分析时，不能仅仅是“头疼医头”，而要从整体的角度进行系统的分析，在整个经营链中找到最根

本的解决方法。

第十节　年度营销分析与预测

段继东

每年末，除了对这一年的营销工作开展总结之外，企业还应当对所面临的年度营销形势进行全面仔细的分析，并做出相关预测，包括宏观环境、行业发展、产品发展、竞争形势等各项指标的趋势，并分析企业发展状况。

一、宏观经营环境分析

宏观经营环境分析的主要内容是国内的经济形势和政策方向，对企业营销策略规划的作用因行业不同而有较大的区别，受宏观环境影响较大的消费品行业有：家电业、IT 业、制药业、保健品业、零售业等，而一般食品行业、化妆品业所受的影响要小于前几类行业，但宏观政策的变化对这些企业的决策依然很重要。

宏观经营环境分析的具体内容包括国内生产总值 GDP 的增长、金融政策的宏观调控、国家刺激消费增长的政策、国家鼓励行业发展的政策、失业率和居民收入增减状况，以及某些重大事件的发生等。

二、行业发展趋势分析

行业发展趋势分析是判断企业目前可盈利多少和未来发展潜力的重要内容，决定企业的资源投入方向。

行业发展趋势分析的内容包括行业市场容量和市场特征两大要素。在进行市场容量分析时，要列出历年行业市场容量的变化曲线，同时说明这个变化产生的背景，并且在一定数据支持下对未来2～3年的发展趋势做出预测；在对市场特征进行分析时，首先要从宏观层面上确定本行业的性质和特点，然后再对微观的行业竞争特点进行简要描述，勾勒出一个简单而又清晰的局面。

三、产品发展趋势分析

对产品发展趋势的分析，实质是对消费需求趋势的分析，与企业的整体营销策略规划有着最直接的关系，是企业制定具体营销计划的基础，但是这种分析并不是直接对消费者心理和行为进行调研，而是对产品内部性质、外部形态和市场表现形式进行描述，反映产品发展状态最直观的特点。

产品发展趋势分析的内容包括产品内部性质、外部形态和市场表现形式三个方面的发展特点。产品内部性质主要是品种、构造、内容、功能等核心要素，也是消费者最本质的需求；产品外部形态主要是包装、规格、形状等辅助要素，是消费者核心需求的外在表现；产品市场表现形式主要是产品进行售卖的方式，如销售渠道、陈列方式、流通特点等内容，售卖方式取决于产品内部性质和外部形态，不同产品的售卖方式是不同的，这对于企业制定营销计划是非常重要的，是重要的考虑因素。

四、竞争形势分析

竞争形势分析的作用是树立企业标杆，通过与竞争品牌企业营销活动各环节的详细对比，发现自己与竞争品牌企业之间本质的差异，对本企业的营销活动进行有针对性的调整，最终赢得竞争优势。

对竞争形势的描述包括：市场的总体竞争特点、竞争品牌企业的界定、主要品牌的市场份额表现、主要品牌的区域表现、主要品牌的年度销售趋势、主要品牌的销售对比、主要品牌的广告费用对比等。

企业需要从整体策略、产品、价格、渠道、促销、费用等各方面对竞争品牌进行直接描述，力争全方位地展现竞争品牌的营销活动，对竞争品牌的策略意图进行简要分析，并且对竞争品牌在营销推广方式可能产生的变化做出预测。

五、企业发展状况的 SWOT 分析

S—强势分析，主要是从营销组织、管理、资源、产品、价格、渠道、促销、品牌等各方面来分析企业自身具备哪些强项，可以与竞争品牌的弱项或者强项抗衡，不过从许多企业实际的分析来看，对优势的判断主观性很强，往往缺乏足够的数据支持，因此这一项的分析是否准确，往往取决于是否有实事求是的态度，而不是自我取悦。

W—弱势分析，主要是从营销组织、管理、资源、产品、价格、渠道、促销、品牌等各方面来分析企业自身存在哪些弱项，企业对弱项一般会分析得较为清楚，但关键在于企业决策层能否真正下决心对弱项进行改造。

O—机会分析，主要是从行业环境的变化和竞争品牌的市场盲点中挖掘，机会分析的难点在于企业往往很难将自己认为的机会转化为实实在在的竞争优势或者利益，很多时候这种分析只是在给自己鼓舞士气罢了，这对企业高层而言需要的是冷静的心态和客观的判断。

T—威胁分析，更多的是分析竞争品牌给自己造成的巨大压力，很多时候企业可以为自己面临的威胁举出一大堆事实，但真正有用的还是需要与竞争品牌在各个环节进行细致的对比，这样才能从威胁中发现竞争品牌的弱势，把握住改变局势的机会。

第三章
沙场点兵：营销队伍的建设和管理

第一节　打造高效的营销组织

段继东

营销组织建设至关重要。现在一些企业营销出现问题，找不清原因，大多可归于营销队伍建设不得力。这个问题极容易表面化，然而销售团队的效力发挥必须通过建立与人员相匹配的组织来实现，这是重大问题，老板必须亲自抓，马虎不得。

先设计合理的组织架构，再进行岗位人员配置，才能发挥组织效率。当前营销组织有几种类型：业务型（以业务为主，忽略管理）、适用型（仅解决当前问题）、前瞻型（根据战略发展需要设置）。以时代方略对医药企业的观察，90%以上的企业都存在营销组织管理滞后于业务发展的问题，如组织机构设置不合理、营销结构不完整、营销功能不健全、管理跨度不适合、岗位人员能力不匹配等。

突出的问题表现在以下几方面：

一、组织机构设置不合理

营销体系设置过于简单或过于复杂，直线管理和职能管理交叉。这就导致工作责任权利不清，无人负责；或过于清楚，导致本位主义，相互推诿。比如一些企业要发展招商却没有招商部，只有几个人负责联络代理商，本质上还是原始渠道模式。要发展OTC、处方药却没有相关部门和业务的组织保障，只是在业务层面尝试，不是在组织方面发展。学习尝试多种模式、方法，但不掌握精髓，不断动摇改变，最后形同虚设，不了了之。在这一点上，跨国企业的营销组织建设经验值得借鉴。

企业应该对营销组织体系做调整以确保组织结构精炼、管理人员称职，通过组织管理以确保每个岗位发挥职能，以确保公司通过营销组织进行管理，而不是依赖个人做管理。通过组织系统指导营销计划落实，包括建立组织化营销体系，在业务发展的同时，注重组织管理对业务发展的保障。

二、组织机构不体现发展要求

结构决定功能。许多公司的营销组织机构中没有体现战略发展需要，因此，在发展中总是受到营销结构不完整、营销功能不健全的制约。

在未来的企业竞争中，具有“战略决策体系、业务发展体系、市场策划体系、支持管理体系”的企业，比只有业务管理的企业更有后劲和持续发展能力，更能驾驭“多元目标、多元业务、多元模式、多支队伍管理”的规模化发展要求。反之，没有发展职能、管理职能的企业，如缺乏营销计划管理部门、营销人力资源部门、营销财务部门、政府事务部门等，必然在市场机会越来越少、竞争要求越来越高的环境中被淘汰。

三、营销部门功能不健全，功能性部门缺失

市场部市场研究、策略规划、市场监管、人员培训、方案制定和执行等一系列销售推动引擎作用薄弱，沦为一个设计印刷、起草方案、组织办会的部门，完全没有独立性和自主性。政府事务部、招投标管理部、销售管理部等营销功能缺失。

企业都有人力资源部，但缺乏针对营销的人力资源体系，按生产部门的人力资源设计思路设计录用标准、薪酬体系、培训方案、绩效考核，造成销售人员匮乏，成为营销短板。营销财务功能薄弱，目前财务处理能力已经成为企业的核心竞争力，如果企业没办法解决营销费用的问题，将面

临极大的法律风险和财务风险。

四、管理跨度大、策略落实无法保证

为什么公司的策略落不了地、正确的思想无法执行，看看这个企业的管理跨度，就会得到答案。营销副总最重要的工作是统筹营销系统建设，落实营销战略，进行价值提升。但是，有的企业的营销副总其实就是个大业务员，主要工作全在业务上，天天忙于救火和谈业务，直接管理七八个部门，造成管理幅度过大，导致部门间角色不清，副手、助理职责不清，权限不清、管理标准不清，各级指挥到不了位，策略落不了地，管理者瞎忙，执行者迷茫。还有的公司为缓解层级的断层，设置大区经理做管理，但由于管理跨度和责任问题，大区经理并未承担其责任，职能虚化，成为虚设和摆设，大区经理也做起了自己的业务，导致管理变得更加复杂，人浮于事，营销政策落不了地，营销战略没法推动。所以，企业需要按管理跨度设置机构，配置人员。

五、管理人员不称职

管理人员不称职尤其是高级营销管理操盘手、中层营销执行管理者、基层营销业务管理者的不称职，这是企业的当务之急和切肤之痛。如果要问医药企业家最缺什么，不论是大企业还是小企业，95%以上的老板都会告诉你："缺人才，不是缺人。"而且是从上到下的缺，原来一同创业的业务骨干，现在却由于素质和能力的问题故步自封，成为改革阻力；外聘人才，听起来都是专家，干起来却是一般；懂业务的不会管理，会管理的干不了业务，懂管理会业务的又和企业文化融合不了……这种缺乏是从下至上的，越高越难找，越低越不稳定。所以，人才领先战略是制胜战略，要通过组织建设提高人才水平，通过人才完善组织建设。

首先找到具有行业眼光，引领企业发展、具有专业能力和战略管理复合能力的营销操盘手，其次大量引进、培养中层骨干营销执行管理者，多多招聘、不拘一格启用能带来业绩的基层业务管理者。

要规划好营销组织的核心工作，首先，制定3～5年的营销战略，让组织追随战略。营销战略既要保证现有业务发展的需要，又要适应未来业务培育成长的需要。不要只看眼前，而是要看行业趋势和企业未来，要兼顾业务管理和企业发展的需要。

其次，寻找高水平的操盘手。人才的素质和能力决定组织的功能和效率，看人才的水平就知道企业的未来。什么样的人才造就什么样的企业，什么样的企业使用什么样的人才。

最后，要分主次、分层次、分阶段完善组织，既不要大而全，也不能小而散。可以先完善功能，再完善组织，有些职能可以先有人担当起来，壮大后再成为部门。组织化营销体系建设强调了组织保证的体系建设，从上到下的一致性，这是企业大事，没有什么比这更重要。企业一把手是第一责任人，可以请高人参与指导设计，但一把手要亲自把关人才、亲自监督落实、亲自检查评价。

第二节　营销管理：从系统建设到计划流程

段继东

营销管理是落实营销战略、实现营销业绩的重要环节。医药企业应当善于利用各种成熟的工具和方法，努力提升营销管理效率，更好地实现销售目标。

一、营销管理系统的四大模块

营销管理系统通常由如下四部分组成：

（一）计划/预算系统

（1）公司层制定年度规划目标，其主要内容是经营业绩指标、计划业绩的期望指标，并将指标分解到各个业务层面。

（2）业务层根据公司总体指导思想和要求制定年度预算计划。

（3）在年度计划下做详细的季度业务规划和月度业务规划。

（4）以公司层和业务层为单位进行，业务规划中最主要的内容是销售计划与成功的关键措施两个部分。

（5）根据经营预算计划与关键措施，各业务层/销售点制定关键行动措施表、进度时间表及资源需求计划，将计划落实到具体的行动上。

（6）根据经营预算目标编制财务预算，如经营管理财务费用、利润、资金需求预算、经营额收入预算等。

（二）岗位职责系统

（1）根据预算计划明确公司所需的关键岗位。

（2）设定关键岗位工作职务权限。

（3）明确部门岗位设置。

（4）根据岗位评估进行岗位职责说明。

（5）明确业务层面的考核指标。

（6）明确各个岗位的考核指标。

（7）责任书签订，通过制度明确双方的责任和义务。

（三）业绩跟踪系统

如果没有一套业绩跟踪系统，企业年初制定的计划一定是“假”计划——流于形式、无法实施。要做到“靠科学的管理经营而不是依靠领导的感觉经营”，关键是建立周期性的总经理监督和指导体系，针对企业经营过程中出现的问题，找出原因、改进行动，优化管理。

（1）业绩跟踪由总经理主持的月度质询、季度质询、半年、全年度质询四部分构成。

（2）质询业绩跟踪的内容包括财务类的目标、重要措施的完成情况、事前了解和解决计划执行中遇到的问题，从而将部门和员工的关键行动措施纳入公司目标管理系统。

（3）“质询会”使业绩跟踪不只局限于“汇报工作”，更重要的是发现差距，找出原因，并提出提高业绩的方案。

（四）考核系统

通过科学公正的考核系统，真正做到能者上、劣者汰，从而“依靠制度和文化凝聚人，而不是通过领导的权威与亲情凝聚人”。

（1）在年初签订责任制合同。

（2）在年末根据指标完成情况，决定每个员工的工资增/减幅度以及奖金。

（3）按业绩与企业归属感两大因素，将所有员工纳入企业人力资源发展矩阵，实行10%优者重奖，5%～10%劣者尾数淘汰。

经营目标责任书是将计划指标分解到季度、区域、产品，最后落脚于人员，并让区域经理、销售人员最终签订指标承诺书。为了激发销售人员的干劲，公司应围绕指标制定各种激励政策，包括高额的提成机制，以及完不成任务的惩罚机制。公司还应围绕指标制定各项费用政策，例如补助、费用报销、出差，等等，将所有的费用进行综合，并与每个人的销售额挂钩，一并纳入销售人员的考核体系。

二、营销计划执行的过程管理

销售报表可以反映营销计划执行过程的详细情况，通过报表可以看出销售人员是否抓住了营销计划实施的重点，以及在实施过程中存在的问题，同时还可以通过报表了解营销目标的完成情况，掌控营销计划实施的进度。

销售工作程序是正确执行营销计划的保障，例如要完成既定的终端铺货计划和铺货率目标，就要提高拜访客户的效果。如果对销售人员的铺货工作建立一个规范的程序或步骤，就可以在不用增加任何资源的情况下达成目标。如规定销售人员必须按照以下程序开展工作：整理客户资料、选择客户目标、选择拜访路线、做好拜访准备工作、拜访客户、检查客户卡、检查海报张贴、整理仓库和货架、收集竞争信息、填写客户卡、建议客户订货量、道谢离开等一系列步骤，将会为销售人员提供一个良好的工作规范，增强他们的信心，提高营销计划的实施效率。

在销售会议上应对营销计划的执行状况进行双向沟通，及时发现销售人员工作中出现的问题，并提供帮助与指导，同时也可传授给销售人员一些销售技巧和方法，提高他们的应变能力；另外对于在执行营销计划实际过程中碰到的困难，也要通过销售人员的反馈信息给予重新审视，对营销计划进行动态调整。

销售培训是激励销售队伍、提高工作效率的最佳方法，包括对执行营销计划所需要的技能进行培训，同时对营销计划的核心思想、营销策略进行灌输，使销售人员能充分领会营销计划的要求，把握营销工作的重点。

确定营销计划执行的业务流程包括对营销计划重点目标的确定和对关键营销业务流程的界定。重点目标决定业务开展的重点倾向，这是确定关键业务流程的前提，一方面给出了核心业务的方向，另一方面则为衡量业务流程优劣提供了一个标准。

关键营销业务流程是关系营销计划目标能否实现的核心流程，例如营销推广流程、订单处理流程、销售储运流程等，都会直接影响营销计划目标的实现，当然不同的行业和产品具有不同的业务流程，但是在一些关键环节上是具有共性的，因此，企业一定要抓住这些关键业务流程。

对营销计划执行过程的评估如下：

目标评估：对营销计划执行过程的综合目标、硬性目标和软性目标的完成程度进行评估，随时掌握营销计划的实施进度。

过程评估：对销售人员的工作方式和效率进行评估，了解销售工作中存在的问题，为销售人员提供销售指导。

投入产出评估：对营销计划执行的效率进行评估，同时衡量营销计划为企业带来的效益，并且对这种效益所体现的价值进行判断。

推广效果评估：对实际执行过程中销售人员在营销战术的创造性进行评估，衡量现行推广方式对营销计划所起的作用，并且评估推广方式的价值，是否可能在更大范围内进行推广。

执行政策评估：对销售人员执行营销计划的到位程度进行评估，一方面了解销售人员对营销计划的认同程度，另一方面了解销售人员对营销计划的重点是否把握，同时评估政策是否有助于营销业务活动的开展。

竞争对比评估：对竞争对手的营销工作进行评估，重点是树立标杆，将营销计划的各个环节与竞争对手进行对比，找到真正的差异或差距，进一步提高营销计划的针对性。

三、营销计划执行的目标管理

目标的分类管理通常分为硬性目标和软性目标。

硬性目标包括销量目标、占有率目标、费用目标、利润目标、铺货率目标等，对于硬性目标的管理比较容易衡量。在这些目标中，有的能反映结果（如销量和利润目标），有的能反映过程（如铺货率和费用目标）。良好的目标管理，关键在于对目标进行综合评估，但在实际过程中，很多企业只关心销量目标，也相应地引导销售人员只重视销量，而忽视了其他目标的实现，最终无法体现营销计划的效果。

软性目标包括管理制度、客情关系、价格体系、市场秩序、信息分析等，这些目标是为达到硬性目标提供保障，如果说硬性目标是结果，那么软性目标就是过程，只有将过程管理起来，才能确保结果的有效实现。

目标的绩效管理包括针对目标结果和目标过程的绩效管理。

对目标结果的绩效管理，其衡量绩效的重点是将结果与目标对比，通过这种差异性来判断营销目标的完成程度，如果企业的营销目标包含了结果型和过程型两种，那么这种结果与目标的差异，可以反映出一定的问题，但是如果只采用结果型的目标，那么绩效考核就无法反映真实的状况。

对目标过程的绩效管理，其衡量绩效的重点是将过程与目标对比，从而判断营销计划所要求的工作是否做到位，是什么因素影响了硬性目标的实现，这种软性目标的绩效考核能够比较真实地反映实际状况，但是它在激发销售人员动力方面不如硬性目标直接，因此最好是将其与硬性目标绩效考核结合起来，从而更全面真实地反映销售人员的业绩。

四、销售工作流程保证计划执行

销售工作中的流程设置是保证销售计划落实的有效工具。流程包括两个方面：销售团队内部的执行流程，以及销售团队和企业其他相关职能部门的业务流程。

销售团队内部的执行流程主要用来描述每个岗位在执行销售计划中承担的任务和职责，以及每个岗位工作任务之间的关系和传递顺序及时间。执行流程旨在保证执行销售计划时做到每项任务都有人负责，每项工作都能在指定时间内完成，从而最大程度地保证销售计划的有效执行。

业务流程主要用来描述每个部门在营销活动中承担的任务和职责，以及每个部门之间的关系和传递顺序及时间。此流程旨在保证可能影响销售计划达成和落实的每个部门都能按照流程中规定的任务和职责，在指定的时间最大化地支持和保障销售计划的最终落实。

五、建立营销信息的管理系统

虽然有些企业构建了规范化的组织体系、明确了工作职责、建立了关键业务流程，但在实际运行时仍然会出现职责不明、缺乏沟通、流程推动不力、工作标准模糊等影响执行效果的问题。这是因为市场是千变万化的，企业无法事先预测一切可能的情况，安排好针对性的职能工作。许多问题是临时出现的，需要当场及时解决，而对于一个跨区域多层级的营销管理组织，其决策层与一线执行层的信息是极不对称的，这就需要整个企业管理信息系统的支持能够及时反馈信息，使各层级的决策主管人员在第一时间获得市场信息，做出及时反应。因此，建立一个高效的信息系统，及时掌握和追踪一线市场的变化，加快企业对市场变化的反应速度，是每个现代营销企业都必须具备的核心竞争能力。

第三节　激励与约束，管理营销团队的关键抓手

段继东

没有制度的保障和约束，销售队伍将是一盘散沙；没有制度的激励，销售队伍会缺乏工作的激情。在计划实施和业务流程的贯彻中，如果没有一套较为完整和有效的绩效考核体系，没有合理严格的奖罚体系，结果一定是没有保障的。恰当的激励机制能对销售工作产生极大地促进。

合理的计划、有效的人员管理体系，以及及时、有针对性地培训，能够较好地提高销售人员的销售能力和业绩，但是，这仅仅是销售的拉动力而已，它只对销售人员起规范和导向性作用，而对销售人员起推动作用的是一套合理、恰当的激励体系。“推”和“拉”的结合是销售工作必需的管理组合，激励体系若没有建立起来，或建立的激励体系不配套，销售人员的主观能动性和工作效率就不会自动提高。

很多计划的执行之所以不力，很多时候往往与没有考核，或考核不到位有关。执行力的关键是考核，考核的关键是落实，要有目标、有标准、有检查、有落实，注重过程管理，通过建立公平、公开、公正的激励机制，“胡萝卜加大棒”，奖优罚劣，硬起手腕抓管理，不断树立正反两方面的典型，从而将执行落到实处，而不至于流于形式。

一、压力需要被传递

没有规定谁在何时必须完成什么工作、完成到什么程度、如何开展工作，缺乏考核和时间压力，就会造成时间的拖延。

我们应将公司的指标分解到季度、区域、产品，最后落脚于销售人员，并让区域经理、销售人员签订指标承诺书。为了鼓舞销售人员的干劲，公司应围绕指标制定各种激励政策，包括高额的提成机制，以及没有完成任务的惩罚机制。公司还应围绕指标制定各项费用政策，比如补助、费用报销、出差，等等，将所有的费用进行综合，并与每个人的销售额挂钩，一并纳入销售人员的考核体系。

在企业的实际运作过程中，绩效考核制度是企业基本的管理制度，其他职能性的管理制度都要依托此基础发挥作用。在营销计划执行过程中，营销管理职能在发挥作用，而要充分发挥这些职能的作用，促使营销计划得到有效执行，必须将绩效考核制度与营销计划的完成效果结合起来，这样才能使营销人员对自己的绩效进行评估，否则营销计划的执行将缺乏规范性。在实际运作中，往往会发生绩效考核制度与营销计划目标产生偏差的情况，使得营销计划形同虚设。

二、高效、有力的管理机构

要制订出优秀的营销计划，就应建立一个高效、有力的制订计划、监督计划执行落实的机构，该机构应具备如下“内在品质”：高素质、高效率、权威性和技术性。

高素质指机构整体具有较高素质。为组建好机构，必须精心挑选机构成员。一方面，高素质是对人员有着硬性能力的要求，即较高的文化水平、懂专业、懂现代科学知识、懂现代市场经济、懂现代企业管理、具有较丰富的实践经验、具备创新意识、敢于批评直言的人员；另一方面，还需要有软性能力要求，即敏锐的市场分析判断能力、决策应变能力、组织协调能力、表达沟通能力，以及善于把企业目标和企业所处环境结合起来同时具备开展创造性工作的能力。

高效率指整个机构的工作具有较高的效率。机构中既要有企业高层决策人员、专家智囊人员，还要有信息灵通、经验丰富的一线人员，形成合理的人员结构，形成知识、经验等诸优势互补、优势叠加，为高效率打下基础。每个成员应负责整个计划，制定工作的某一项具体任务，责任到人，而成员之间既有明确分工，又有相互间的有机配合。

权威性要求机构中有权威人士，并授予机构开展工作的必要责权，在计划制订后，还要有落实、执行的完整性、有效性、监督检查的可行性等内容。由于制订营销计划工作的特殊性、涉及问题的广泛性、开展工作的艰巨性等，就要求上至企业决策层，下至企业执行层，以及企业各管理层都必须予以协调配合和支持。这种权威性不仅体现在企业内部，还体现在企业外部，体现在企业的对外工作上，体现在对外的影响力、感召力、外部认可上。这样，才有利于做好营销计划的制订工作。

技术性指整个机构的工作要讲技术、讲方法、讲科学，机构中的技术人员应占必要的比例，机构的操作运行除前面提及的要求，还应遵循市场经济规律，要将现代管理中的先进技术方法、手段、设备工具运用于机构工作中。

作为机构成员，要经常将自己的创新思路、想法与企业一线管理人员交流，加强沟通，使他们对计划制订的过程给予理解与配合。

要经常倾听一线管理人员反馈的意见、看法和建议，对他们的想法给予充分重视，并及时吸纳其合理成分融汇到营销计划中。

第四节　构建新型省级业务单元，实现营销战略落地

章建楠

随着医保低水平全覆盖、药品和医疗支出逐渐平衡、药品持续降价成为趋势，医药行业增长逐步放缓，合规运营的重要性日益突出；同时，医药企业历史上形成的费用拉动和客情拉动的粗放型增长方式日益没落。

一、营销落地之困

许多企业年初制订了雄心勃勃的营销计划或营销模式升级方案，但年底结果让人大跌眼镜，根源在于营销计划或营销升级方案执行差强人意——营销缺乏战斗力！

这些企业的营销操盘人不禁产生这样的疑问：营销规划做了，销售政策定了，制度流程完善，目标也分解落实下去了，但为什么执行不下去；

经过多年发展，医药企业的市场策划、政府事务、营销管理和销售服务等职能已经基本具备，但为什么执行下去没有效果。其实，企业营销体系类似于作战部队：政治部、参谋部、后勤部和装备部虽不可或缺，但最终能形成战斗力的还是以师或旅为单位的作战单元；缺乏强有力的作战单元，就会造成战斗力不足，战略执行力差。

同理，医药企业营销战斗力强弱的关键环节是营销作战单元。当前，医药企业的营销存在两个主要的问题：营销总部对营销作战单元管控力差，以及营销作战单元自身执行力差。中国医药市场是以省区为单位进行招标的政策性市场，因此，省级销区就是基本的营销作战单元。

医药企业多是成长型企业，由于业务规模小，资源有限，无法建立庞大的营销总部体系，因此市场、公共事务、营销财务等营销职能部门无法下沉到省级销区。同时，销售业务线却往往建立多层级体系，团队人数不多，但大区总监不少，因而造成管控链条长。从横向来看，大区层面没有相应职能部门的配合，还需要跟营销副总争取资源与支持；从纵向来看，大区总监与省区经理职能雷同，大区层级形同虚设，变成营销总部与省级销区之间的传声筒，决策信息和市场信息传递效率下降，营销总部对营销作战单元的管控力减弱。

营销作战单元自身也缺乏建设和提升。营销计划落不了地，多半是由于人不落地；人落地后能力不够，能力行了却缺少统筹。因而，营销作战单元执行力差。销售人员在省区下面等政策、要资源，没有形成真正的经营自主性。最终造成省区覆盖不足，在覆盖区域也没有形成真正的竞争优势。

二、省级销区模式突破

突破营销困境，就是要突破省区的管控瓶颈和执行瓶颈，建立新型省级销区，即省级业务单元。在管控模式上，营销总部直管省级业务单元，减少管理层级，让总部能够听到营销一线的声音。在职能配置上，省级业务单元需要较好地承接营销总部的主要职能，如市场、政府事务、人力资源等，强化在省区层面的资源配置能力，扩大事务决策权，让“听得见炮声的人”做决策。

省级业务单元不同于传统意义上的省级销区。传统的省级销区，即省区办事处，在管理上比较宽松，成为销售人员的办公场所，除了日常行政事务，缺少对营销总部的职能对接和对营销过程的监管。传统省级销区在这种模式下，形成了惰性的销售习惯：日常向上要资源，年度向上要政策，平常各忙各的事，月度会议变成聚餐会。

建立省级业务单元，就是要将省级业务单元建设成为相对独立的业务执行中心、职能支持中心和管理控制中心，在省区层面加强对业务统筹和资源调配，强化营销过程管理与控制。省级业务单元逐步形成区域营销平台，支撑销售业务稳步下沉；随着业务下沉，在市县市场加强二级办建设与管理，把控城市市场和县域市场，同时拓展 OTC 市场和深度市场。

三、省级业务单元的搭建

省级业务单元不属于公司的任意一条产品线，而是作为独立业务主体承接公司销售任务，应对公司业绩考核。因此，对应的市场、公共事务、营销财务、人力资源等比较完备，能够在省区范围内进行资源调配，对自身营销行为提供职能支撑。对跨省区和跨部门工作协调，可以建立省区、营销总部和公司层面三级项目管理制度，进行资源调配和分工协作。

在组织架构上，除省区经理以外，省级业务单元还需要设立省区推广经理和省区业务支持专员。省区推广经理主要负责产品的区域策略制定、区域推广计划制订和区域推广活动统筹；对上执行公司产品策划和产品推广预算，对下能够协调资源，并将区域成功经验总结成模式在省区内复制。省区业务支持专员，主要负责承接营销总部行政、人力资源、营销财务、商务等职能：在行政上，负责公司政策制度的上传下达，以及省区报表的汇总；在人力资源上，负责省区销售团队的日常考勤，以及驻地销售候选人员的筛选；在财务上，负责各种票据的汇总与审核；在商务上，负责货、款、票的跟进与落实。

在管理上，省区经理可以在预算范围内和省区计划内进行费用审核，同时也要对省区销售目标负责；省区销售人员需要接受日常考核、销售目标考核、市场目标考核与能力考核等多种方式相结合的全方位考评。

省级业务单元是在原有省区办事处的基础上逐步建立的，需要综合考虑业务规模、市场覆盖和资源投入等因素。因此，省级业务单元建设不会一蹴而就，而要根据营销业务的需要稳步推进。

省级业务单元的建设过程，从微观上来看是对于区域市场的策略性推动，但从宏观上来看更是营销战略执行和落地的重要路径。经过3～5年的稳步建设，可以在全国形成深扎根、广覆盖的营销网络；进而实现营销战斗力从量变到质变的华丽转身！

第五节　建立执行型营销文化，为组织化营销保驾护航

孙国民

营销成本高、效率低，营销策略无法落实，销售队伍积极性不高、战斗力不强，费用超标，销售业绩远离目标，计划执行走样，标准逐渐降低，工作经常延误，甚至不了了之……对此，管理者可要警惕了，因为您

的营销团队可能就要亮红灯了。您要问为什么？答案是“缺乏执行力”！

营销执行力不强往往由以下五大原因造成：

（1）目标不明确。目标就是方向，方向不明确，执行力不知道往哪里贯彻，执行力再强的人也无从下手。

（2）方案不合理。实现目标的方案有很多种，选择最优的方案至关重要。但是，最优的方案往往不一定是最能实现的方案，所以，方案的选定往往伴随着最优（Optimal）和最满意（Most satisfactory）的决策之间的平衡。

（3）策略不可行。策略是灵活多变的，在营销方案执行过程中，“一招鲜吃遍天”的时代已经成为历史，策略也应该“量身而做”和“随需而变”。

（4）激励不到位。激励不到位的后果是员工的执行力没有发挥或者发挥的不够，致使营销目标无法实现。

（5）监督无约束/无跟进。工作中缺乏监督，执行力就出现了漏洞；监督无跟进，执行力的结果就得不到反馈。

一、没有执行力就没有竞争力

战略决定方向，运营决定效率，执行决定结果。在现代企业营销中，有组织保障的营销好比部队的正规军，要发挥正规军的战斗力，就必须建立执行型营销文化，为企业组织化营销的持续竞争力保驾护航。下面就谈一谈如何建立执行型营销文化。

执行力这个概念已经风靡全球，它的英文是 Execution，在中国指贯彻力度，主要体现在做事的速度、效率和效能上，可以理解为在正确的时间将正确的目标分解，通过正确的执行取得正确的效果。执行力文化就是强化员工的贯彻力度，让执行力成为员工工作标准，成为员工工作的日常行为准则。

二、如何塑造执行型营销文化

组织化营销需要执行型文化强有力的保障，那么如何塑造极具竞争力的执行型营销文化，这需要企业进行一次彻底地人力资源变革和营销文化变革，这些变革包括：

（1）人员甄选：选拔执行力高效的人。

（2）营销人员选拔的总体要求是：素质高、能力强、会管理、专业化、反应快。

➢ 素质高指营销人员要有责任心，有诚信，有成功动机，工作与工作经验和教育状况相匹配，具有立体思维，眼界开阔。

➢ 能力强指营销人员的专项能力，以及资产的专用性，能力同工作相匹配，能出色地完成工作任务。

➢ 会管理指营销人员有目标达成能力、有统筹能力、善于沟通和交流、懂激励、协调能力强、深谙潜规则、问题导向、解决问题朝向事情本身。

➢ 专业化指营销人员的知识结构合理，通常为T字形知识结构，职业能够市场化，岗位能够职业化。

➢ 反应快指营销人员悟性高、有感知力、触角灵敏、思路清晰、有创新精神，能够迎合企业“速度制胜”的需要，以速度领先而取胜。

三、责任与责任心：落实责任，培养责任心

首先，明确责任，奠定责任心基础。通过岗位设置和岗位说明书撰写，确定岗位的客户及其价值，界定岗位责任和绩效标准，让每一个营销人员都肩负“计划（Plan）－执行（Do）－检查（Check）－行动（Action）”的循环环节。

其次，理顺流程，将责任落实到位。业务流程体现在岗位与岗位之间的输入与输出，决策流程体现在上层与下层的权利与义务。通过业务流程分析，明确上下游客户、内外部客户的需求，清楚满足客户需求的价值环

节，从而将工作价值点与岗位职责连接起来。通过决策流程分析，清晰划分管理层级的权责范围。理顺业务流程与决策流程，实际上就是在理顺和落实责任。

最后，建立机制，营造责任心氛围。营造主动承担责任、勇于承担责任的文化氛围，激发和培养员工的责任心。建立有效的激励约束机制，对担负挑战性责任的员工及时给予认可，对推卸责任的行为及时予以惩罚，进而强化和提高员工的责任心。

四、改变观念：建立执行型营销工作导向

企业执行力文化的建立需要从观念改变开始做起。企业的工作重心要强化基于执行力的工作导向，注重结果的有效达成；把执行作为铁的纪律，加强纪律性，营销则无往不胜，不要试图为任务没有完成寻找任何借口；要以结果为衡量尺度，加强结果导向的激励与考核。

企业要让执行力成为团队的一种习惯，成为一种自然行为。

五、激励与考核：执行型营销绩效考核导向

建立执行型营销文化，企业高层和营销老总必须对执行力高度重视，从激励机制上，奖励执行力强的人，处罚执行力差的人。在绩效考核上，要倾向于责任心强，能落实责任并勇于承担责任的人；要朝向能高效执行达成营销目标的人；要朝向实现企业关键战略目标和为解除目标实现的关键障碍而做出努力的人。

（一）沟通与协调：在沟通中解决问题

因人与人之间的不了解和隔阂而导致目标不能实现，比目标不明确和目标错误更可怕。由于人与人之间的不了解，导致思想上不能统一，行动上不能协调配合，执行力转为内耗力，内耗力逐渐侵蚀执行力。所以，建

立执行型营销文化必须强调工作中的交流、沟通和协调，可以从四个方面入手。一是对事不对人，朝向事情本身；二是创建营销执行力文化的语言（比如：立即去做、马上去办等）；三是带着问题和目标去沟通和协调，强调问题解决导向；四是沟通和协调常态化和机制化。

（二）文化宣贯：用文化教育人、感染人、熏陶人

建立执行型营销文化必须从文化的宣传和贯彻着手，用文化教育人，用文化感染人，用文化熏陶人。一旦这种执行型营销文化为员工所认可，文化将会潜移默化地渗透到人的思维和价值观中，体现到人的行动中，贯彻到工作的高效率完成和高标准实现中。

第六节　破解集团化医药企业营销管控之痛

程建军

毋庸置疑，医药企业集团已经成为医药行业的主力军和生力军，而且医药企业集团化的进程将会随着新医改的推进而急速加快。

放眼历年的医药企业排名，我们看到很多医药企业集团赫然在上，而其中不乏历史遗留的大型医药企业集团，如天津医药集团、中国医药集团总公司。这些医药集团盘子大，在医药行业占有举足轻重的地位。而且旗下企业数量众多，其中不乏优质的医药企业。

但放眼来看，虽然诸多企业年年上榜，但是总体增长却不尽如人意！我们透过现象看本质，就会看到更多的“真相”。

一、集团化医药企业的“痛楚”

第一，大痛是看起来很大，拆开都较小。集团化医药企业是很唬人

的。唬人就在于它的盘子大，动辄百亿规模。在不足6000亿元总盘子的中国医药行业，百亿元的身价应该是有分量的。但打开来看，这个规模是堆积起来的。其百亿元的规模，由20多家企业构成，这些企业最大的也就几亿元的规模。

堆积起来的规模，就是看起来漂亮，但是单拎一个出来，放在整个行业来看，无论从规模，还是从盈利能力都不占优势。堆积的规模、松散的企业联盟，反而成了集团持续增长的障碍，面临着看起来风光无限，其实是内心酸楚的困局。

第二，大痛是集团想管但是管不了，想要长大，但是无从下手。面对如此状况，就需要集团能拢起来。但是，很多时候，集团可以管得了人，管得了财，但管不了下属企业的想法和做法。

集团拟定的战略、提出的想法、给予的要求，下属企业要不不接受，要不接受了但不落实。而具体的目标管理，要结果，但是却没能给予指导、支持和服务。因此，你说你的，我干我的。集团的招数就是人不行就换。但是换人就会换套路和打法，一顿折腾，甚至连企业的基本盘也折腾没了，由此导致的结果就是："集团一管就自己上了套，集团一撒手就乱了套。"

集团化医药企业真的不能管吗？集团化医药企业的营销到底应该怎么管？成了诸多集团企业决策层的头等大事，也是最头痛的大事。笔者认为，集团化医药企业的营销肯定得管，也肯定能管。

二、集团化医药企业痛苦之源

首先，缺乏统领集团发展的营销战略。营销战略是方向，没有方向，就是在打乱战。没有布局，互相缺乏配合，惯用的是偷袭、游击，而缺乏方向和目标。有点今天吃饱，今天满足的味道。也许敌人就在榻侧，而浑然不知，浑然不顾！更为重要的是，由于打乱仗，甚至内讧，而集团的协调、管理的作用没能发挥。最终的结果就是没有搞定对手，反而自己伤了自己。整个集团也没有形成合力，真正把集团的力量发挥出来。

其次，缺乏集团营销管控的有效手段。大部分集团化医药企业不会管，没有办法、没有手段。到底对下属企业要求什么呢？到底管什么呢？管到什么程度呢？用什么管呢？谁来管呢？等等，全都浑然不知。

三、破解集团化医药企业的痛苦

首先，必须明确集团的营销战略，包括明确企业的方向和目标，制定合理的营销目标体系；明确所属企业发展目标、发展方向、定位及优先发展次序；明确集团在目标之下的资源配置，构建系统的策略支持系统，明确整体乃至所属企业的竞争策略。

尤其是对于产品要进行统一规划，并且参与制定下属企业的销售目标、市场目标和产品目标及检查指标落实情况。

其次，集团化医药企业的营销管控到底管什么，我认为包括如下内容：

（1）管人：所属企业经营管理团队。

（2）管品牌：统筹规划集团品牌发展战略。

（3）管政府事务。

（4）管营销指标的业绩考评等。

最后，集团化医药企业营销管控需要分阶段、分层次、分步骤推进实施。俗话说："冰冻三尺非一日之寒，祛病如抽丝。"因此集团化医药企业要营销管控，也需要循序渐进。

（一）分阶段推进

第一阶段：服务阶段。主要以为所属企业做服务的方式，为下属企业提供帮助。例如定期组织营销信息交流，经验交流，协调各企业内部事务等。关键是能让下属企业认识到，原来这样很好。

第二阶段，协调阶段。主要协调两件事情：协调各企业营销战略和总战略的关系，帮助所属企业解决资源配置。

第三阶段：支持阶段。例如：建立集团信息库、集团层面的品牌规划、人才交流、法律支持、政府事务统筹管理等。

第四阶段：指导检查阶段。这个阶段已经过渡到实质性企业营销管理层面。例如，指导下属企业制订销售计划、市场计划等，指导企业进行营销模式的提升、完善、转变，等等。

第五阶段：管理阶段。通过上述几个阶段，集团已经基本掌握所属企业的基本信息，并且获得了下属企业的信任。因此，可以过渡到管理阶段，主要包括：

（1）组织运营管理专题管理会议，重点工作统一安排，推进并检查重点工作。

（2）财务、统计报表和对财务、销售的专项分析，定期的综合分析和定期审计、专项审计等。

（3）建立集团营销分析系统，销售业务专项分析、管理、检查和指导。

（二）分层次推进

第一层次：战略层次。主要进行总体协调和资源配置、国际化、风险防范、产业发展规划、品牌规划、产品策略工作，倡导推进所属企业对集团战略的落地实施。

第二层次：管理层次。

（1）用集团的战略眼光评判推进的进程及推进质量。

（2）组织运营管理专题管理会议。

（3）重点工作统一安排，推进并检查重点工作实施情况。

（4）审计监察，绩效考核，对财务、销售报表专项分析定期综合分析，进行定期审计、专项审计。

第三层次：业务层次。

（1）集团层面对下属各企业的营销提供服务、支持。

（2）组织专项活动：信息共享、经验交流、人员培训。

（3）政府事务等。

（三）分步骤推进

第一步：支持、服务、协调，发挥集团在营销中的实质作用，建立集团与下属公司之间的营销关联关系。

第二步：发挥管理作用，确立集团在所属企业营销领域中的地位。

第三步：资源整合，发挥其对所属企业资源配置的重要作用。

集团化医药企业通过营销战略明确目标和方向，通过分阶段、分层次、分步骤的逐步渗透，加之以有效的营销管控手段，营销管理之痛就会逐步祛除，并走向新的辉煌！

第七节　集团企业对下属企业的管控再造

林延君

近几年，在政策、资本和市场三大推动力下，医药行业的集团型企业日益增多，有围绕主营业务向相关领域拓展的，例如中药企业，在稳固中药领域的同时，还向保健品、功能饮品等大健康领域拓展，典型代表有天士力集团、以岭药业、云南白药、吉林敖东药业集团股份有限公司等，还有以工商并举作为集团战略的两大核心业务，以国药集团药业股份有限公司、上海医药集团股份有限公司、华润医药集团有限公司等巨头为典型代表。集团型企业具有雄厚的资金优势，在向多元化业务布局时，往往决策果断，能够占得市场先机。但与此同时，多元化布局后的集团管控问题也日益显现。

一、集团型企业面临的六大发展瓶颈

笔者在对企业深入分析的基础上，结合咨询项目中的实际案例，认为以下六大因素正成为制约集团型企业发展的关键瓶颈：

（1）行业变化快、决策难跟上。

目前医药行业整体上处在快速变化期，在政策、资本、市场三股力量的驱动下，医药企业正面临着前所未有的机遇和挑战。对于集团型医药企业而言，最大的挑战在于“船大难调头”，集团一般多领域多业务发展，资源及精力难以聚焦全部业务，对行业的变化难以做出快速反应，往往导致发展机遇的错失，决策应对的滞后。

（2）业务多元化、跨界难度大。

集团型医药企业在业务发展中，基本都向多元化发展，工商并举，上下游拓展，涉足保健品、健康饮品、医疗服务等多个领域，但仔细回顾集团的多元化发展，优势还是体现在既有业务上，新涉足的业务鲜有成功的案例，归根到底，集团不是对每个业务领域都熟悉，往往只看到行业的机遇，却忽略了行业的基本规律及成功的关键要素。既要走多元化发展之路，又要解决好跨界经营的问题，这正是集团型企业面临的难点。

（3）管理幅度大，管理难深入。

集团型医药企业一般涉足多个业务领域，管理多个分（子）公司，在管控上基本以财务管控为主，战略管控和运营管控往往难以达到预期的效果，尤其在运营管控上，即便有管理制度，也有管理流程，就是达不到集团的管理要求，根本原因在于集团难以实时了解分（子）公司的日常运营，在管理措施上也就难以有的放矢。此外，各公司之间难以做到完全同步发展，表现在对集团决策的执行上难以步调一致，最终导致集团的决策难以贯彻落实。

（4）能力两极化，管理难对接。

大多集团型企业在管理能力上呈现两极分化的特点，一般在战略指导能力、组织管理能力、财务管理能力三方面比较强；但在业务管理能力、运营管理能力，资源协调能力三方面比较弱。集团对下属分（子）公司管理大多是采取事后管理，而不是过程管理，即只有控制、考核等管控能力，而没有指导、管理、接受分（子）公司业务的能力。由于集团和分（子）公司在能力上的不对接，最终体现的是集团往往被动选择以财务管控为主，而缺乏主动的战略管控和运营管控。

（5）资源分散化，业务难协同。

目前集团型医药企业在管理模式上基本属于条块管理，物理叠加，分（子）公司各自发展，集团与分（子）公司之间，分（子）公司与分（子）公司之间没有形成协同。资源单边倾向严重，即分（子）公司仅仅向集团要资源，集团难以从分（子）公司获得资源。集团缺乏专门的部门来统筹各业务板块的资源，因此，集团也没有发挥内部资源集成和输出的作用，各分（子）公司在业务上没有协同，市场上也没有联动。

（6）并购成熟化，管理难整合。

在优质资源日趋短缺的环境下，越来越多的集团型企业开始运用并购的手段来实现业务的快速发展，大型医药集团通过并购已基本完成了“跑马圈地”，随之而来的就是管理整合问题，并购不易，整合更难，整合不好，往往造成人才的流失，市场的丢失。管理整合的关键在于需要专业的机构在综合评估集团、被并购企业、市场环境等多方面因素后，实现战略、管理、业务、人员的全面融合。

二、构建“一体化”的管控平台

要解决上述的关键瓶颈，笔者认为最核心的是要在集团层面构建“一体化”的管控平台，核心包括情报信息跟踪分析平台、战略执行跟踪平台、经营盲点排查平台、营销管控落实平台，以及并购整合管理平台。

（一）情报信息跟踪分析平台

持续跟踪集团医药产业政策，包括市场准入、价格、医保、招投标等政策，对相关政策的影响和趋势进行专业解读，协助集团抓住政策机遇，同时规避政策风险。动态跟踪医药产业市场变化，追踪市场热点、分析市场格局、掌握市场趋势。专项论证产业机会，实时汇总业务板块竞争信息，提供差异化竞争策略。协助集团对标管理，全面提升集团管理水平。核心内容包括政策要点汇总与解读，包括准入、价格、医保、投保政策要点汇总与解读；市场热点跟踪，包括市场热点收集与汇总，市场热点的机会分析；竞争对手实时动态，包括竞争对手发展战略动态跟踪，竞争对手竞争策略动态跟踪，竞争对手市场策略动态跟踪等。

（二）战略执行跟踪平台

系统评估集团战略体系，包括目标体系、路径体系、保障体系等，专业判断集团战略制定的科学性和可行性。将战略目标转化成经营目标及相关预算管理，跟踪监督集团目标落实执行情况，论证集团董事会重大战略，推动集团专项重大决策执行，并及时反馈调整。评估集团内部资源，建立集团资源统筹体系，构建集团内产业组合发展模式，建立集团内业务协同管理体系。通过一系列的战略执行推动，确保集团战略目标可达、路径可行、保障有力、举措得当。核心内容包括集团战略阶段性评估、集团战略目标分解及跟踪管理、集团专项战略决策研判与推动、集团内资源及业务协同管理等。

（三）经营盲点排查平台

排查集团在产品管理、制度管理、流程管理、风险管理等方面的经营盲点，规划产品组合、优化管理流程、规避经营风险。通过一系列的排查举措，实现集团全面掌握各子公司的经营状况，把控经营关键节点，将运营管控落到实处，将管控风险降到最低，真正实现集团对子公司“管得好，控得住”。核心内容包括产品管理盲点排查、管理制度盲点排查、管理流程盲点排查、经营质量盲点排查、风险管理盲点排查等。

（四）营销管控落实平台

跟踪监测集团及下属分（子）公司业绩波动，分析波动原因，提出改善措施；评估营销队伍的专业化知识能力、市场拓展能力、客户开发能力等，全面提升营销队伍的专业化水平；综合分析营销管理体系，包括业务管理体系、市场管理体系、客户管理体系、绩效考核体系，完善营销管理体系，提高营销管理水平；分析先行的营销模式，以市场为导向，以产品为基础，打造支撑未来业务发展的营销模式，推动落实营销模式的实施。核心内容包括业绩波动的监测、营销队伍的评估与打造、营销管理的诊断与提升、营销模式的再造与升级等。

（五）并购整合管理平台

对被并购企业进行专业的评估，包括对被并购企业的产品资源、研发能力、生产能力、营销能力等进行全方位的评估，为集团下一步的战略决策提供依据。同时为集团提供切实可行的并购整合方案，并推动整合落地。对整合存在的风险提出可操作的控制措施，使整合真正实现“1+1>2”的效果。核心内容包括企业尽职调查、并购实施，以及并购整合三部分，对于企业尽职调查，应包含企业财务状况调查、企业经营状况调查、企业运营管理状况调查等；对于并购实施，应包含根据调查结果评估及定价制定并购方案（论证现金、换股等），同时制定收购协议；对于并购整合，应包含集团人员进驻、成立管理平台，设计并购后的组织架构、运营体系、营销战略、营销计划等。

随着资本与实业的联动，集团管控正日益成为集团型企业的难点，对于下属企业的管控，既要有通盘的战略思路，又要有专业的业务对接能力，企业一方面应梳理核心的制度流程，通过优化制度流程实现集团管控的落地，另一方面，企业应充分借力，利用行业内的专业机构，通过外部力量的推动，形成内外核心，从而实现集团管控的全面落地。

第八节　营销体系人才的选、用、育、留

黄　斌

目前国内医药企业的营销队伍可谓是群英荟萃，大致可分为三种类型：第一种是营销经验型，该类型的营销人员在医药营销市场上摸爬滚打多年，有着丰富的营销活动经验，在行业内有一定根基，但缺乏医药专业知识和营销专业知识，专业技能受到限制；第二种是医药专业型，毫无疑问这种类型的营销人员有着医学或者药学的教育背景，专业功底深厚，对产品认知深刻，具有很强的学术推广能力，但缺乏相应的营销知识，对市场的分析、感知及把控能力较弱；第三种是营销专业型，这种类型的营销人员营销知识扎实，开展营销活动得心应手，但缺乏相应的医药知识，由于医药行业管控严格，往往受到行业限制。

针对成员背景复杂的营销队伍，如何才能做好营销体系人才的选、用、育、留？笔者在此谈谈自己的一些认识，“选”要天时地利人和，“用”要分型善任，“育”要目标明确，“留”要人才满意。

在选择人才时如果考虑因素过多反而会造成无从下手的局面，实际上

只要遵循天时、地利、人和三个标准即可。

天时可以理解为是否具备需要的能力。举例来说，会议组织能力无疑是医药企业市场部必需能力之一，但如果现已有多名会议组织高手，即使流失一两名也不会影响工作开展，那么此时就应该选拔其他方面能力突出的人才，避免出现整体实力的短板。

地利是说是否有意愿担任此项工作，并且具备责任心。有积极进取的心态才能主动地去完成工作。能力固然重要，但如果没有进取心和责任心，定会影响事情的最终结果。

人和则指是否能够融入团队。人和要求人才和企业互相认可，一方面是人才对企业文化的认可，能够达成一致的价值观；另外一方面是个性、处事方式能够被团队认可和接受。符合这两方面的要求才能与团队融为一体，发挥甚至超常发挥出自身水平，相反的话即使有能力也难以施展。

任用人才的最佳方式无疑是把合适的人才放在合适的位置上。我们可以在知人的基础上对人才进行分型，以分型的方式实现善任。对于营销体系而言，可以将人才分为执行型人才、执行+策略型人才、策略型人才三种类型，将他们分别放到合适的层级上，具体如图3-1所示。

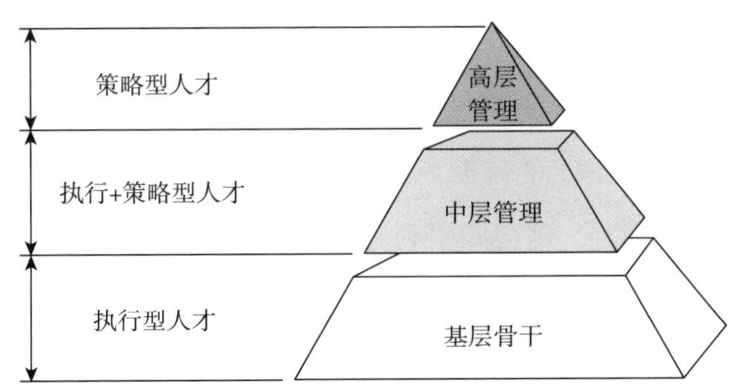

图3-1　人才类型及对应的层级

如图3-1所示，对于销售精英和推广精英等执行型人才，可以将他们作为基层骨干力量。这类人才往往注重细节，对一线工作的认知全面深刻，通过分享成功经验来提升整个队伍的执行水平。

执行力强并且具备一定策略能力的人可以作为中层管理人员，比如产品经理或者市场经理等岗位。这些岗位人员需要对产品认知深刻，对市场有一定了解，具有较好的方案策划能力并且能够将方案贯彻执行。

而对于目光长远、思维格局宽广、策略能力极强的策略型人才，应该在营销体系内担任高层领导职位，例如营销主管、市场主管等，完成营销事务中的决策工作，进行长远性布局，保证营销方向的正确性。

人才培养要有明确的目标。人才培养跟其他工作一样，目标明确才能事半功倍。华为的人才培养目标问题是通过任职资格标准来解决的，其将管理者分为三级，初级是基层管理者，中级是部门负责人，高级是副总裁以上人员。每一级的行为标准非常具体，这样就为人才培养工作提供了明确的标准和依据。

同时，人才的培养应该突破内部培训的局限性，采取以外带内的方式。具体来说就是选派内部中高层管理人员进行外部进修，学习新的理论、模式和技能，并通过内部培训将学习成果分享给其他员工。这种通过以外部学习带动内部培训的方式不仅能够快速提升员工的能力和境界，同时还可以增强凝聚力。

对于如何留住人才，不妨思考一下人才为何离开。在这里借用马云曾经说过的一句话：“员工的离职原因林林总总，只有两点最真实：钱，没给到位；心，委屈了。”这些归根到底就一条：干得不爽！

也就是说员工离职的根本原因是对公司有了不满，因此想要留住人才就要做到让人才满意。

那么员工都对哪些方面不满呢？国内某大型招聘网站曾经做过一项调查，结果表明国内企业员工不满有五个方面：对当前薪酬福利不满意、对管理者专横的态度不满意、对不能公平对待员工的行为不满、提出的建议被当作耳旁风、缺少晋升机会和空间。

解决了上述问题，也就解决了留住人才的问题。

综上，一家企业想要不断地发展、壮大，成为行业的翘楚，人才的培养和储备是必不可少的。此外企业文化氛围直接影响人才战略的实施，它深入日常工作的点点滴滴。这种无形的环境时时刻刻都影响着每一位员工，能够使人才不断超越自我成为行业能人，也可能使人才故步自封或消沉度日。

第九节　药企高管营销管理核心

周利生

制药企业的总经理和营销总监普遍感到年度任务难以完成，营销部门难以管理，其困难主要在于销售指标高、费用预算少、市场竞争激烈、形势变化快、人员素质低。

笔者通过多家企业的咨询实践，发现优秀企业的成功都是依赖战略方向明确、战略路径清晰和战略执行力强大。他们的成功方法源于“五流”精细化管理和营销保障到位。如河南 ZF 企业 2009 年毛利率从 16% 提升到 22%；某知名外企将高端品牌补钙产品做进了省级基本药物目录；北京 BG 公司将成本降低到了 2.62% 等。成功企业的主要经验在于战略统领与“五流”管控、组合营销与整体竞争、单兵提升与团队制胜；做到三个满意，即客户满意和员工满意、董事会满意，也就是实现客户、员工、股东三方共赢。

药企的客户主要包括渠道客户、终端客户、社会网络资源、患者等。渠道客户主要是商业流通公司、基本药物的配送公司和临终端的纯销公司，商业公司的总经理、“三大员”（采购员、开票员、销售员）等是重点环节。终端客户主要是四个终端：医院、药店 OTC、城市社区和农村县乡村；社会网络资源主要是代理公司、药品居间人、城乡合伙人等。新形势下，政府主管部门也是重要客户，包括各级药监部门、地方卫生局、物价局、招标办等。

要让客户满意，关键是要能够提供客户价值，如药品的疗效、质量、价格、商业政策（商业利润、客户服务）等。要对产品进行梳理，让不同类型的产品，进入适合的商业渠道：纯普药和基本药物主要靠大型流通型公司经销，扩大销售规模；半普药和新特药选择纯销型公司配送，封闭式推广，增加销售利润。要进行有效的客户引导，让客户理解“稳定的利润比混乱的市场体系更重要”。

要让员工满意，关键是要能够增强员工信心：必要的基本保障（基本工资、差旅住宿费用、销售费用）、全年收入预期（业务提成、奖励等）、产品前景（产品市场潜力）和公正环境（公平公正、尊重、信用、业务平台、成长空间）等。员工业务培训非常重要，没有过硬的业务本领，再好的待遇和奖励也不会发挥应有的作用，有效地展开业务是业务人员稳定存活的基础。

要让股东满意，关键是看成长性：良好的业务发展趋势，可接受的利润回报，与董事会充分的沟通及相互理解。

营销管理最困难的是营销总经理的自我定位，绝大部分总经理都把自己定位成战略执行者，“具体办事的”，往往把自己的屁股坐在部门的位置，从而跟公司讨价还价，更不能有效地指导销售人员端正工作态度。

营销总经理的正确定位首先应该是企业营销的战略管理者，是企业营销战略的第一责任人，其首要任务是将销售人员培养成市场管理者，而非单纯的产品推销员，用营销战略管理统领营销工作，凝聚人才，提升产品力、品牌力和营销力。

企业发展战略是企业基于长远和全局考虑的行动计划，是企业经营活动的纲领，也是企业的生命，企业没有战略犹如没有罗盘的航船。营销战略是营销工作的纲领，也是营销人员的前进地图，好的营销战略能够指引销售人员及时达成目标。

战略管理是战略制定、战略实施、战略评价和战略调整的动态循环过程。

战略制定：将企业领导的战略构想与战略意图制定出明确的战略目标、规划有效的战略路径和实施步骤、提供有效的战略达成方法。

战略实施：对战略规划进行宣贯，帮助各分（子）公司、事业单元制定子战略并辅导实施总战略统领下的子战略。

战略评价：对战略实施情况进行业绩评价，及时总结经验、发现问题，为调整战略提供客观依据。

战略调整：针对市场形势变化和企业发展需要，实施战略调整。

营销管理的首要任务是根据企业发展战略制定出领先的营销战略，而营销战略的管理核心是“五流”管理：人力流、资金流、产品流、信息流和关系流。

（1）人力流。人力流就是企业员工对企业的向背去留。好企业是一所学校，常人成能人、能人变强人；差企业只会使能人成庸人、强人变废人，此乃用人之道。

人力资源是企业的核心资源，以人为本就是从人的本性出发，尊重员工，帮助员工成长，并对员工进行人力资源投资，提高员工对企业的认同感、归属感和信赖感，同时提高业务技能、提高工作效率、提升营销业绩。

有些员工想的与讲的不一样、讲的与做的也不一样，企业总经理要想想为什么会这样，是企业的原因还是员工的原因，拟或是自己的管理出了问题。企业总经理的职责就是在公司利益和员工利益之间寻求最佳平衡点，通过现代公司治理的高效运营，为客户创造价值，同时实现企业价值。

用人在于御心，除了业务培训，营销总经理还要具备疏导员工工作情绪的专业技能。飞行员在情绪不稳定状态下，是不能操作飞机的。销售业务人员也一样，他的不良情绪会传染给公司的客户，也会影响其他同事，有必要在工作中给予正面辅导和化解。

（2）资金流。资金是企业的血液，现代企业发展必须依赖有效的预算管理。营销中的投入产出管理是非常重要的环节，要对重点市场、重点区域、重点客户、重点产品、重点员工进行重点费用支持。降低产品的生产成本也是非常关键的资金流管理，在保证质量的前提下，降低药品价格。这是医改的方向，尤其是基本药物，低成本战略可以赢得竞争优势。

年度预算管理必须坚持的原则是确保公司的利润目标，在追求销售规模的同时，获得合理的利润。营销总经理必须站在公司的立场，首先带领团队进行营销创新，充分发挥销售人员和市场的潜力。路是人走出来的，只有在挑战中胜出，才是职业经理的价值所在。

（3）产品流。产品流的管理，主要是对产品进行市场定位和客户定位，了解企业的产品适合在什么样的渠道和什么样的终端进行销售。普药产品适合渠道分销覆盖市场，半普药产品适合临终端推广，新特药适合自建队伍推广或招商代理。产品区域保护是维护市场发展的重要保障，要有专人专职管理产品流向。

（4）信息流。及时了解市场信息、客户信息、竞争信息、政策信息、招标信息，有助于及时把握机会，先一步，胜百步。销售数据的采集必须真实、完整、及时，应该要求销售人员及时报告销售信息，包括发货合同、应收账款和账期、预测销售量等，做到市场情况了然于胸，以销定产。

（5）关系流。搞营销永远离不开关系，同样的客户，关系到位者胜。

新医改下，省级配送企业、基层医疗市场面临重大机遇和市场扩容，这些机构的相关客户关系必须尽快建立，可以产生新的增长。与当地政府关系好，对于失去国家基本药物目录和医保目录的产品，通过省级增补目录，仍有较大的机会。

社会网络资源的整合，可以给企业带来市场终端的快速覆盖，这些资源主要是药品居间人，随着两票制的实施，他们会迅速被商业公司或制药企业整合，或转型消亡。

药企老板工作重点在于：根据整体战略制定营销战略，根据总预算制定营销部门预算，根据营销五要素（人员、区域、客户、产品、部门）分析投入/产出；公司层面“九给”，即给资源、给支持、给政策、给培训、给架构、给机制，给平台、给机会、给空间；业务层面“九定”，即定人员、定区域、定产品、定客户、定职责、定指标、定计划、定标准、定考核；人员层面“九有”，即有信心、有激情、有素养、有压力、有动力、有学力、有能力、有方法、有创新。

当一个企业做到了“五流管控”和“九给、九定、九有”，营销业绩就会转好，一流企业便当之无愧。

第十节　不懂营销的老板，该怎么管药企

黄　屹　孙小飞

营销对于医药企业可谓生死大事，不可不察。正因如此，无论外企或本土企业，营销出身的高管都占了非常高的比例。崛起于 20 世纪 90 年代的国内医药企业，作为最高决策者的药企老板们多为实业起家，曾深度参与过一线营销，这也成为他们日后管理企业不可或缺的宝贵经历。相比之

下，在今天的医药企业家群体中，有不少虽然也做得风生水起，却未曾直接参与过营销业务。

通常而言，两类药企老板可能会受困于营销经验缺失：一类是通过资本运作，跨领域进入医药行业的投资型企业家；另一类则是研发出身、技术创业的科研型企业家。前者对营销隔阂相对较小，但却需在日常业务中每天面对；后者或许短期内还不涉及营销，但长期亦不可避免，而且介入难度更大。这样的短板需要正视，一旦解决不好，极有可能成为企业管理的隐患。

一、医药营销：同样是门学问

老板们首先需要转变的是对待营销的观念。医药营销并不是简单地寻找流通商、做广告和推销产品，而是包括产品定位与策划、渠道与团队构建与管理、市场分析、客户维护等多重要素的体系，并且与企业内部的研发、生产、财务等体系有着频繁的深度互动。营销体系的精密和复杂程度绝不亚于资本运作或新药研发。现实中，行业外资本进入医药行业后，由于新的管理者对营销缺乏了解和认知，无力掌控营销团队和方向，甚至逐渐荒废了原本业绩良好的企业，这样的失败案例并不罕见。

重要，所以需要深入了解；复杂，所以需要学习熟悉。虽然新生代的企业家们不需要挽起袖子亲自上阵跑市场，也不需要成为营销专家并制定高水准的产品策划方案，但作为最高管理者，企业家们仍然需要对营销系统行为、业绩做出准确的评估，并且拥有与营销团队充分对话的能力。唯有如此，老板们才能保证对营销体系实现合理管控，实现投入资源的最大效益产出。

二、营销人才：找得到＋管得好

对于营销人才，能做到“找得到＋管得好”这两点，即使老板自己没有营销经历，也能通过专业人才和队伍为企业打造强大的营销力。

企业最高决策者不可能事必躬亲，找到合适的人才，让专业人做专业事，是企业成功运营的不二法则。在如今中国医药行业中，临床合伙人、终端直供等日益灵活的营销模式正在兴起。只要企业拥有产品等资源，以此实现对外部营销团队乃至领军人才的整合并不太难。

在这种背景下，“找得到”正在成为营销总经理管理营销团队最重要的日常工作之一，这需要其在日常工作中时刻保持与行业中的各种营销团队和人才资源的密切接触，建立足够的信息网络和人脉储备。这样的资源储备既能有助于企业日常的营销体系持续优化和改进，又能在企业遭遇重大营销事故时成为“压舱石”，为渡过困难创造条件。拥有丰富行业营销资源的老板，即使自身对营销业务不熟悉，却也能够通过隐含的竞争态势，对企业内部的营销体系形成一定的压力——“你干不好，我随时能找到别人把你换了。”

找对人还要用好人。外行并非不能管理内行，否则将只有研发出身的科学家才能做药企老板，但事实显然并非如此。对营销的管理也是如此，管到什么程度是拿捏的关键。一般来说，对于不懂营销的老板们，核心管理思路在于“抓大放小”：不要过于插手营销的具体事务，包括具体营销策略、战术打法、计划分解、中基层人事任命和执行等，要给下属留出足够的空间；但同时也不应放任，尤其是营销中长期战略规划、顶层设计、高管任免和考核等方面，一定要有足够的掌控力度并把好关。

三、营销业务：切莫挤压

药企老板们尤其要注意，不能用其余的业务来挤压、捆绑企业的营销，这样造成的干扰和伤害可能是巨大的、持久的。我们曾经接触过一家企业，老板是跨行业资本运作高手，数年前投资了一家优秀的中型药企，连续多年运营较为顺利。然而有一年，由于其余业务急需大笔现金，一时难以筹集，便通过与药企经销商签订极其优惠的保障协议，压货收取了大量预付款，以此解决集团的燃眉之急。孰料市场风云突变，企业同类品种出现大量滞销，经销商纷纷持协议上门退货，企业缺乏现金返还，不仅导致官司缠身，还致使市面上的窜货现象频频，继而产品滞销、人才流失。只因一念之差的不当行为，企业的整个营销体系被搅乱，整体业务被后续连锁反应冲击得几乎面临崩溃，着实令人扼腕叹息。

四、营销管控：智囊协助

有句话叫作："绝对权力导致绝对腐败。"在企业管理方面同样适用。尽管不应干预过细，但如果老板走向另一极端，对高管放任自流，可能会面临很大的失控风险。尤其是营销体系，这样的失控可能会导致营销费用高涨、追求短期业绩而罔顾体系建设、与企业整体战略发生偏差等危害。

鉴于此，老板虽然不必精通营销，但一定要有若干自己的营销智囊。这样的智囊不能隶属企业，避免与现有营销体系的利益交织，但同时也要与企业联系较为密切，保证与老板的立场一致，又能实现对企业实际情况的深度了解。企业可以考虑通过设立顾问、独立董事等职位，邀请行业资深人士参与协助。从哪里找到这样的资深人士，则是对老板人脉运营的考验了。

第十一节　空降兵如何作战：职业经理人履新的管理关键

孙文辉

我曾多次推荐不少朋友到不同药企任营销总经理，很遗憾，成功坚持下来的并不多。从咨询和猎头的角度看，因为与企业老板和职业经理人的沟通较多，所以有些心得。这里既有老板的问题，也有职业经理人的问题。

一、企业老板的视角

老板总认为请来的人一定是高手，能快速突破原有的企业营销困境，实现销售的倍增。这种想法没错，但是考虑急于求成。特别是在一些没有请过职业经理人的医药企业，认为已经拿出高于原有团队高管几倍的薪资和奖励，应该是有激励作用的。既然企业营销增长遇到瓶颈，一定是多方面的，也包括高层的因素，即遇到了“天花板效应”，老板本身固有管理习惯和风格才是制约营销销售增长的主要因素。所以，若想让一个经过推荐或沟通后的行业内职业经理人充分发挥其能力和优势，一定要关注以下几个方面。

（1）看职业经理人对总体营销问题的梳理和未来高速增长点的把握能力。

原有医药企业一定有各种问题，但最关键无非两点，模式的专业化创新和产品资源的优势利用。具体是看对目前各种营销模式的了解把握，对目前企业核心产品竞争机会的分析和应对，思路的准确和对计划实施的细节调整，企业老员工和新员工的调配，费效比及目标的切实可行。

（2）职业经理人原来的成功经历只是关注的一个方面。

在经过猎头或朋友推荐时，既往工作经历可能会是一个重要方面，同时要关注其对产品的理解和未来发展的预判能力，而能否在未来一段时间靠闯劲和勇气带领销售团队更是计划实施成功的重要因素。否则，一来就会被企业复杂的人际关系淹没和掣肘，陷入关系细节而忘了产品增长的目的和在过程中冲破瓶颈的勇气，失去新营销领导人的固有风格。

（3）要做到对新职业经理人的信任和沟通顺畅。

对一个新营销负责人，老板要在与其沟通具体思路和方法后，在执行层面给予充分信任，同时要关注增长区域、费效比、人员调配、过渡期考核等很多过程关键点的监控。既要有发现风险能随时喊停调整能力，又要有发现增长亮点快速提升和拓展的关键把握能力。

二、职业经理人的准备

（1）对企业的了解要在进入前，对核心产品的潜力有充分认识。

结合自己的经历也会明白，随意到一家企业任营销总经理而不冷静分析企业产品的优势是非常不慎重的行为。不要因为职务高了且给的薪水也高，就认为到这家小企业一定能把销售做好。等到了企业以后，才发现历史积累的产品好解决，而历史积累的思想惯性短时间没法改变。

（2）专业的产品策划及推广活动控制能力必不可少。

企业遇到的问题看似很多，但产品营销策划及活动专业能力必不可少。目前企业主要还是产品的资格和覆盖的竞争力问题，企业靠一个核心产品打天下是多少家成功企业的经验，这已经所言非虚。所以职业经理人到企业后对原有市场部的改造是最关键一步，这样既理清了产品及产品线思路，又找到了未来发展的方向，关键是通过产品梳理，聚焦了各种一线和二线支持资源，为下一步的销售调整打下坚实基础。

（3）根据未来医药行业的发展，细化终端进行销售布局和区域突破。

从最新所谓六个终端分配和原来的三个终端理论来看，产品的终端细化和专业化是大势所趋。县级及以上医院招标和基药招标一定是未来最主要的目标市场，而 OTC 和原来的第三终端终将被弱化和高竞争度化，所以产品线的细化专业推广是整合和新突破点的重要方向。

（4）认同企业或老板的价值观至关重要。

一家企业能发展到一定程度，既有机遇又有老板深深的价值观烙印，所以必须从身心两个方面认同并维护企业的权威。

（5）有闯劲、不怕失败、勇于带领团队是成功的关键。

到企业后，应该在制订周密的营销计划后，亲自到一线签约、开科会、拜访客户及医生。关注有潜力的优秀管理人员和一线员工的激励和支持，用以点带面的方式快速取得区域的增长。同时重视季度、半年度、年度和日常管理的细节，用制度和流程约束偏差，用激励来树立典型。不要拘泥一个模式、一种方法，关注能贯彻和行得通的创新方法。

总之，老板用人要慎重，而职业经理人到一家新企业更应慎重。只有经过充分沟通才能决定未来的合作能否成功。

第十二节　新进入企业的营销管理如何做

黄　斌

曾有一位刚上任的营销主管问，进入新企业面对如此繁多又错综复杂的问题最应该做点什么？其实答案很简单，提升业绩就是他的核心目标。管理大师德鲁克曾经说过，管理工作的首要职能就是经济绩效，而营销管理更是如此。可能出于多种原因企业任用新的营销主管，但无论何种原因，新上任的营销主管想要站稳脚跟，获得老板的认可，都需要提升业绩。尤其在之前业绩不佳的情况下，更需要通过销售数字的增长来重新建立老板及员工的信心。

明确了核心目标，再来思考一下如何实现业绩的提升，笔者认为应该从政策、产品、团队和管理四个层面入手，具体思路如下。

（1）解决销售问题首先要解决销售政策的问题。销售政策是一项引导性、激励性的销售措施，销售政策中的折扣、返利、补偿、津贴、优惠、奖励等是经销商与企业谈论最多、讨论最多的问题，也是销售人员最为关注的问题之一。制定行之有效的销售政策激励、约束经销商与销售人员的行为，激发二者的内驱力，让他们主动去完成销售目标，从而快速实现销售增长。

新上任的营销主管不妨通过给予政策上的支持，采取重奖重罚的政策，激发销售动力，建立样板市场，从中寻找突破点，最终以点带面解决营销问题，在短期内提升销售规模，为以后的工作打好基础。

（2）想要业绩持续增长，仅靠销售政策还不够。政策需要模式的配套，模式要适应策略，而策略由产品的特性决定，因此政策改善后要从产品入手解决策略和模式问题。

通过建立“产品航母群”，有效解决产品策略和模式问题。

首先，通过对产品的梳理及市场研究，在某一疾病领域内筛选出市场潜力最大、竞争力最强的产品 A 作为航空母舰，定位该疾病其他细分领域的产品 B、C、D 等作为巡洋舰。按上述方式，将众多产品划分为不同领域的“产品航母群”，以此形成强有力的产品组合。

其次，解决航母群先打谁后打谁、用什么炮弹打的问题，也就是策略问题。依据疾病及产品特性，确定优先进入哪个科室，做医院还是做药店，做线上推广还是做线下推广等，这些都需要营销人员潜下心来深入研究，其压力也非常大。完成了这部分工作，后续的道路也就明朗了许多。

最后，航母群作战模式的问题，是派自己人打，还是请雇佣军，抑或找援军一块打。切换到医药行业上就是营销模式的选择，是自营、代理，还是内部承包或者干脆用混合制模式，这些在产品策略基础上结合企业目前的能力都可以一并解决。

模式的问题必然会引出团队的问题，因为营销模式决定了解决团队问题的方式。新上任的营销主管解决团队问题不外乎两条途径，改造老队伍和建立新队伍。

那么什么情况下应该改造老队伍，什么情况又该建立新队伍呢？

举例来说，如果企业原有一支自营队伍，虽然队伍成员普遍年龄偏大、专业推广能力较弱，但新的营销模式依然是自营为主，那么这时候可以通过引入新人、新方法的途径改造原有队伍。

反过来说，如果新的营销模式以招商为主，而原有的自营队伍又完全不具备这方面的能力和经验，那么势必需要建立一支负责代理商管理的新队伍。

套用一句老话，三个人以上就需要管理。一支销售团队就更需要管理，为此我们再来探讨一下管理的问题。

通常缺乏管理的销售团队最大的问题就是做事没有工作效率，团队之间也不协调不团结，最终导致业绩也难以提高，而一个管理有效的销售团队做事会事半功倍！

销售团队的管理，归根到底还是对销售团队成员的管理，把人管好了就可以解决大部分的管理问题。

新上任的营销主管可以通过基础管理的夯实优化，包括理顺管理关系，强化关键节点，建立管理部门及职能，以此实现制度化、简单化、人性化、合理化的有效管理。

总结一下，新进入企业的营销核心目标就是提升业绩，业绩的提升需要政策的调整，以产品定策略，以策略定模式，以模式定队伍，最后进行管理优化提升工作效率和团队稳定性。

第十三节　销售管理思维大讨论：费用预算制、费用核算制和费用承包制孰胜孰劣

林延君

笔者在日常咨询过程中，与企业老板交流最多的就是目前行业内先进的销售管理模式有哪些。笔者也在一直思考，销售管理的核心思想到底是

什么？在接触过众多不同类型的企业，与同行人士不断探讨后，笔者对这一问题的认识越来越清晰了，现就将这些认识与行业同人们一起交流，期望通过这些交流能帮助企业走出营销管理的认识误区和管理盲区。

就销售管理模式而言，目前国内主流的大致可以分为三大类型，即费用预算制、费用核算制和费用承包制。费用预算制最成功的实践代表就是跨国制药企业，并一直沿用至今；费用核算制是目前国内众多药企采取的“变形的费用预算制”或“变形的费用承包制”，这里之所以打引号，是因为国内很多企业混淆了几者之间的概念，后面将详细介绍各自的不同；费用承包制是近几年国内最时髦的管理模式，成功和失败的案例都不少，对费用承包制的理解也存在很大的差别，这种理解的差异也在很大程度上决定了该模式的成功与否。

下面笔者将着力介绍三种主流模式各自的不同。

（1）费用预算制。核心是先讨论工作必需事项，再研究每件事所需要的费用及费用来源。国内企业对费用预算制有两个认识上的误区：第一个误区认为对费用进行先审后批就是预算制，这是狭义的理解，仅仅对费用的使用过程进行了预算管理而已；第二误区将以收定支的思想转移到预算制，并错误地将此理解为预算制。

例如，你计划明年买一辆新车，预算 10 万元，可你手头现金只有 5 万元。为实现购车计划，剩下的 5 万元你决定银行贷款，这一思路就叫预算制，即不完全根据你持有的财务水平规划未来计划。与此相反，你手头只有 5 万元，所以你计划买辆 5 万元的车，这就是以收定支，不是真正的预算制。这一关键的认识误区，导致国内不少药企采取了所谓的预算制，实际却是有形无魂，也就是前面提到的“变形的费用预算制”。

在实际执行中公司根据每年的销售目标规划每年的销售费用，根据每个区域的销售回款审核销售费用，这是典型的以收定支思想。卖药的都知道，每个产品的生命周期是不同的，每个市场的成熟度是不同的，这种以收定支的管理模式导致的结果是部分市场投入不足，就像吃饭吃了五分饱，干活的劲始终使不出来。

真正的费用预算制就是公司统筹资源，根据产品的生命周期，根据市场重点和成熟度，有重点有主次地进行资源配置，而不是年年投入看指标，全国市场一刀切。这也是笔者在咨询中看到，不少采取所谓预算制管理的企业，在达到几千万元或一两亿元的产品规模后，难再有大突破。反观采取真正费用预算管理模式的跨国企业，允许新产品上市亏三年，先做市场投入，三年后再要回报。

（2）费用核算制。就是按照固定的费用比例，根据销售回款核算销售费用，这种管理模式既不是费用预算制，也不是费用承包制，有点混合制的意思。为什么这么说，因为企业认为这是预算制。如同上述，企业根据销售回款核算销售费用，并且需审批每项费用的使用。

同费用预算制相比，这种模式达到一定规模后，部分市场投入不足，难以实现持续市场覆盖和上量；同费用承包制相比，由于投资主体是企业，而非区域市场负责人，这就会产生公司和销售的相互制约与不满。公司上下都是预算制的管理思维，销售人员认为市场难度大，公司应该投入；公司认为应严格按照费用进行市场投入，销售应该解决市场问题。导致的结果只有两种，一种是公司强势，区域只能将压力传到一线，造成一线销售人员极不稳定，走马观花；另外一种是销售强势，不停地向公司要资源，公司费用超支，严重失控。

（3）费用承包制。这种模式看似简单，即公司根据利润目标，核算出产品的内部核算价，并据此将费用承包给销售人员，这一模式的最大优点在于大大激发了销售人员的销售动力。

销售人员身份置换，由过去的打工身份变成老板角色，这种模式也有两个认识上的误区，第一个误区是“变形的费用承包制”，即公司名义上采取所谓自建队伍开发市场方式，实际是根据费用比例核算销售费用，对销售采取了类似费用承包的模式，规定好各级人员工资提成、临床促销费用，费用做了承包，销售人员的身份没有置换，仍然是职业经理人，而非市场承包人；第二个误区就是错误地认为费用承包制就是以包代管。

笔者有个切身的体会，有家C企业尝试实施费用承包制，请笔者介绍这种模式。我花了大量时间介绍费用承包不是简单的费用包干，只提销售指标，没有过程管理，结果企业高管还是没有消化吸收，可见把费用承包简单理解成费用包干，以包代管的企业大有人在。

费用承包制的核心绝不是管理的简单化，而是要加强过程管理，最核心的原因在于销售人员采取费用承包制后，身份变成了老板，这时候费用的使用和投向就和以前产生了本质区别，费用的使用不完全根据市场需要来投入，而是根据投资收益高低来考虑了。

举例来讲，开发一个新市场，培养一个新客户，承包人会根据难易程度、投资多少、预期回报来平衡，最终的结果基本是承包人前期开发完容易的市场后，开始采取收缩和防守战术，守住现有市场拿费用，对于需要攻坚完成的空白市场则不费力开发，产品规模也难以做大。

相反，加强过程管理的费用承包制才能避免单纯以包代管的弊端，最为典型的企业就是步长制药。步长制药采取了事业部费用承包模式，但同时加强了过程管理。在此笔者又要着重强调一点，这里讲的过程管理，重心绝不是对费用的过程管理，而是对市场开发、市场活动、团队建设的过程管理，这种管理思维最大的妙处就在于公司和事业部身份的置换，各事业部、各区域负责人是投资人，而公司是管理者，即公司作为管理者，来管理身份变为投资人的销售人员，相当于给销售人员老板的身份和权力，但要统一听从公司的管理，这也是步长制药模式和其他众多费用承包制企业的本质区别。

介绍完上述三种销售管理模式，笔者做一个简单的总结，模式没有好坏，只有是否合适。相比较而言，费用核算制是笔者最不看好的管理模式，它既束缚了公司，又束缚了销售人员，唯一的好处是公司财务风险不大，这也是众多企业采取该模式的原因吧。费用预算制和费用承包制都有很好的成功案例，费用预算制成功的关键是避免认识上的两个误区，费用承包制成功的关键是避免以包代管，加强过程管理。

模式的最高境界是没有模式，每家企业的基因不同，在采取营销变革之前，企业一定要看到自身的优势和劣势，避免在错误的道路上狂奔，那结果只能是死路一条。

第十四节 “承包制”绑架公司行为的处理

孙 刚

营销模式有多种区分方法，从财务上区分可以大致分为预算制和承包制。多数企业会根据企业自身情况及不同的市场需求而采取不同的财务结算模式。

在企业的发展进程中，预算制及承包制的使用并没有绝对的优劣，正所谓“模式没有定式，适合的就是最好的”，也就是“兵无常势，水无常形”的道理。关键在于模式的管理是否到位，能否适应现在及未来的产业政策，能否达到充分释放产品力、强化营销力、提升品牌力的目的。从表3 -1 可以简单了解一下预算制及承包制的区别。

目前医药市场竞争激烈，并且面临新医改的机遇，企业对于市场的总体把握及突破创新存在着一定的困惑，所以纷纷采取或准备采取承包制的销售模式，从而达到规避企业风险并使管理简单化的目的。这种做法的初衷是好的，但与此同时也有部分企业在管理上存在问题，面临着“模式绑架公司”的困惑。

表 3－1　预算制及承包制的区别

模式	优势	劣势
预算制	可以对目标实现进行过程管理，做到精打细算，利润最大化	对管理要求很高，容易出现费用使用失控的现象
承包制	可以保有单位利润，使管理简单化	易趋于保守，错失机会，易出现“绑架公司”现象

承包制的管理水平跟不上，就表现出很多问题：销售团队只认承包个人（发薪水者），与公司的离心力显现，公司整体的战略战术不能贯彻落实；销售业绩短期上升，中长期持续发展能力不足；市场对销售个人认可程度提高，对公司认同度下降；产品品牌与个人品牌相关联，与公司品牌无关，个人品牌好的对公司整体形象帮助不大，个人品牌差的又极大损害了公司整体形象。

企业面对上述现状，想去改变，但又有所顾虑，唯恐牵一发而动全身，连目前既得的销售也不能保证，患得患失，犹豫之下造成“诸侯越来越强，中央越来越弱”的春秋战国之局，最终形成“模式绑架公司”这种困局。

面对如此困境，企业不妨按以下方法进行逐步调整：

（1）收信息：掌握重点市场资源，建立信息管理系统。

市场资源的缺失来源于信息档案的不健全和信息更新不及时。公司建立及时更新的档案及市场资源的信息管理系统，了解市场动态，做出有利的决策，对承包制的管理也可以起到帮扶作用，使承包者更依赖公司，更愿意同公司进行深入的“合作”。

（2）收市场：参与市场培训及支持活动，建立市场功能。

市场部功能加强，真正发挥市场教育及市场支持作用，提供更有效的营销策略和更创新的营销措施，体现公司的宏观指导作用；在市场工作中，对重点医院、重点专家的把握及维护也可以让公司拥有重要资源，而不因个人改变而改变；在市场竞争中及时发现并提供企业整体发展中所需要的各方面信息，如产品需求带来研发领先、竞争对手策略带来自身的策略调整、新的营销模式启发灵感等。

（3）收人事：签订劳动合同，建立组织团队观念。

国家在劳动人事方面的政策法规越来越趋于规范，企业在与销售人员的劳动合同处理上必须遵照法律法规。合理合法的劳动关系及社会保障，可以使其真正感觉到是公司的一分子，增强员工的向心力。此外，公司在薪酬绩效方面可以做出一定约束，提高销售积极性。

（4）收台账：奖励先进销售个人及终端等，建立准确的销售台账。

公司可以对区域市场销售及各单位医院产出进行奖励或增量奖励：第一，公司可以对奖励对象做出准确评价；第二，公司也可以通过这项措施获得完整的市场销售数据，对市场的真实销售潜力做出预判；第三，掌握市场销售费用的使用情况，有利于工作引导及持续开展。

（5）收心：根据市场配合程度，建立标杆。

对于能够和公司统一步调、协调一致的市场应予以重点关注及资源支持，树立标杆，争取更多的市场向组织靠拢，最终实现公司整体的团结一致。

通过一系列的措施调整，使市场资源真正成为公司的核心能力，使品牌建设真正成为公司的助推力，使人员真正成为公司大家庭的一员，“承包制”也就真正成为在公司指导下发挥作用的承包制了。

第十五节　建立科学的招商管理体系

李智民

在医药行业多年的人都很了解，经过这些年的发展，招商从无到有、从小到大，已经逐步发展成为医药企业中非常重要的一种药品销售模式，很多医药企业也随着招商的不断发展成长起来。

一、药品销售方法的比较

根据企业在销售过程中所发挥的不同作用，药品销售可分为四种方法：经销、招商、助销及自助终端。

经销是指企业把药品直接提供给经销商或者一级商，由他们协助企业销售产品或自主销售这些产品。从医药企业的角度来看，企业只是提供了产品，可能有时候会寻找一些渠道把产品销售出去，帮助经销商消化这些产品。

招商和经销有一点相似，都是企业把产品交给经销商，唯一不同的就是招商划分了一定的区域，实际是代理的一种模式，在一个区域可能只有一家代理商销售这种产品。

助销是针对经销方式的一些弱点，帮助经销商在渠道中消化自己的产品。企业可能会在渠道中使用一些助销的方法，例如做渠道的出境，帮助渠道进行分销，甚至可能会对销售终端进行一些培训教育。

最后的一种模式是**自助终端**，即企业自己做销售终端，自己完全操纵和销售产品。

从经销到自营模式，代理商发挥的作用越来越小，医药企业发挥的作用越来越大。招商作为其中的一种销售模式，具有自身的优点，可以规避企业销售资源的不足，发挥企业相应的其他优势。任何一种销售模式都有其自身的优点，都有适合企业的一些地方，并不能绝对地说哪一种模式好或不好，只能说这四种销售方法应用的范围是不一样的。

企业对营销方法的选择具体如表 3 –2 所示。

表 3 –2　企业对营销方法的选择

销售主要环节		下级渠道开发	渠道销售促进	渠道管理	终端开发	终端促进
经销	企业	×	?	×	×	×
	经销商	?	?	?	?	?
招商	企业	?	×	√	×	×
	代理商	√	√	√	√	√
助销	企业	√	√	√	?	?
	经销商	√	√	√	?	?
终端	企业	√	√	√	√	√
	经销商	×	×	√	√	√

（表中√代表具备相应能力，? 代表可能具备相应能力，×代表不具备相应能力）

二、自营与代理的优劣分析

招商模式发展至今，经过逐步的细化，有些代理商成为第一终端，有些代理商成为第二终端，还有些成为第三终端。

从资金上来看，如果采取自营的方式，企业就要垫付很多资金费用，并招聘相关的工作人员，建立销售队伍，支付这些员工工资和差旅费，另外还要支付促销费用、办公费用等，而商业的回款周期至少是三个月。如果企业采取招商代理的方式，这些费用就可以全部省掉。所以从资金需求上来看，招商同自营相比具有明显的优势，这也是企业使用代理商的一个原因。

从经营的风险来看，自营终端的风险是比较高的，这里包括内部风险和外部风险。内部风险包括管理和资金上的风险，如资金链断裂；政策方面的风险，如国家出台一些管理市场的政策会影响企业的运营；货款方面的风险，企业要自营肯定要接受商业赊销的销售方法，这样会有货款无法按时回收或者收不到的风险，而采取代理的模式，这些风险可以完全转嫁给代理商。所以从经营风险上来看，招商也具有明显的优势。

从组织管理方面来看，企业采取自营的模式需要管理更多的人员，从省经理到医药代表，甚至到目标医生可能都需要进行管理，这需要公司强大的管理能力作为后盾，采取代理的形式就变得相对简单，企业只需要对代理商进行管理。这里的“简单”只是相对而言，随着市场的变化，企业只有对代理商的管理逐步深入，才能达到合作共赢的目的。

从渗透能力方面来看，企业如果自己组建销售队伍，前期需要去逐家开发目标医院，所以渗透速度会比较慢，渗透能力会比较弱。一旦企业的第一产品占领了这个市场终端，企业第二产品的进入可能就会很快。这是因为企业已经拥有了渠道资源，所以自营方式的渗透能力是先慢后快。

代理方式则恰恰相反。代理商一般都已经拥有这些终端资源，可以迅速把产品铺到渠道中去，从而迅速占领终端市场，所以代理商的渗透能力在前期比较快。但由于代理商自身一些条件的限制，如只熟悉某一治疗领域或只熟悉一部分医院，后期企业如果有跟踪产品，或者某些产品发展到一定阶段之后需要扩展市场时，代理商的渗透能力可能反而会变弱，因此代理方式的渗透能力是先快后慢。

从企业最关注的问题——成本来看，企业自做终端的起始成本是比较高的，但是这种成本增长的幅度会逐渐下降，而利润逐步增加。采取招商的模式，起始的成本比较低，但是随着招商的进行，企业产品价格的降低、与代理商的博弈和政策的出让，企业的成本会逐步增加。这是因为随着时间的推移，企业产品的差异性越来越小，这时企业就要通过不断投入其他的资源来降低产品差异性变小给代理商造成的影响，所以成本是先低后高，并且这种成本增长的速度明显高于自营方式的成本增长速度。

从专业性来看，采取自营方式的专业性较强，企业的医药代表往往都经过严格的选拔，并且经过培训和企业文化的熏陶，所以具有较高的素质，尤其是对企业自己经营的产品具有较强的专业性。相比来说，代理商在专业性上可能会弱一些，因为代理商毕竟不是企业的内部员工，对企业和产品的了解肯定不如企业内部员工，但是通过培训及加强对经销商的管理，企业是可以改变这种状况的。

从可控性来看，显而易见企业对自己人员的控制能力比较好，但是这种可控性需要企业的管理做支撑。随着人员的增多，如果企业的管理跟不上，这种可控性也会划上一个问号。代理的可控性显而易见很低，企业与代理商之间是一种利益的组合，企业只能通过有效的管理手段来弱化利益对立，使两者变成一种合作的关系。

从忠诚度来看，企业自身的队伍与企业具有深厚的感情，忠诚度比较高，而代理商的忠诚度可能会差一些。用一种形象的比喻来形容这种差别就是：企业的自营队伍是企业自己养大的儿子，而招商的代理商是通过产品招来的女婿。基于这个比喻可以看出，单从忠诚度来说，可能企业自己的队伍要高一些，但是如果把女婿管好了，可能为家庭做的贡献不会少于儿子，关键是看企业如何管理和掌握。

两种模式的比较如表 3－3 所示。

表 3－3　自建终端与代理模式优劣比较

	自建终端	代理模式
资金需求	大	小
经营风险	高	被分担
组织管理	复杂	简单
渗透能力	渗透速度慢，渗透力先慢后强	渗透速度快，渗透力强，但不持久
销售成本	先高后低	先低后高
专业性	强	弱
可控性	强	弱
忠诚度	高	低

从表 3－3 中可以看出代理模式的优势和弱势，企业要发挥其优势，并通过努力在一定程度上规避这些弱点。以代理商的资源弥补企业的不足是企业和代理商合作的基础。保证招商持续成功的关键就在于根据代理商的变化来调整企业策略，以此更好地弥补企业的不足，发挥代理商的优势。

三、合作到什么时候

在这种合作的基础上，企业与代理商要有多长时间的心理预期呢？双方要合作到什么时候呢？

从资源上来看，企业采取招商模式是为了弥补一些资源的不足，如人力资源、终端资源、学术资源乃至专业网络资源，一旦这些资源具备了、充足了，企业可能就不需要代理商了。现在很多招商成功的企业都是在局部的核心区域、企业所在的省或者一些高端市场，如京浙沪的高端市场，通过自营的方式进行操作。而其他的市场则通过招商的方式来占领，这种综合的方式也是可取的。

从成本的角度来看，招商的成本先低后高，并且斜率比较大；而自营成本是逐步走高，斜率比较小。两者之间必然会有一个契合点，在这一点之前，采取招商模式成本比较低，在这点之后，采取自营模式的成本比较低。

四、如何判断合格的代理商

企业选择合格的代理商可以从三个角度进行判断，一是忠诚度，能否与企业齐心合力，是否愿意代理企业的产品；二是代理商的能力，如开发医院的能力、终端促销的能力如何；三是实力问题，如该代理商能覆盖多大的区域范围，在该区域范围内代理商的特点。

从这三个角度出发，如果代理商既专注于企业的产品，其能力和实力也很强，显然就是企业最需要、最理想的一类代理商。而如果不具备这三个条件，只具备其中的两个，如其专注度和能力很强，实力较弱，或只能覆盖一部分区域，不能覆盖很多的区域。虽然如此，他可能也是企业需要的代理商，因为他可以开发医院，只不过可能只是一个区域的代理商。

有些代理商的能力不强，开发医院的速度也跟不上，但是实力较强，覆盖的范围较广，并且覆盖于渠道的上方，走上层路线。由于这种代理商不能满足为企业开发医院的需求，可能就不是非常理想的代理商。

如果代理商能力很强，专注度和实力较弱，由于具有一定的能力，可以覆盖一部分医院，也有值得利用的地方。对企业来说，该代理商做一个地级市或者一个县的代理也是可以的，企业可以把他当成一个散户来看待。

因此从这个角度来看，能力是企业首先需要的，是企业最需要关注的，而专注度是可以培养的，因此不是否定因素，企业可以通过代理商培育的办法，或采取一些激励的手段来增强其关注度。

五、代理商走向何方

掌握了代理商未来的发展方向也就掌握了代理商的一些想法。

（一）整合

代理商的第一个发展方向就是整合，很多代理商受竞争环境的压迫逐步进行整合，由小变大。原来代理商只专注单一领域，整合之后，可共同与厂家进行谈判，实现代理商内部资源的互补，所受环境的限制就会减少，从而增强生命力，并向较好的方向发展。

（二）区域联合体

即进行一种虚拟的整合。代理商没有通过财务的关系进行整合，都属于半整合的联合状态，从中推举一名领袖来与企业进行谈判。

联合体一般是由一些在某个区域、实力比较弱小的代理商自发整合到一起，如都是深圳的小型代理商，有的开拓深圳市区的市场，有的开拓深圳郊区的市场。如果这些小型代理商单独与企业谈判，企业会认为这些代理商实力不足，缺乏竞争力。但是整合后，这些代理商的竞争力就增强了很多，于是这种区域的联合体就逐步发展起来。尤其在 2006 年市场受到冲击时，小型代理商面临压力和资金链等问题，单纯靠自己拿货会很困难，而采取区域联合体就成为一种很好的解决办法。现在以地级市或者中心城市为区域发展起来的联合体已经很常见了，其推举出的领导人都是大家认为比较有影响力、与企业谈判比较有优势的人，但联合体内部实际上是一种松散的关系。

（三）从代理新药品种逐步向普药代理发展

由于新药代理受到限制，代理商选择了一个突围的方向，即从单纯的代理新药向代理普药转移。以前人们认为招商一定要有利润作为支撑，所以认为只有新药才符合条件。而现在随着竞争压力的增大和招商运作模式的成熟，很多药品甚至普药都可以进行招商，而且能做得很好。招商将逐步从新药向普药过渡，最后会覆盖各类药品的价值链。

（四）内部细分更精细

代理商基于内部压力不断细分，有的只开拓大医院的市场，主要控制高端医院；有的专门开拓社区市场；有的专门开拓中型城市或郊区的市场。

（五）药品经纪人

现在社会上还出现了药品经纪人。传统的代理销售是从头做到尾，即从厂家拿到药品后直到把药品售出。随着药品销售竞争压力的增大，很多人从销售链条当中挑出某段链条进行开发，如有的代理商专门进行开发，有的专门进行医院关系的维护，还有的专门进行信息反馈、客户教育等，成为各种类型的药品经纪人。

以前进行招商的全是国内企业的人员和国内的药品，而现在一些外企也入乡随俗，改变了原来对招商模式的看法，加入了招商的队伍。招商行业中不但有国企，还有外企，不但有小型企业，还有很多大型企业也改变了以前的观念，加入了招商的行列，招商正在以非常良好的状态快速向前发展着。

总之，企业在对代理商进行分析时，要思考代理商的未来发展、代理商的想法及企业能否满足代理商未来发展的需求。只有这样，才能找到双方合作的契合点。

第十六节　如何制定优秀的经营目标责任书

门　萤

企业在制定了年度经营计划后，就面临着计划的分解、执行和监督等问题。那么如何将年度经营计划进行分解落实？又如何对计划的执行进行有效监控呢？制定经营目标责任书就成了企业经营目标从计划到落实过程中最为重要的一步。

那么如何制定优秀的经营目标责任书呢？总结下来，就是要做到**“两明确”和“两保证”**。

所谓“两明确”就是要**明确绩效考核指标和绩效考核办法**，这两项内容也是经营目标责任书的主要内容。

首先，明确绩效考核指标。明确绩效考核指标也就是要将企业年度经营计划的目标分解落实到相关部门及相关负责人的过程，那么如何制定绩效考核指标呢？

我们需要将年度经营计划中的目标进行两个维度的分解，分解到部门。

第一个维度是内容维度。内容维度的分解有很多方法，以企业常用的平衡计分卡为例，为保证年度经营计划中的目标达成，我们可以将总体目标根据部门进行财务、客户、内部运营和学习发展四个方面的指标分解。以营销中心为例，财务指标主要是指那些能直接体现部门工作业绩并且能够直接量化的指标，如总体销售额、单品销售额、销售回款率、销售费用、应收账款等指标。客户指标是指那些潜在影响业绩指标的内外部客户关系的量化指标，如重点客户开发与维护、市场开发、政府事务工作等。内部运营指标是指内部管理、人才等优化或改良改进的指标，如重大营销变革执行、营销组织功能建设、预算管理、销售人才队伍优化、员工满意度、价格维护等指标。学习发展指标是指团队成长类指标，如团队建设与人员培养等。我们需要根据这些指标与年度经营计划的相关性和重要程度进行不同权重和评分标准的设计，并明确相应的指标测度方法和数据来源。

第二个维度是时间维度，也就是将年度指标按照季度进行分解，以便执行和考核。

当我们根据内容维度和时间维度进行考核指标的部门分解之后，就可以根据部门指标的情况，提取关键指标落实到相关责任人身上，并且在经营目标责任书中进行明确。

最终体现在经营目标责任书中的绩效考核指标，我们要遵循两个原则。一是大道至简。尽管我们在部门绩效考核指标分解时，根据内容维度和时间维度进行了细致的分解，但最终体现到相关负责人的目标责任书中时，需要做到简单明确，指标不要过多和过于复杂，否则考核的难度加大，指导性也会降低。二是突出关键。在相关负责人的目标责任书中，需要突出我们最为关注的指标和经营计划目标实现最为相关的指标，并给予较高的权重，以便在执行过程中抓住重中之重。

其次，明确绩效考核办法。在这一部分中需要明确薪酬的构成和绩效考核办法。在薪酬构成中，需要明确固定薪酬和绩效薪酬的比例、发放标准和发放方式等。

某企业高管年薪结构及考核办法示例

适用本考核办法的高管团队，其薪酬采用岗位年薪制，年薪支付标准参照市场情况、职责轻重及公司薪酬预算等予以制定。年薪结构比例可参考表3-4。

表3-4 年薪结构比例

年薪（万元） 100%	月固定基薪 X%	季绩效工资 Y%	年绩效工资 Z%	备注

说明：

（1）固定基薪为年薪的 X%，按月分解发放。

（2）季绩效工资为年薪的 Y%。季度绩效考核系数低于 70% 者，季绩效工资为 0；达到或超过 95% 时，全额支付季绩效工资；70% 至 95% 之间按以下公式计算：

$$季绩效工资实际支付总额 = \sum 年薪 \times Y\%/4 \times 绩效系数$$

（3）年绩效工资为年薪的 Z%，年底一次性发放。年度绩效考核系数低于 70% 者，年绩效工资为 0；达到或超过 95% 时，全额支付年绩效工资；70% 至 95% 之间按以下公式计算：

$$年绩效工资实际支付总额 = \sum 年薪 \times Z\% \times 绩效系数$$

所谓“两保证”就是要保证压力适当、保证激励有效。这既是经营目标责任书的最终目的，也是目标责任书制定过程中需要重点考虑的问题。

保证压力适当就要在制定绩效考核指标上下功夫。压力是否适当也就体现了绩效考核指标的合理性，既要保证所关注的指标都要考虑到，又要突出重点；既要保证战略方向下年度经营计划的达成，又要考虑到指标的可接受度，不至压力过大而导致考核失效。如何来保证压力的适当呢？一方面，当然要追溯历史，让历史数据说话；另一方面，也在于对目标责任人的特点的把握，需要在刚性的数据面前根据不同责任人的特点给予合适的弹性调整。

而保证激励有效就是要在绩效考核办法上下功夫。在考虑绩效考核办法时，既要与行业水平接轨，同时也要考虑公司自身的发展阶段和发展要求。保证薪酬水平的合理性不仅仅影响当前，也会作为历史参考对未来的激励产生影响。为了保证激励的有效性，一方面，需要根据目标的增长，适当提高整体薪酬水平，作为正向激励；另一方面，也可以通过调整绩效工资额度和所占比例来促进任务的达成。

第十七节　如何让医药代理商为我所用

刘放之

近年来，由于医改政策的不断出台，导致医药市场的运行环境和模式发生了多层次的变迁。就医药营销模式而言，其代理制模式就发生了变化。

由于基药政策的实施，制药企业的竞争从过去只重视第一终端、第二终端延伸到第三终端，形成全渠道营销模式。同时，代理商的触角也由第一终端、第二终端延伸到第三终端，形成全渠道的代理模式。过去，以处方药代理为主流模式的代理制，变为处方药、OTC、普药加基药的全结构的代理机制。加之某些政策致使医药商业渠道的地位和角色发生转化，促使部分医药商业渠道转行，加入制药企业的终端推广促销队伍，特别是成为临终端的医药商业渠道。

因此，在原有代理商群体的基础上增加新成员，使代理商市场群雄纷争的局面变得更加复杂，使制药企业在代理商的选择上更加眼花缭乱、难舍难分，依然被代理商难以约束、市场最终属于谁、代理商能否为我所用的老话题所困惑。

如果能让代理商为我所用，那么代理商难以约束、市场最终属于谁的困惑也随之而解。因此，如何让代理商为我所用就成为问题的关键。笔者从两个方面来探讨这个关键问题：其一，不能让代理商为我所用的原因何在？其二，能够让代理商为我所用的方法何在？

一、代理商为何不能为我所用

首先，一些企业在招商运作的初始阶段就处于悖论之中，一方面渴望所招聘的代理商能为我所用，另一方面只把代理商看作是市场开发、纯销上量和回款的机器或底价交易的买卖关系，根本没把代理商看作“自己人”。所以，代理商“只能享受物质文明，不能享受精神文明”，双方都是短期行为。

其次，一些企业在招商时缺乏精心的布局和规划，通过电视、报刊、电话发布招商信息之后，就守株待兔，即碰撞式的招聘代理商。对代理商的选择标准比较粗放，只要同意公司的价格、现款、大致运作区域、保证金、年协议量和协议条款即可，往往出现区域分割不清，重叠运作、市场秩序混乱、渠道冲突、行销通路堵塞和销售乏力，最终导致事与愿违的局面。

最后，一些采取代理模式的企业，对代理商缺乏有效管理，主要表现在不主动对代理商的运作进行规划，任代理商自由发展；不对代理商实施多层次的目标管理，只有一个年协议目标，既缺乏过程目标的管理，更没有精细分级目标管理和微观市场的管理；缺乏对代理商一站式服务的服务目标的管理；也没有对代理商进行系统培训的计划。甲乙双方未能建立有价值的双向客情关系，因为一开始就是买卖关系，没有对代理商实施计划、行动、检查和矫正的管理循环和人文关怀。最终导致市场支持无效，过程失控，到头来目标落空。

二、招商成功的关键

企业必须明确招商成功的几大关键步骤：

（1）想尽一切办法，让代理商感受到企业把他们当“自己人”对待，充分体现企业的人文关怀精神。

（2）先有市场布局：根据产品定位、市场定位、市场容量、市场需求、、市场基本条件、医保、基药、招投标等情况综合分析，精心进行市场布局与市场划分，即对位招聘，杜绝碰撞式招聘，防止渠道冲突，提高代理商的积极性。

（3）明确代理商选择的最有效途径：第一，通过朋友（同行、商业客户）、商业公司（流向单）、医院（院长、药剂科主任、科室主任和医生）介绍是选择代理商最有效的途径；第二，借用商业平台召开招商事业说明会；第三，通过网络、电话、短信、报刊和展销会等方式。特别要说明的是，代理商寻找的对与否，决定销售成功的60%～70%。

（4）遴选代理商的标准：有务实的经营理念、有足够的资金、有良好的终端网络和商业渠道网络、有坚实的政府事务关系、有自己的销售队伍、不同时代理直接竞争的产品。

（5）了解和满足代理商的需求：对代理商的需求，多数企业认为赚钱是第一位的。其实不然，优质代理商的需求排序是通过运作产品，能体现或提升自身价值、所运作的产品是否有足够的成长空间、是否为品牌产品或能培育成品牌产品（即使是区域性品牌）、可运作的价格空间有多大，是否赚钱其实蕴藏其中。

（6）代理商的建设：督导代理商建立为药企服务的销售队伍或品牌小组，负责药企产品的市场和销售工作，配合执行药企的品牌建设及市场活动。

（7）市场规划和目标管理：药企要主动参与和督导代理商所辖区域的目标医院开发、目标科室开发、目标医生开发、目标医生的处方量的提升和品牌建设的规划，制订出有挑战性、可衡量、可操作、有时限的计划，并在其过程中实施阶段性的分级管理和微观市场管理，真正实现计划、行动、检查和矫正的管理循环，防范到头来，一无所有的局面。

（8）跟进管理：药企要对代理商实施盯、跟、催战术，对所制订的计划和目标进行适时跟进，了解进度、执行力、执行中存在的问题，及时提供解决问题的指导思想和方法，防止积重难返。

(9) 服务管理：以代理制为主要营销模式的企业，所建立区域办事处的主要功能除日常管理外，更重要的是对代理商的主动服务和超值服务。对代理商的所有市场支持和各类服务都要有前瞻性的规划，适时跟进管理，提供有时效性和实效性的服务与支持。在各种特殊时刻、目标达成和业绩提升时刻，代理商能获得惊喜的问候、祝福和嘉奖，对企业产生向心力，提高团队凝聚力。

(10) 培训：无论哪一类代理商，都需要人文关怀，都需要一张一弛，都需要更新观念，都需要交流心得体会，都需要更新产品知识和社会知识，都需要对行业政策进行深层次的解读，都需要了解为其服务的企业战略、企业策略和政策的稳定性或变化，都需要了解自己所处的位置，都需要了解下一步的目标，都需要正向和负向激励。无论是何家制药企业都需要适时了解和掌控代理商的态度、需求和状态。所以，无论甲方还是乙方都需要培训。通过培训加强甲乙双方的沟通，加深甲乙双方的了解，建立甲乙双方的信任，树立甲乙双方的信心，有利于甄别代理商，有利于掌控代理商和市场，有利于管理和服务到位，有利于提升业绩，有利于让代理商为我所用。

康芝药业就是以居间人模式实现营销目标的企业。该企业一个普通的、中低价位的儿科产品，通过代理模式行销于 3 万余家第三终端医疗机构，实现销售收入 3 亿多元，其成功之处就是按布局规划的需要，采用最恰当的寻找途径，按既定标准选聘代理商，并把代理商融入康芝药业的大家庭之中，在展示人文关怀的同时，合理实施双向激励政策。康芝药业区域营销人员的岗位职责就是对代理商进行目标管理、跟进管理和提供及时到位的服务。在此基础上实施市场支持，使市场支持达到以最小的投入，产生最大效益的目的。康芝药业通过有效管理和培训，把原本整体综合素质并不高的代理商，改变成具有专业水准、有战斗力、有执行力、有创造力、有凝聚力能为康芝药业所用的营销团队。

以上十大关键步骤是制药企业实施代理商模式或居间人模式的基础，缺乏这个基础的所有市场支持，均是无效或低效的市场支持；缺乏这个基础的代理商或居间人都很难“为我所用”。按照这个基础建设和管理的代理商，就可以来之能战，战之能胜，为我所用。建议以此为镜照策略，以此为镜正管理。

第四章 攻城拔寨：营销战术如何开展

第一节 “三梁五柱”塑造医药企业营销力

门 萤

营销力对医药企业的重要性不言而喻。对于产品力不够强的企业来说，如果具备很强的营销力，可以弥补产品力的不足；而对于产品力很强的企业，如果能够通过营销力将产品力的能量进行放大，那么会使产品得到爆炸式的增长。

那么如何塑造医药企业的营销力呢？

经过我们对多家具备强营销力医药企业的研究，结合医药行业的特点，我总结出了医药企业营销力塑造模型。我们将这个以塑造医药企业营销力为核心的模型形象地称为“三梁五柱”模型，如图 4-1 所示，具体说明如表 4-1 所示。

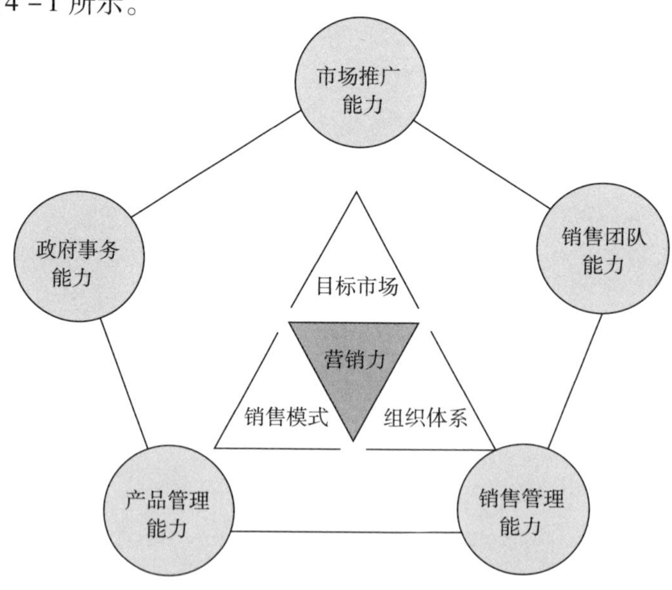

图 4-1 医药企业营销力塑造模型

表 4－1　医药企业营销力塑造模型说明

项目	描　述
目标市场	主要是企业的目标市场选择及各大终端情况
销售模式	主要是指企业的营销模式选择，如自营、代理、居间人或者招商，学术推广或者利益营销
营销组织体系	主要包括部门设置、管理跨度、人员能力等方面
市场推广能力	包括产品策划、策略执行的情况、专家网络及推广队伍
政府事务能力	包括具备政府事务的相应工作体系，产品进入基药和医保两大目录的情况，产品的定价能力，危机事件的处理能力等
销售团队能力	包括业务分线情况、销售队伍规模、人员结构情况等
产品管理能力	包括产品的分类管理情况、产品在区域市场的管理等
销售管理能力	包括信息化情况、客户管理情况、制度流程、薪酬体系和绩效考核

如何塑造医药企业的营销力呢?

要回答这个问题，我们需要先找到发挥企业营销力的基础，也就是决定企业营销力发挥的方向、方式和支撑，即目标市场、营销模式和组织体系，我们称之为“三梁”。

一、“三梁”解析

第一“梁”是方向，也就是我们需要首先确定医药企业产品的目标市场。医药行业虽然不大，但由于其行业的特殊性决定了其产品和市场的复杂性，所以从医药企业产品的大类上来说，可以分为处方药和非处方药。这两大类产品的目标市场是截然不同的，处方药的主要终端市场在各等级医院，而非处方药的主要终端市场以零售药店为主，我们需要根据产品的情况确定产品目标市场的大类。其次需要考虑产品目标市场的细分类别。以处方药为例，确定了大类以后，接下来就要结合产品所在领域和特点选择更为精准的目标市场。比如，我们服务过的一家企业的主打产品为治疗抑郁和焦虑的产品，在这个产品的目标市场选择上，它所选的目标市场就为精神病专科医院及综合性医院的精神科；比如，我们研究过得一家企业的主打产品为心脏支架手术用药，那么它的目标市场就要选择具备心脏支架手术开展能力的医院。

第二“梁”是模式，也就是我们需要根据产品的特点和企业的营销现状选择合适的营销模式。同样以处方药企业为例，很多以研发机构起家的处方药企业具备很好的处方药产品，具备很强的产品研发能力，但是不具备专业的处方药自营营销队伍，也不具备处方药自营能力，这时如果选择自营模式，自建团队的风险较大，因此选择处方药招商模式可能是更好的选择。像锦州奥鸿药业、舒泰神药业、海思科药业最初都是以处方药招商模式起家的典型代表。但当企业发展到了一定程度，具有处方药操作经验并且需要加强产品的市场控制力的时候，也可以考虑处方药自营模式，通过自建销售队伍实现产品销售。目前的外资、合资企业及一些较为成熟的处方药企业大多以产品自营模式为主。

第三“梁”是支撑，也就是医药企业的营销组织体系。企业需要结合产品特点，企业的营销现状和企业的战略发展确定相匹配的营销组织体系，其中包括部门设置、管理跨度、人员能力等方面。在企业发展的初级阶段，其产品较为单一，其营销组织也较为简单，责、权、利也相对集中。当企业发展到一定程度，其可能混合多种营销模式，可能具有覆盖多个治疗领域、面向不同目标市场和处于产品生命周期不同阶段的多种类型的产品，这时就要求企业进行营销组织的重塑，可能选择更为复杂的组织结构，也可能根据产品的不同类型选出不同的营销方案。

以上我们所提及的方向——目标市场、方式——营销模式、支撑——营销组织，构成了营销力发挥的基础，这三者如果选择不当，营销能力便无从塑造，因此我们形象地称之为“三梁”。

确定了企业营销力发挥的基础之后，我们就要思考从哪些方面来塑造企业的营销能力的问题。实际上，医药企业的营销能力是一种综合能力，它主要体现在五个方面，即市场推广能力、政府事务能力、销售团队能力、产品管理能力和销售管理能力，也就是我们模型中的“五柱”。

二、“五柱”解析

市场推广能力的塑造需要考虑产品策略设计、策略推动执行、专家网络建设及推广队伍打造等方面，这在处方药企业中尤为重要。企业需要统筹产品规划、制定产品策略、落实产品推广；需要合理布局和整合资源；需要指导销售实施重点突破和全面提升，建立有策略、有行动、专业化的市场策划体系；需要逐步建立并塑造公司、事业部和销售区域逐层落实的三级市场推广体系；需要逐步形成产品管理、医学研究、专业培训和产品推广四位一体的市场策划系统。

政府事务能力的塑造需要考虑建立政府事务的相应工作体系、推进企业产品进入目录（包括基药、医保等目录），是有强化产品的定价能力和危机事件的处理能力等。企业需要强化政府事务资源整合，引进和培养政府事务专业团队，强化物价、医保、招投标三个核心政府事务工作，推动政府事务项目制管理，落实政府事务责任管理，实施“专人、专款、专项工作”管理，逐步建立务实、高效的两层三级政府事务管理体系。

销售团队能力的塑造需要考虑销售队伍规模、销售人员的能力等方面。一方面，企业需要根据所选营销模式、市场开发和覆盖情况确定合适的销售团队规模，这也是每个销售总监都需要重点考虑的问题。人员多了，负担过重；人员少了，任务难以达成。另一方面，企业也需要加强销售人员的培训，这一点在外资企业中就得到了很好的体现。

产品管理能力的塑造需要考虑产品的分类管理、产品在区域市场的管理等。企业需要根据战略发展确定核心产品、战略产品及一般产品，并进行分类管理。核心产品一般是指支撑企业规模及利润的主打产品，战略产品指支撑企业未来发展的产品，一般产品则是出于产品组合、现有产品资源、规模等方面需要的产品。企业需要根据产品在公司的不同地位和所起的作用进行策略选择和管理。

销售管理能力的塑造包括信息化能力、客户管理能力的提高及制度流程、薪酬体系和绩效考核的设计。目前很多企业在销售管理方面都比较薄弱。

如何强化销售管理能力，第一，要强化营销信息系统建设，逐步建立、完善动态准确的营销信息数据管理平台，包括客户信息管理系统、销售信息管理系统、产品信息管理系统、销售报表管理系统、销售人员管理系统等；强化营销数据的整合分析，形成规范化、标准化分析模型，定期制定管理报表和管理报告，为营销管理和决策提供快速、准确的数据支持。

第二，要制订业务发展计划，落实业务发展进度，提高业务开展质量；发挥公司市场营销、客户管理、竞争分析的业务管理平台作用；落实营销计划，包括销售计划、市场计划、营销人力资源计划、营销财务计划等；要在计划的落实中体现时间、责任人、地点、计划的要点；要建立营销计划的目标体系，包括销售目标体系、市场目标体系、营销管理目标体系、营销发展目标体系、专项目标体系和约束目标体系。

第三，要强化销售目标计划管理，通过销售目标分解、销售计划的跟踪、检查、评价、考核，强力推动公司营销目标落地，并在过程中不断修正营销策略，提高策略实用性和可操作性；强化物流体系、销售支持体系、质量管理体系的衔接与配合，提高人员素质，梳理管理制度，优化作业流程，提高对销售一线的营销保障能力。

总体而言，清晰的目标市场、与产品特点相匹配的销售模式和完善的营销组织体系是强大营销力的三大骨架。通过打造市场推广能力、政府事务能力、销售团队能力、产品管理能力和销售管理能力这五大支柱，建设更加完善的企业营销系统。

第二节　产品结构与营销策略的良性互动

杜　超

产品是制药企业参与市场竞争的根本，是企业发展的原动力，是企业最为核心的资源之一。随着我国医药市场秩序的逐步规范，未来医药企业之间的竞争也必将是价值回归的竞争，是回归到产品本身的竞争。因而，产品成为企业谋求进一步发展的根本支撑。在这种现实情况下，医药企业就必须更加关注自身的产品，合理优化产品结构，充分挖掘产品潜力，全面释放产品销售力。

当前许多国内企业，尤其是产品众多、产品结构复杂的医药企业大多对自身产品结构认识不清晰，无法以适合产品特点的营销模式和市场层级进行市场推广；对产品在市场上的演变进程认识不清晰，无法及时根据产品的发展阶段准确地进行营销策略的调整。长此以往，在日益激烈的市场竞争环境中，企业产品将无法与市场紧密结合，难以有效利用产品资源快速发展。面对市场环境的客观要求，摆在医药企业面前的问题就是要根据产品结构做与市场紧密结合的产品分类，根据产品结构特点决定企业的营销模式和市场层级，并及时根据产品的发展阶段对企业的营销策略做出准确调整。

产品分类的标准有很多，例如从治疗领域来分类，依据产品生命周期来分类，依据产品组合来分类等。每一种产品分类标准都有其思考出发点，但是从营销的角度出发，只有结合市场的产品分类才最符合企业的营销需求。

在进行产品分类时，除了考虑产品本身的特性因素（如产品医学评价、所属品类先进性、同类别产品中的先进性、临床应用的可替代性）外，还要充分考虑市场因素，如直接竞争数量、间接竞争数量、产品覆盖市场层级、产品毛利率、市场操作空间、医保目录、基药目录等。综合以上因素，结合时代方略产品梳理模型可以将企业产品分为普药、半普药和新药三类。

普药产品生产厂家众多，各个厂家之间存在着激烈的同质化竞争，而价格竞争在整体的产品销售竞争中已有非常充分的体现。由于各个厂家多轮次主动及被动的产品降价，产品的毛利率已经非常低。多数企业已经无法为该类产品提供太多的销售费用，产品更多的是依靠低价优势，医生、消费者长期使用形成的认知和实际需求在渠道中自然流动并到达终端。普药销售多以规模取胜，在取得规模优势后，就会相应地出现单位成本下降、渠道利用率提升等一系列有利因素。普药的销售区域多集中在广大的农村地区和城乡接合部。

由于半普药产品生产厂家数量相对较少，产品具有较高毛利率，有较好的市场操作空间，企业能够为产品提供一定的市场推广费用，从而推动或者拉动产品在渠道中的下行。有针对性地对广大基层医生和患者群体进行产品教育已成为基层市场推广的重要途径。由于半普药正处于一个产品从新药到普药的过渡时期，所以半普药在各市场层级中均有销售，从城市的高端医院到乡镇医院和药店都能看到半普药的身影，但该类产品的整体销售趋势是逐渐向基层市场方向发展，在高端医院的产品竞争力逐渐减弱，并将逐步被其他新产品所替代。

在医学上新药产品本身在其所属治疗领域中具有一定的先进性。生产厂家很少，直接市场竞争并不激烈。产品价格相对较高，一方面有足够的市场操作空间，企业能够提供足够的市场费用进行产品推广，另一方面产品毛利率较高，可以为企业带来丰厚的利润。新药的销售终端以城市高端医院为主，以中端医院和大规模县医院为补充。

企业的营销模式、业务线建设要与企业普药、半普药和新药产品结构分布具有匹配一致性。

一个产品结构以普药、半普药为主的制药企业会以渠道流通、渠道分销模式为主，根据企业自身情况，采取渠道助销、终端直供或OTC招商等模式。由于普药销售区域特点及渠道对产品的多样化需求，就要求普药型生产企业的产品相对丰富多元化，能够提供多样化的销售组合，如相近治疗领域间的药品组合、中西药产品组合、高低毛利率产品组合等。多元化的产品组合能够提高渠道利用率，最大化地发挥渠道对销售的推动作用。产品单一的普药企业在普药利润原本就不高的情况下还要投入相对更高的单产品渠道维护费用，单从渠道营销的角度分析，这样的产品结构缺乏竞争力。

随着医改的深入和基层医疗市场的扩容，许多普药企业亦希望在基药市场分得一杯羹。然而随着基药招标政策的逐步完善，许多中小型的普药企业由于缺乏规模优势及产品质量优势，将越来越难以与大型制药企业抗衡。以大众化基药品种为主的产品结构对许多企业来说并不意味着广阔的市场空间和良好的销售前景，未来反而会遇到在第二终端和第三终端非基药市场更加激烈的竞争。此时，拥有特色化的基药品种（中药居多）就成为许多企业的奢求，也是制药企业改变产品结构的选择方向之一。

产品结构以新药为主的企业通常会以临床自营或者临床招商的营销模式为主，以专业化学术推广作为主要的临床推广手段。由于新药产品处于市场的导入期，医生对其药理药效和临床应用了解较少，这就需要企业提供必要的临床费用和学术推广费用对医生进行有效的产品教育，为产品在医院的销售上量作支撑。当新药企业的产品在治疗领域相对分散时，若依旧采取同一支队伍操作产品，则势必需要做横跨多个治疗领域的专业化推广，对企业的市场部、销售团队及在代理商选择上都会相应地增加难度，若采取分线操作，则会增加成本。

同时，过于分散的治疗领域分布将使企业难以形成优势治疗领域和特色专业化的产品效应。目前，许多国内优秀的临床处方药生产企业都已形成特色鲜明的优势产品线，如恒瑞医药的抗肿瘤产品线、武汉人福药业的麻醉镇痛药产品线、江苏恩华药业的麻醉剂产品线、华润赛科药业的心脑血管产品线等。具有优势的系列化特色产品线能够聚焦竞争力，同时也为企业树立品牌奠定了基础。

企业的产品结构并非是一成不变的，即使不是企业的主动调整，但随着时间的推移和其他新产品的不断上市，也会不断调整。若不能及时推出新的产品，一家企业的产品结构就会不断老化，逐渐从新药向半普药、普药过渡。

在这样的过渡期，企业需要有敏感的市场觉察力，及时发现产品在市场环境中的变化，根据企业自身产品的市场占有率、销售状况及销售团队的情况做出准确的营销策略调整。从集中在高端医院的销售逐渐向广覆盖中低端医院过渡，从高价策略向逐级降价过渡，从临床自营或临床招商模式向临床自营、招商同纯销商业分销、居间人维护终端相结合的模式过渡。

企业如果没有意识到自身产品结构的变化，那么将会被竞争对手率先抢占广大的基层市场，但如果过早采取了改变策略，则会影响产品在高端医院的销售，缩短产品的高利润时期。所以企业必须充分考虑产品的外部环境、自身产品的市场状况、企业状况等多方面因素后再做出综合性的判断，否则就无法充分释放产品的销售力。

医药企业只有做结合市场的产品梳理分类，清晰认识自身产品结构特点，积极进行产品结构调整，以产品定模式，以市场定规则，制定适应产品、顺应市场的营销策略才能充分利用产品资源，释放产品销售力，获得竞争优势和快速发展。

第三节　中小医药企业营销突破的四大原则

孙　哲

有些企业凭借手里有一两个好产品，或者在某一方面拥有优势资源，或者因为早些时候用“媒体炒作”或“会议营销”实现了快速成长，但是如今，经营者越来越明显发现企业增长越来越慢、越来越难。进一步观察发现，原来企业赖以生存的政策环境、市场环境发生了很大变化，概括起来就是：监管越来越严；竞争越来越激烈；费用越来越高；价格越来越低；利润越来越少。保住市场地位已经很吃力，再上一个台阶就更难了。中小企业似乎已经嗅到了行业伴随大整合而来的并购和淘汰气息。

对于一家中小型药品企业来说，资金、技术、实力与大型企业是无法比的。但他们同样要生存、要发展，但路在何方？笔者认为最根本的一条应该是：根据自身的资源和能力，善用减法，凝集优势，寻找最佳突破点。

经过对众多本土中小医药企业成功和失败营销实践的观察分析，中小医药企业要想迅速突破必须遵循四大原则。

一、目标聚焦，集中资源

在市场上聚焦，集中发力是中小企业必须遵循的重要原则之一。中小企业应该把有限的资源放在少数优势产品、少数市场上，集中优势兵力，先在点上突破，在市场中先入为主，做产品品类和品牌定位中的第一，这是实现突破的正确之道。

我们可以清楚地看到东阿阿胶在补血市场、贵州益佰在止咳市场、修正药业在胃药市场、傅山药业在心脑血管及肝病用药市场上的动作，他们专注造就专业，专业形成优势，优势造就品牌。

把有限的资源用在刀刃上是中小企业快速发展之路，打好优势战是中小企业谋求突破性成长的第一个战役。越是处在成长期的中小企业越是要运用聚焦原则。力量要聚焦在一起，市场要集中于一个区域，在相对小的市场中形成相对大的优势，集中在某一段时间内发力，一举成为局部市场中的老大。

二、以己之长，攻敌之短

中小企业与大企业相比，在产品线、管理、营销模式与手段、人才结构上都有许多不完善的地方，也就好比木桶上的短板。中小企业在发展中，是把工作重点放在弥补各种欠缺（短板）上呢，还是将优势放大，把长板加长呢？实践证明，短板营销并不是中小企业最好的选择。如果中小企业总在补木桶中的短板，比得过谁呢！完整的小桶不会产生营销能量，企业不会因此迅速成长。中小企业的成功与成长，首先在于自己的优势，把自己与众不同的地方突出。

中小医药企业要把长板加长，凭借自身的长板打造竞争优势。如果在生产上有优势，就认真做好加工，将成本做到最低，质量做到最好，为大品牌做OEM；如果以研发见长，就专门做好研发，将研发变成最大的优势，并着重推广科技成果；如果“销售网络”是强项，就专门做通路，将其规模化、扁平化、快速化。络欣通的义诊、速立特的大型（会展）活动、天年的会议营销、甘必康的“中华无肝炎”行动，其实质都是为适应市场需求的义诊活动，只是各自玩的级别、档次、气势、形式、名堂不同罢了，关键是做好做透，这些都是经营长板的成功案例。

三、寻找特点，差异突破

中小企业最普遍的问题是产品同质化，操作手段也同质化。只有实现产品或者营销手段的差异化，中小企业才能有望突破。

大量的中国本土企业突破成功，均是在营销的某一方面做出了创新。三株集团能够创造神话，是因为它最先开发了巨大的农村市场价值，并创造了“小报＋墙体广告＋活动”的全新营销模式；联邦鼻炎片创造性地把自己定位于“青少年鼻炎专用药”，以四两拨千斤的差异化定位，给自己切出一块大蛋糕；康复来药业能够超过金日制药、万基药业，是因为它最先去掌握终端；白加黑卖得好，是因为它创造了“白天吃白片不瞌睡，夜里吃黑片睡得香”新品类；中华灵芝宝暴富，是因为它将免疫调节功效大胆对准了癌症这一特殊目标人群，并把会议营销做到极致。通过对营销某一环节的创新，进行差异化运作，才是以弱胜强的法宝。

四、整合营销，拓展思路

很多中小企业，营销“短视”非常严重，很少长期、整体地思考产品的运作。

比如，仅仅看到某一次促销、某一次活动的投入或某一个产品的得失，无法站在企业整合营销的高度进行营销规划。

整合营销要求营销者：一要把营销的思想从挑选（研发）产品开始，贯穿于挑选产品、市场调研与策划、生产、销售和反馈始终；二要将产品、品牌、质量、服务、销售、广告和活动等融合为一个整体，产生

"1+1>2"的效应。

资源整合除了有形资产之外，更重要的是对无形资产的整合。整合的前提是必须有优势，可以将资本、品牌、人才、营销和网络等方面的优势都整合为资源。在资源整合的路上，谁先走一步谁就先受益；谁先受益，谁就先突出重围。

在医药监管逐渐变严的今天，运用整合营销传播会创造出无穷无尽的营销传播形式。在这方面，食品业给我们很多启示。比如，蒙牛"酸酸乳"赞助"超级女声"。围绕这一活动，蒙牛展开了大量的营销传播活动，让"超级女声"在全国发了"疯"，让"酸酸乳"借势火起来，使其年销售额由7亿元蹿升到25亿元。仁和药业冠名的"仁和闪亮新主播"就是借助湖南卫视这一目前中国最强劲的娱乐媒体平台，巧妙地将企业精神融入其中，在节目热播的同时让自身的企业文化价值也得到传播。

第四节　区域药企如何实现全国企业的营销跨越

周　亮

随着中国医药行业环境的不断变化及医改的不断深入，不少区域性领先医药企业正处在战略提升、战略转型的历史新阶段。企业如何做到全覆盖，提高核心区域增量，从区域性企业向全国性企业发展，从而实现跨越式转变？如何面对眼前机遇和挑战，重塑自身核心竞争力？

不少医药企业作为区域知名、政府重点扶持的高新企业，经过多年的深耕细作，为自身创造了优良的成长环境，正处在快速发展、从区域性企业向全国性企业转变的战略转型关键阶段。同时，这类企业往往拥有丰富的产品资源和较为成熟的管理运作能力，要完成企业二次腾飞，需要在对公司的短中长期目标科学定位和理解的基础上，明确在新形势下如何做到各产品线的均衡发展，实现工商共赢，逐步将企业发展成为规模化、特色化、专业化、品牌化的企业。

制定整体营销战略，搭建营销管理平台是核心，打造大产品、建设业务线、优化营销模式、强化组织管理体系、营造品牌规划体系是关键。

一、产品体系系统化，打造大产品

一些区域性领先企业拥有多剂型、多规格、多治疗领域产品，其中既有特点突出的独家品种或专利产品，也有一定数量的普药。目前企业所采取的产品策略和营销模式虽为企业取得了一定程度的业绩，但从整体销售收入数据来看，却还有很大的提升空间。特别是在独家产品或多个产品进入全国医保和省医保目录的情况下，产品的产品力和营销力并未完全释放，产品价值的挖掘仍不够。

另外，产品结构不合理，新药、普药销售不均衡是制约企业发展的主要原因之一。企业需要对所拥有的产品进行筛选和梳理，根据产品的利润、规模、特性等进行系统性的结构调整；需要对重点产品进行策划，以产品特点为基础，制定新的产品策略，普药做规模、新药做利润，打造重点医保产品、全国大产品、区域大产品和科系大产品。

二、完善业务线建设，优化升级营销模式

区域性企业往往产品及业务线较多，其营销策略多采取“特色产品省外招商、普药产品省内中标”的方式，运用渠道、广告、学术推广等多种模式进行运作。然而，企业对选择的模式是否做到了专业化和系统化管理，仍有必要进一步深入探讨，如对于专业化学术推广模式，是否已涵盖了专业化学术支持和专业化推广的各个要素。若缺少专业化和系统化管

理，未能使产品与业务模式相匹配，这些模式就不能形成合力，从而不能为企业的跨越式发展提供有力支撑。企业应该在现有业务线基础上，着重实施专业化管理，特别是解决业务线的建设和营销模式打造问题，以产品定模式，使企业的产品力能够最大限度地释放，用业务线做大产品线，用产品线建设业务线。

在营销手段同质化严重的现状下，学习新的营销模式，实现快速复制。首先解决销售规模与增长速度的主要矛盾，再逐步提升企业整体运营能力。如在遵循中国医药行业宏观规律的前提下，引入以省为区域，进行不同成熟度和目标终端的集中开发、集中维护、集中上量的集中营销模式，复制到不同的空白、成熟和潜力等区域。既可属地化作战，也可跨区域整合团队作战，拓展解决营销的难点和节点。通过以省为业务单元进行规划，用集中营销模式的标期内签约、覆盖、增量来引导、培训。集中营销模式下的团队在企业营销文化的感召下，通过竞争和领悟相结合、激励与人才相结合的项目式管理方式，达到区域和全国的销售高速增量与营销团队快速成长的目的。

三、强化组织管理体系，培育强大销售队伍

区域性企业的产品线管理、业务线建设都需要通过组织化营销管理体系建设才能实现，所以必须对营销系统管理进行强化。通过强化销售过程管理、代理商管理、终端管理、营销队伍管理等方式，真正落实企业的营销策略。通过对营销支持部门，特别是市场部、政府事务部等部门的建设，提升营销策略执行效率，打造强执行力的营销组织系统，培育强大的销售队伍，最终提升产品市场占有率。

四、构建品牌规划体系，助力企业快速发展

区域性领先企业品牌往往在区域范围内拥有较高的知名度，但很难适

应企业快速发展的需要。企业应尽快系统化构建品牌规划体系，树立产品细分领域高端品牌形象，即高品质产品、高速度发展、高水平管理。企业要提炼品牌价值，进行品牌资源开发，突出企业的品牌形象，着重宣传企业的优秀产品品质和良好的公众形象，树立在全国、全行业、细分领域、区域内的优秀品牌形象，在高度的产品同质化、市场同质化、营销手段同质化竞争时代，做可持续发展企业和行业标兵。在采用传统模式进行品牌塑造和品牌传播的同时，可选择特色产品运用新兴手段传播，如互联网工具、整合营销手段等。

在当前药品价格持续降价、药品和医疗支出逐渐平衡、医保低水平全覆盖、多元化医保支付体系建立、合规运营的重要性突出的大趋势背景下，产品及企业在各市场的搏杀将越来越激烈和残酷。区域性企业如何进行产品价值创新、质量运营创新、服务模式创新、品牌文化创新和盈利模式能力创新是迈向全国性企业重要的切入点和抓手。单纯一个方向的努力和提升不能保证企业树立差异化的核心竞争力，也解决不了医药行业剧烈变化。企业通过企业战略和营销战略的转型，让产品价值回归、让营销模式升级，同时解决相关制度流程和组织体系的保障问题，在营销能力上形成自己独有的核心竞争力，这也将是企业实现从区域性企业向全国性知名企业跨越的必经之路。

第五节　医药企业如何做好样板市场

段继东

所谓“样板”，含有“榜样”、“模板”、“典型”的意思。在药品营销上，样板市场作为产品全面进入市场的热身赛，已经成为企业运作市场或者招商之前的一种常规手段。选择一个样板市场来试水，通过运作好的样板市场来寻求更好的营销方式，或者吸引投资者的眼球。因此，对于样板市场的标准定义是：样板市场是企业为实现招商、拓展良性市场、激活休眠市场、树立渠道或终端信心、试销新品等目的，而精心打造的优势市场。

一、样板市场的四大贡献

样板市场的运作行为实际上就是一个探索规律的过程：找到一般规律，形成一套理论，再用理论来指导实践。因此，样板市场的操作主要在四个方面有所贡献：出榜样、出模式、出管理和出队伍。

出榜样：给其他地区的经营做标杆，提供学习的前沿阵地。要知道，榜样的力量是无穷的，样板市场的成功很大程度上是给企业自己、经销商和合作者以信心和鼓舞。这种信心和鼓舞能够更深层次地加深他们对企业和产品的认识，从而提高老经销商的忠诚度和积极性，对新经销商产生巨大的吸引力，从而坚定合作的信念。

出模式：收获一套可供进行大规模复制的市场操作模式。市场运作模式是否正确是成功的关键要素。由于企业对样板市场投入较大、资源的配比较齐全等有利因素，从而可以探讨和实践新的渠道运作模式。在实践中，这些模式经过样板市场的孵化，能够不断得到完善和修正，最终可以为其他市场提供参考和借鉴。

出管理：做样板市场必须以高效的管理为基础。通过样板市场，尝试实践新的管理方式，对营销组织进行系统规划，在营销过程中不断调整和验证其可行性，为全国市场的操作提供经验。

出队伍：企业需要“拉得出，打得赢”的销售队伍。做样板市场，目标大，资源投入大，所做的营销工作也多。通过实践锻炼队伍，培养人才，为日后操作其他市场输出人才。

二、样板市场的准入条件

样板市场不是一个绝对的概念。由于各区域市场的差异性很大，因而把一个成功市场的开拓思路生搬硬套到另一个新市场，很难说还会成功，但是它的战略意义非同寻常，就像一棵大树只有在一个地方扎下根，才有可能茁壮成长、枝繁叶茂。

同时，建立样板市场是需要成本的，因此，在建立样板市场之前，就要在投入和产出之间进行权衡。且不说中小企业本身不具备大型企业的规模与实力，一旦新品上市进行全面运作，初期即使侥幸成功，但凭企业微薄的实力也无法对全国性市场进行有效管控。即使是拥有实力的大企业，在人才、物流、资金、生产规模等方面没有完全协调好的情况下，也不会贸然全面挺进，因为很可能在某一个点上的疏忽就导致全盘失败。企业必须对备选的样板市场进行论证，判定该市场是否符合建立销售特区的系列条件。

这些条件包括以下几点：

市场基础好——市场要有一定规模、有潜力，外部竞争环境适度，适宜开发。市场具有一定的基础，能够提高操作成功的概率，且容易出成果。一般而言，企业应该考虑是否有机会成为当地的强势品牌，既然是样板，就必须做得强，否则无疑失去了样板的意义。

销售网络好——销售网络体系要健全，销售网络资源要丰富，体系和资源要能支撑本公司的样板营销。样板市场的经销商实力、资源及思路是否具备样板特质很重要。在已有经销商的区域进行选择，要看经销商的实力和资源，主要有资金、媒介、行业内主管部门等资源，更重要的是看经销商是"行商"还是"坐商"，是否具有很好的营销理念和执行力，这样才能保证样板市场开发出来以后，能够持续保持。

营销平台好——物流平台、资金流平台和信息流平台等构建得好，样板市场的特质就更加明显，样板市场的功能就更容易发挥得淋漓尽致。

辐射能力强——样板市场要选择区位优势好的市场，营造样板市场向周边市场辐射的有利条件，扩大样板市场的影响力和覆盖力。

三、构建样板市场的操作要点

样板市场是用来作为参照系的，是其他市场学习和模仿的榜样和标准，故样板市场一定是较为完美的、有代表性的、可复制的。但实际的情况是，由于环境、时间、人员等各种因素的复杂性和难以把握性，该样板市场的成功有没有代表性、可否复制等必须有客观的标准，以供后来者参考。那么，在样板构建的实际操作中，需要注意以下几个要点：

渠道构建——在构建样板市场中，选择什么样的渠道模式，渠道层次有多少，渠道体系建设到什么程度，渠道结构怎么安排，渠道是否需要延伸，渠道物流中心如何规划，都是要考虑的问题。在渠道构建中，坚持的总体原则是：渠道功能最大化，渠道模式最优化，渠道结构合理化，渠道布局科学化，渠道成本最小化。

产品构建——在产品构建中，要解决进入产品的选择，产品梯度如何安排，产品试销如何建立动态化模拟机制，产品进入效果如何评估。产品构建的关键是寻找优势竞争产品或特色产品，寻求有竞争力的细分市场；在同质化竞争中寻求差异化，在差异化竞争中追求优质化；做大做强产品品牌和企业品牌，制定合理的产品价格策略，充分释放产品力。

资源构建——在资源构建中，要以样板市场能发挥策划功能、能落实政策、能实现样板市场的目标定位为原则，主要包括制度保障资源、组织资源、队伍资源、文化资源、财务资源、外部联系与沟通资源，并对这些资源进行系统整合与规划，营造协同作战的良好局面。

目标构建——渠道构建、产品构建、资源构建，其最终的方向是要实现样板市场目标。样板市场必须要构建完善的目标体系，让渠道、产品、资源得以支撑目标，卓有成效地达成目标。目标构建要体现投入与产出的效能原则，要体现成本原则，要体现时间资源价值原则，要体现时间约束原则。

四、样板市场操作看板

样板市场看板是样板市场构建的具体细节，体现在细节执行之中，也是样板市场精耕细作的需要。

第六节　医药产品市场调研的关键要素

孙文辉

通过市场调研，开展产品的年度营销定位及策略活动，是医药产品营销的关键。特别是一些企业中药或西药产品进入国家或省基药目录后，产品的重新定位调研是决定未来一段时间高速增量的主要策略环节。

一、市场调研的目的

通过市场调研手段和工具，可以实现该产品治疗领域市场容量、市场格局分析、同类产品市场业绩表现等指标，经判断分析确定竞争产品，并针对竞争产品营销策略制定适合产品发展的产品概念、卖点和市场营销策略。

扎实的产品调研能够为制定相应的企业产品销售上量营销策略提供充分依据。通过产品调研，企业能够针对各环节确定相应的营销策略，从而制定有的放矢的营销计划与营销管理制度。面对市场变化和激烈的市场竞争，从目前产品的市场销售状况和市场占有率情况、营销通路的有效性、医生对本品牌的认可及偏好、患者对本产品的认识及偏好的改变等几个方面，综合评估目前市场策略的有效性和有效程度，并结合竞争产品的市场销售状况和市场策略分析，使企业发现目前市场营销中的症结和潜在的市场机会。

二、市场调研的手段

在市场调研领域，主要通过分析一手及二手资料、访谈和技术手段进行调研。企业应先按顶层设计原则，从战略产品竞争力模型着手，从产品定位、质量运营、服务优先、品牌积累、资金盈利等不同方面进行定量和定性分析，进行流程利润率的优化。

三、产品市场调研的关键要素

（一）产品说明书是用药的基础指导原则

（1）不管是中药还是西药产品，说明书是用药的指导原则。中药主要是“功能主治”，西药是“适应证”。中药在“功能主治”中分别说明“功能”和“主治”两方面，“功能”说明了治疗原则，而“主治”则是对应的疾病及症状（如血脂平胶囊）；西药的“适应证”则直接对应的是治疗的疾病和细分疾病谱的特点及单独、联合用药的特点（如盐酸二甲双胍即释片）。

（2）“适应证”和“主治”的疾病谱原则上不能跨适应证使用，除非申报增加产品适应证。

（3）对于中药来说，中医理论在目前西医医院认可度比较低。当然，经过长期推广，现在在中药营销成功的产品中，也有一些有一定知名度的理论逐步被西医医生了解，如“活血化瘀理论”、“瘟病理论”、“气血理论”、“络病理论”等。

(4) 西药要关注给药方式所造成的生物利用度、药物半衰期、血浆蛋白结合率等差异点，还有不良反应和禁忌证。

(二) 界定产品市场份额及主要竞争对手是第一步

(1) 对于一个药品来说，产品如何界定市场范围是非常关键的。因为目前市场范围划分不一和标准多样，所以若是界定太小，就没有增长的意义。若界定过大，则竞品过多，不够聚焦。

(2) 界定产品市场份额用一个简单的办法可以达成，就是按目前最新的国家医保和国家基药目录来分类和界定，因为未来主要的销售份额产品还是集中在招标采购的医保和非医保产品。特别是医保产品，国家的支付政策决定了这些产品的市场份额会成为分析标杆。

其他如“治疗指南”、“治疗共识”、“临床治疗路径”、“卫生部处方集”等均可以进行市场的份额界定。

(三) 产品适应证疾病谱（治疗领域）的细分是产品主要的未来机会点

(1) 对于药品来说，调研的主要目的还是弄清楚医生的处方习惯。笔者曾与美国俄亥俄州哥伦布市州立医院麻醉专家夏教授有过沟通，他说在美国州立医院和基层医疗机构治疗同类疾病的处方是完全一样的，而中国则不然，国家及省级大三甲医院的处方和县及社区的处方不尽相同。这反映了治疗上的不统一和不规范。

(2) 医生治疗疾病主要还是遵循“治疗指南”、“治疗共识”和相关权威循证依据。当然，“治疗指南”的循证依据最高，要在“治疗指南”及“治疗共识”中找到机会。

(3) 根据循证水平，对既往临床研究、治疗综述、单味有效成分药理研究、最新疾病治疗进展等进行归纳分类，以备后期策略准备依据。

（4）竞品的产品定位及主推活动是主要的调研内容，特别是要分析清楚竞品的优劣势。

（5）西药同种通用名药物的竞争则主要是生物利用度、半衰期及剂型的对比及体内外差异点。

（6）单独用药和联合用药也是需要研究的。

（四）专家深访和医生座谈会是进一步细化市场的试金石

在进行初步归纳后，与专家的深访和处方医生座谈就是梳理思路可行及不可行的主要手段了。一般此类活动由专业第三方调研公司进行，也可以由企业市场部医学经理主持。建议未来快速评估产品疾病谱治疗机会，进行1～3次的活动比较合适。专家深访，可以把目前主流处方行为了解清晰；医生座谈会，则关注处方行为改变时的关键说服点和软性及硬性促销方式方法的有效性。

（五）企业团队销售模式决定了实施中可能出现的典型问题

不同销售模式下的产品机会（问题）调研，其问题和侧重点是不一样的。

（1）招商模式：环节多，传递慢；激励差、信息不一。此模式要特别关注前期调研和后期的培训及产品费用的重点使用。

（2）自建模式：信息多，效率低。此模式要特别关注产品后期销售团队的增量考核问题。

（3）商务及OTC模式：重活动、轻疾病需求。要在关注市场媒介活动和商务促销活动的同时，特别对普通患者及处方医生进行深度调研。

以上是进行中药和西药产品市场调研时要关注的几个问题。当然，调研关键是要找到产品的市场机会，为下一步的策略和增量活动奠定基础，而不是为了调研而调研，那就失去了产品规划的意义。

第七节　区域集中开发、维护和上量实战策略探讨

孙文辉

大多数企业面临招商开发期长而缓慢、效率目标低下、销售费用高、人员专注度不够、团队管理分散、绩效与招商结合度不够等问题，怎样利用集中招标、集中采购、集中配送和集中医保物价的时间窗口，从而在短短几个月内实现销售突破？怎样才能掌握“集中招商、集中维护、集中上量”关键要素的设置和管理，找到销售瓶颈的解决办法？如何建立团队、管理团队，如何设置产品招商体系架构，如何分析市场，如何了解目标客户的消费需求，如何细分市场，如何进行市场定位，把控市场；掌握费用目标管理，学会制定开发收入费用预算、维护收入费用、上量收入费用管理策略，为产品销售制定具有实战性的计划，并达成可持续发展的市场与销售目标；如何能根据自己公司的实际情况制定标准化的集中开发、集中维护、集中上量的计划。

从以下几个方面来论述实现“深度区域专业集中招商”的操作要点。

一、深度区域专业集中招商的概念

在全国省基药标或非基药标中标前 2 个月到中标后 2 ~ 7 个月，进行专业省区范围内的省级代理商、市级代理商、县级代理商和医院终端代理商的寻找、谈判、签约，达到 80% 的医院覆盖；中标后 3 ~ 4 个月，集中进行专业维护，在进院环节上优胜劣汰，进行签约进院协议和销售协议的对接，实现 50% 以上的进药成功率；标后 4 ~ 7 个月，根据产品的特性和市场细分空间，进行样板医院和样板代理商的寻找、谈判、签约，实现样板

医院的快速处方覆盖和目标增长。

在一个标期内实现新品或老产品销售利润和份额双跨越式突破增长！

二、建队伍、定目标、核预算、树核心、分考核

搭建一个有执行力、团结、有招商效率的销售团队，是前期成功的基础。优秀人员的选择和培训是至关重要的，而集中招商主要就是将优秀人员集中在一起开展工作，打破区域的属地化设置，避免人员考核难、兼职多、效益差等问题，保证能集中所有优秀人员主攻一个省、一个市、一个县、一个医院。同时充分将内部合理的竞争机制调动起来，扶持有能力、有干劲、有执行力、有独立思考和有规范化集中招商能力的销售团队管理人员。

定一个合理的目标，是在集中开发前需要解决的问题。有挑战、有基础、可衡量是制定目标的原则。可根据产品的市场份额和竞品中标分析数据，在招商空间、特性利益等上面多做分析。根据本企业和产品的实际情况确定签约目标，原则上不低于全省医院的40%，只有这样，才能为后面的维护和扶持工作确定一个比较合理的客户群体，形成一定的区域销售利润，为后续的维护上量创造条件。

预算的制定是最难控制的一点。人员集中招商，车船费、住宿费、交际费等要核算在内。假如每人按最低标准每天300元，按10人进行预算，每天的费用在3000元左右，10天就得30000元，这可能是其他非传统招商在一个省几个月的招商费用。但是另一方面，集中招商主要是见的客户非常多，团队谈判签约效率高。团队及个人间竞争优化明显，这样有可能在两周内将全省所有的客户均见上一遍，关键客户见上几遍，这比一个人一年都见不上全部人员在时间效率上大大提高。签约率的提高，使每家医院的单签约成本大大下降，达到每家医院200元以内。

树核心。要想带领团队冲锋陷阵，一个好的团队管理人员非常重要，要说给团队成员听、做给成员看，还要带着多做几遍。不论原来的销售人员素质怎样，只要把这个团队的核心人员带好，就是成功了一半。

分考核。人力资源绩效管理在集中招商的模式下，更加细分了，如要确定培训指标、试用期指标、开发指标、维护指标、上量指标等。其中新员工的培训指标非常关键，要让新员工认可公司、认可销售模式。新员工能否留下并快速成长的关键因素是要有较高的耐压能力。新员工试用期的三个月内，一定要实施导师教练制，一带一、一帮一。树立签约信心，学会自我调整在高度竞争环境下的心态，这样才能把一支游击队锤炼成一支能战斗的队伍。

三、按项目、重环境、勤维护、选支持、多协调

对于每个集中开发的省份，最好按项目进行管理，做到有项目责任人、有预算、有目标、有协调人和总负责人；做到开发能盈利、维护能盈利、上量能盈利。突出在每个环节中利润的可持续发展，同时处处考虑风险，及时规避和化解各种风险。

重视环境因素的控制和管理。对医药行业来说，不管是第几终端，招标、物价、医保都是规避不了的因素，都是影响产品及客户的最大因素，必须找到解决的办法。保持与竞品合理的中标价格水平，维持合理的价格空间，争取进入医保、基药、新农合目录是将来能实现快速发展的必备要素。

勤维护。除了要根据不同时期制定的岗位职责对服务支持人员进行目标考核管理外，各种数据库的建立对提高维护效率也非常有帮助。建立医院数据库、代理商数据库、签约协议数据库、OA 办公系统、产品数据库等是比较重要的。

选支持。市场部对各种模式的促销策略、市场份额和市场策略的制定都需要长期摸索。单纯的客户服务只能解决发票和货的问题，对代理商做不了深度支持。即不能单纯短视，认为公司小，拿不出这么多的费用进行市场专业学术支持，也不能盲目进行市场投入而不考虑销量增长，每家公司可以根据实际情况进行摸索、提高和优化。建立和维护上量期样板医院，培训提高代理商的销售技巧都需要公司和合作伙伴共同努力才能实现双赢。

多协调。集中开发维护和上量，时间紧、任务重，涉及部门多且工作非常细致。部门间协调和公司总体控制把握要时时做、天天做，要明确不同时期的重点工作和目标，不断协调部门间、公司与客户、生产与销售等之间的关系。

总之，有了思路和具体的办法之外。关键是不断去做、不断去提高、不断去总结。每个公司的情况不同，优劣势不同。在学习新模式时要想到、做到、看到，才能在目前这个既竞争激烈又机会无穷的市场中纵横畅游！

第八节　多层细分市场的产品线管理策略

林　雷

产品线，是企业的生命线。国内医药企业，尤其是产品多，产品结构复杂，产品线长度、宽度、深度都较高的企业，普遍存在市场结构和产品结构不合理、产品分线效率低等问题，这直接导致企业各级市场的营销策略不明。在日趋激烈的竞争环境中，企业短期难以通过高效的营销推广充分释放产品潜力，中期难以实现对终端的和销售队伍的培养，长期难以培育大品牌产品、提升企业品牌力。

基于时代方略对医药市场的分析，并对国内多个制药企业咨询的基础上，笔者认为目标市场的结构优化是产品结构策略和产品线策略的基础。对目标市场充分细化，在合适的市场选择合适的产品，是产品策略的前提。国内医药市场目前根据用药习惯、贫富水平等因素，可分为高、中、低三层。

一、高端市场的特征及产品选择

高端市场可定义为主要城市医院市场。高端市场的用药金额最大、品种最全，也是城市患者看病的主要渠道。据统计，在医院市场，患者对医生顺从率达到65%以上。所以，医生的处方选择是高端医院市场营销的核心所在，也是企业选择高端医院产品的关键依据。

适合高端市场的产品具备的特点较多：上市时间较短、价格较高、竞争厂家较少等。但其中最核心的特点可归纳为两个，即盈利能力强和学术性强，这也是跟高端医院市场的核心营销模式紧密相连的。在高端市场销售的产品由于盈利能力较强，能创造较高的利润，并能树立高端品牌。

所以，企业规划其产品线策略时，把高端市场作为企业发展战略的主要目标市场，其产品必须满足盈利能力强和学术性强的条件。

二、中端市场

（一）县医院市场的特征及产品选择

县医院市场是高端市场和低端市场的中间层级。由于在县医院就诊的人群以县市级患者为主，用药发展相对一级城市较为“落后”，所以对产品的学术要求也相对较低。从消费水平来看，相对高端市场，患者的经济能力较弱，对产品的价格承受力较弱，而且，药品要在县医院销售，需要一定的开发成本。因此，县医院的产品价格不宜过低。然而，相对低端市场的普药来说，通常县医院产品在低端市场的认知度不足，市场基础较弱，难以产生较好的销售。

上市时间长、招标降价、产品更新换代等原因造成的产品盈利能力和学术性下降，在高端市场面临逐步淘汰，但不至于成为普药，而且仍有一定操作空间的产品，适合在县医院销售。但由于区域性贫富差距大，县医院市场既有高端市场，又有低端市场的特点。因此，企业针对县医院市场的产品往往涵盖部分高端市场和低端市场的产品，需根据不同的地区选择不同的县医院产品。如广东和江浙沪的县级医院应该包括肿瘤产品，而针对广西、山西县级医院则可纳入一些低端的抗生素产品。

新医改方案意见稿进一步明确了县医院对乡镇卫生院、村卫生室的影响力，在“大力发展农村医疗卫生服务体系”部分中明确表明“要加快建立以县级医院为龙头、乡镇卫生院为骨干、村卫生室为基础的农村三级医疗卫生服务网络”。县医院在未来，除了作为县域内的医疗卫生中心，扮演县级市主要医疗机构的角色外，还将承担对乡村卫生机构的业务技术指导和乡村卫生人员的进修培训职能。政府对低端市场的投入也将以县医院为核心，向乡镇扩散。县医院对农村三级医疗卫生服务网络的重要性体现了县医院市场不仅是一个单独的市场层级，更有影响低端市场用药习惯的作用，是企业发展低端市场的必要部署。

（二）零售市场的特征及产品选择

OTC 市场定义为城市连锁、单体药店和超市。是否拥有 OTC 批文和产品所在的医保类别首先决定了产品在零售市场的可推广程度。OTC 产品对于很多企业来说，尽管在其他市场层级拥有很强的影响力，但在老百姓心中的品牌认知度往往不够。国内大企业尽管拥有 OTC 批文的产品较少，但一直致力于通过丰富 OTC 产品组合以进一步完善其市场结构，并通过扩大在老百姓心中的影响进一步提升企业品牌知名度。

因此，产品的选择尤为重要，OTC 产品对市场基础、价格等有一定要求，应选择市场基础较好、价格易于接受、安全性高且可重复使用等特性的产品。而且 OTC 作为企业的“品牌产品线”，大品牌 OTC 产品的培育尤为重要。笔者认为可以根据特异性、疗效、适用人群、重复使用、价格和市场基础这个标准选择 1 ~2 个大品牌 OTC 产品。

三、低端市场

（一）乡镇卫生院、村卫生室、私人诊所市场的特征及产品选择

低端市场主要包括两种产品：一种是不需要推广，或稍作推广就可以销售的流通型普药；另一种是需要对渠道和终端进行推广的深销型普药。流通型普药由于上市时间长、市场认知度高、价格低、附加值低，应以渠道为主，借助商业平台进行销售。而对于深销型普药，在渠道推广的基础上，直接面对终端或终端的直接掌控者，需选择在低端市场认知度低、市场价格不透明、附加值高的产品。虽然流通型产品和深销型产品的渠道相似，目标市场相似，但采取的推广手段和营销策略重心截然不同。

对于企业来说，既能创造规模又能创造利润的产品称之为规模利润产品。这类产品不仅能消化产能、摊薄成本，还能通过其规模效应，带动盈利品种销售，并提高品牌影响力。规模产品是贡献销售额、创造现金流的重要产品，但不能创造利润。培育产品反之，通常处于低端市场的成长期，包括部分从临床退下的半新药和较为先进的普药，拥有较高的毛利、较大的附加值和较好的成长力，可作为企业的重点培育对象。所以，也可从中筛选第三终端深销型品种。

（二）社区卫生服务中心的特征及产品选择

目前社区卫生服务中心的用药量较低，所承担的治疗比重也较小，此

类市场受到的重视程度也较低。但新医改明确指明要下移首选就诊渠道至社区卫生服务中心：一般诊疗下沉到基层，逐步实现社区首诊、分级医疗和双向转诊。所以，无论社区治疗中心未来全部使用基本药物的建议是否成立，其必然将承担为城市医院分摊治疗常见病的任务，此市场层级将在短期进入快速增长期，所占的比例也将越来越大。因而，社区卫生服务中心成为一个重要的市场层级，是企业的新增长点，此市场层级的竞争也必然激烈。

由于社区卫生服务中心将承担常见病、慢性病、多发病的治疗，而针对此类疾病的产品多为上市多年的普药。所以，在全部使用基本药物的假设尚无定论的前提下，针对社区市场，产品选择对学术要求相对较少，但应以治疗常见病的产品为主。

对于企业来说，产品必须通过合理的结构调整，进入合适的市场层级进行销售，这是企业取得良好销售业绩的根基。但国内大部分企业看似产品线进行了各种形式的规划，实质上并非如此，以至于造成产品潜力难以释放，产品线管理混乱，产品难以实现专业化发展。因此，必须以市场为导向，先将企业的目标市场充分细化分层，再决定现有产品的分配组合，使不同的产品在合适的市场层级充分释放潜力，这也是产品线管理和企业策略制定的首要因素。

第九节　非医保产品医院销售的六大营销模式

林延君

卖过药的都知道，医药行业是非市场经济，受政策的影响大，有句话是：“医药政策像太阳，照到哪里哪里亮，医药政策又像月亮，白天看不见，晚上才能摸得着。”

准入、医保、物价和招标四大尚方宝剑无时无刻不牵动着每个医药老板的心。尤其是众多研发出身的医药企业家，辛苦十余载研发出来的新产品，由于没有进入医保目录，新产品上市后，销售一筹莫展。笔者尝试梳理非医保产品在医院销售的各种模式，希望对医药同仁们有所启发。

在介绍各种模式之前，笔者首先想谈谈非医保产品的困难，简单来讲，非医保产品面临着三大困难：

（1）准入困难。我国95%以上是公立医院，在政府集中招标采购中处于绝对强势地位时，除了少数临床急缺品种和肿瘤产品外，非医保产品逐步被边缘化，进入医院的机会大大降低。连进医院都成了困难，谈何临床推广。

（2）处方困难。对于临床医生而言，临床上可以选择的品种成千上万，除少数品种外，同类品种同质化非常严重。医生从职业道德上更愿意推荐医保产品给患者，一方面更容易让患者接受，另一方面，临床治疗方案药物选择基本不受影响。

（3）支付困难。中国医保已经基本实现了广覆盖，医保报销的比例也在逐年提高。对于老百姓而言，选择使用医保产品已经基本能满足常见病的治疗，对于非医保产品，患者往往比较谨慎。尤其是价格昂贵的新药，在支付上面临很大的困难。

谈完非医保产品的困难，下面重点介绍一下非医保产品医院销售的六大模式：

（1）赠药项目模式。这种模式是外企常见的模式，多用于昂贵的肿瘤药。一般药企会选择第三方慈善机构进行合作，由慈善机构负责审核和发放药品，要求患者先自费使用3～6个月后再申请免费赠药。例如诺华的格列卫援助项目、拜耳的多吉美援助项目、罗氏的特罗凯援助项目等，均采取该销售模式。赠药项目设计要素包括四个方面：疾病流行病学的数据分析、疾病临床治疗方案的评估、药品用药疗程的考虑、产品价格与成本衡量。

（2）医保谈判模式。该模式在国外比较成熟，国内逐步借鉴，通过谈判压低药品价格，以价换量，目前主要在部分省市试点，成功后才会全国性推广。非医保产品谈判实质是医疗保险经办机构与药品生产企业或供应商谈判，代表参保人利益，直接降低参保人员的个人医药费用负担，同时提高医保基金的使用效率。相对于医保产品的政府事务、政策运作模式，非医保药品需要更加市场化、更加灵活多样的运作模式。非医保药品谈判的重点包括：明确谁分担、分担多少；分担的越多，医保报销的比例就越高；以医保的费用结算支付比例不同来控制药品进入医保的流入量和所占市场份额。各地试点包括江苏的赫赛汀（罗氏）、格列卫 & 达希纳（诺华），浙江的凯美纳（浙江贝达），青岛的赫赛汀、凯美纳等。

（3）药企＋商业保险模式。由企业和商业保险公司合作，对特殊的产品进行保险。例如 2012 年，罗氏公司和瑞士再保险公司、太平洋保险公司签署了一个三方协议，内容是将一种新形式的、针对某种肿瘤疾病的保险险种提供给中国的消费者。三方角色分别是：罗氏公司提供肿瘤学流行病学相关研究数据，同时提供对于肿瘤疾病相关治疗的标准方案；瑞士再保险公司针对罗氏公司所提供的这一类保险相关数据，给出一个产品的设计，通过精算模型，按照中国肿瘤病人的具体情况，提供一个这样的险种，将具体的产品交给太平洋保险公司。瑞士再保险公司另外一个非常重要的工作是对太平洋保险公司接受的这个险种进行二次保险，就意味着会降低太平洋保险公司在中国提供险种的财务风险。该模式的创新元素在于：①跨界合作，药企与商业保险公司的跨界合作；②全过程保险，患者从预防、治疗、保障全过程收益；③二次保险，降低保险公司的财务风险。

（4）市场议价模式。即广东药交所模式，同时对医保和非医保品种准入放开。“取得国家生产批件的药品均可报名”，“新取得生产批件的药品可随时报名”，在这样的交易模式下，即使医药公司没有覆盖到的医院，也可以通过网上交易系统直接报价，实现市场的推广。对于非医保药品，医院指定的厂家可以直接议价。

（5）院内社会药店销售模式。首先，对于目前的医院而言，药占比的控制成为考核医院的一项重要指标。其次，医院通过引入院内药店变相卖药不受影响，同时医保机构对医院医保药品实行总额控制，而非医保药品不受此控制，也有利于医院与社会药店的合作。最后，医药分家、药品零差率等政策的实施，对医院盈利能力提出了更高的要求。医院通过与院内非医保药店合作，可以获取额外的收益。

上述原因使院内社会药店销售模式成为可能。从具体操作模式上来看，医院一般将门诊药房独立出来，引入社会商业合作伙伴，设立社会药房，同时在经营品种上进行限定，避免冲击医院住院药房价格体系，医院要求回报不低于甚至高于原有药品回报。从各地实践来看，江苏润天生化医药有限公司、云南鸿翔药业有限公司、济南漱玉平民大药房有限公司、苏州礼安医药有限公司等都在各地方积极尝试。

（6）新特药 DTC/DTP（Direct-to-Customer/Direct-to-Patient，直接面对消费者）销售模式。制药公司将药品授权给药店做经销代理，患者在医生处获得处方后，即可在药店直接获取药品。DTP 模式与 DTC 模式的差异在于 DTP 模式不仅给患者直供新特药，还在于以患者为中心，提高服务和患者意识，比如送货上门、举办病友交流教育活动、管理病人数据、开通客户关爱热线等。

该模式为阿斯利康与辉瑞在英国开创，国内实践最成功的是广州百济新特药连锁公司。广州百济新特药连锁公司成立于2001年，自成立华南地区首家专科药房以来，截至2013年，已先后在广州、北京、上海、深圳等城市建立了29家分店，是目前全国最大的专科医药连锁企业，年销售额在2亿左右；2013年10月，被世界百强企业康德乐收购。它经营品类上千种，依托400免费客服热线，由数十位资深药师为全国顾客提供更便捷、更专业的药品咨询服务。北京京卫大药房、北京医保全新大药房也尝试过类似模式。

除上述六大模式外，未来一定会有更多的模式出现。例如多个供方合作模式，不同药企（甚至医疗器械企业）形成合作联盟，提供多层次、多类别的品种组合套餐和一体化的治疗解决方案，联合对外洽谈，集体供货。例如医联体统一谈判模式，北京医联体2016年预计要达到50个；民营医院方面，由刘永好、冯仑、翁国亮合作成立的中国医疗健康产业发展策略联盟，对外统一采购药品。

最后，笔者还需强调一点，上述各种模式仅为缓兵之计，企业最终还是要解决医保问题、医院中标问题；在未解决上述问题之前，企业不能坐以待毙，而应该积极拓展营销渠道，丰富营销手段，并在此期间，熟悉市场，锻炼队伍，贮备能量。

第十节　探讨优秀产品的营销失误

黄　屹

中国医药行业已经进入回归产品的时代，一方面，好产品在企业核心竞争力中的权重正在快速提升；另一方面，企业的终极目的仍然是业绩，再好的产品也需要将其转变为销售收入，推动企业的持续发展。

许多业内人士在分析企业未来走势时容易陷入误区，认为好产品等于企业未来业绩，有了好产品就万事大吉。他们眼中的好产品多半有这些特征：重点治疗领域、技术先进、竞争少、有特色，等等不一而足。这样的分析虽说没错，但也只说对了一半。

对于企业的业绩，好产品是 necessary（必需）的，但绝不是 sufficient（必要）的。好产品需要精耕细作才能为企业创造营销收益，反过来，拥有好产品却卖不好的企业大有所在，中国如此，欧美亦如此。可以想象，离开了辉瑞的强大商业运作能力，仅凭原研发企业华纳－兰伯特公司单打独斗，立普妥绝无可能成为史上最畅销的药品。好产品之于企业业绩就如发动机之于战机的战斗力是最重要的，但并不够，气动布局设计、机身材料、驾驶员技术等都会影响。

说起产品为什么没卖好，很多人第一反应是“营销没做好”。这话基本没错，但却是正确的废话。产品营销是个庞大的体系，需要精耕细作。好产品没有销售业绩只是表象，实际出问题的环节非常多，需要仔细分析才能对症下药。

问题一：价格空间不足

虽然药品的价格敏感度不像常规产品那么高，但是定价对上市产品实际销量的影响还是非常大的。在国内市场，对药品销售造成负面影响较多的价格因素往往是定价过低。

定价过低的直接影响是留给企业在渠道和终端的营销操作空间不足。一旦定价过低，相比同类产品，企业势必难以留给营销渠道各环节足够的利益空间，难以形成合理的利益分配和激励机制，进而影响渠道和终端促销的积极性。同时，在国内的现行政策中，过低的定价一旦在若干省份有了备案，还会影响其他区域的定价，引一发动全身。此外，较低的价格政策，对产品形象的提升也是不利因素。

好产品一定要敢于定高价，只要操作得当，高价格能够在销量和销售额上带来双重回报。罗氏公司的赫赛汀在机理创新的同时，敢于开出比化疗药高 20 倍的价格，由此成为年销售额高达 46 亿美元的重磅炸弹。前有葛兰素的雷尼替丁，后有诺华的伊马替尼，都是走的高端定价，更不用说 Sofosbuvir。

国内产品中，处方药凯美纳、消费品云南白药牙膏的高定价都提高了产品的形象和销售。尤其是中药产品，在原材料大幅上涨的时代，更要敢于定高价和提价，当然，同时市场策略也要跟进，东阿阿胶是成功的案例。

问题二：亮点挖掘不够

国内出现这类问题的以拥有经典老方的中药企业居多，化药企业也不少。老产品的品牌、疗效都非常好，都可以保证基本的销量，但是想要进一步上量，无论是从广告、渠道，还是终端发力，效果都不显著。

其实老产品本身的安全、疗效基础是非常有利的条件，一旦能够深度分析，从适应证、剂型、规格等方面充分挖掘新的亮点，势必大幅提升产品的价值，从而拉升销量。

在挖掘老产品适应证上，诞生百余年的阿司匹林是最经典的案例，解热、镇痛、抗炎、抗风湿、预防心梗、预防中风等，甚至挖掘抗癌、高血压的适应证。国内企业中，复方丹参滴丸在适应证的拓展上做得比较好，值得借鉴。

在剂型和规格的拓展方面，诺华的扶他林是经典案例。除了广为人知的乳胶剂，诺华科学家还开发了口服的肠溶片、缓释片，滴剂、栓剂等剂型，这些新亮点的挖掘对老产品的销量提升都起到了促进作用。

问题三：产品策略的失误

我们曾接触过的某家企业拥有国家某乙类医保的独家产品，非常优秀。拥有这些特性的产品其实是各地处方药代理商非常喜欢的品种，本应进行精细招商，主打医院市场，再辅以市场部详尽准确的产品策划和推广方案，销售放量绝非难题。遗憾的是，企业过去通过广告拉动和渠道分销的策略，在 OTC 市场获得了不错的业绩，结果走入了误区，几乎放弃了医院市场。当广告投入不再，渠道的各种问题堆积之后，企业瞬间陷入了困境。

不同产品有不同的特性，仅在目标市场方面，有些适合医院终端，有些适合作为 OTC 主打药店，还有些适合双线操作，以医院市场带动零售终端。找准合适的目标市场是产品销售放量的基本前提，同时还需要推广方案、营销模式等很多要素持续跟进。这些都离不开正确的产品策略，如果在这方面有所失误，即使是理论上再优秀的产品，也难以为企业带来真正的销售收益。

问题四：政府事务能力缺失

这是科学家创办医药企业常犯的错误。中国医药行业受政策影响极大，如招投标、基药目录、医保目录等，小则影响产品的销售支付能力，大则影响产品的销售资质，这些都“不可不察”。否则产品再先进，销售放量也是空话。

某些由科学家创业、较早成立的药企，现在已有非常优秀的产品上市，却由于招标没有通过，在许多省份不能销售，这对患者和企业都是遗憾。尽管中国的招标政策备受诟病，但至少对于当前的市场而言，不管你愿不愿意，都必须面对。何况类似的准入机制还有医保，即使在美国，与第三方 PBM（医保管理服务）的谈判不也是必修功课吗？所以对于类似的政府事务工作，企业需要予以重视，工作必须到位。

好产品是稀缺资源，也是企业发展的原动力，但拥有好产品未必就能转化为真正的收益。对于从产品到收益之间的跨度，医药行业的从业者要有足够清醒的认识。企业家的思维要开放，从产品的市场规划到营销管理，都一定要由专业人士来操盘。研发人员要有全局观念，与公司的市场、营销等部门积极配合。医药投资人士的分析要全面，除了分析企业产品线本身的优势外，对未来形成产生销售收入的潜力，也要有准确的判断和清醒的认识。

第十一节　医药企业营销变革的几点思考

章建楠

对于营销变革，医药企业不能“头痛医头，脚痛医脚”，就现象谈问题，而应剖析问题，深入研究，明确营销问题本质，从全局角度设计变革方案。

一、以辨为先

首先是营销模式变革。

政策型营销模式变革。医药政策会影响整个行业的格局和未来走向，政策意识强的企业能够率先把握行业政策，适时变革营销模式。若缺少变革意识，慢半拍或错一步，都有可能让企业痛失好局。如面对基药政策，企业就要根据政策走势不断调整营销模式。

拓展型营销模式变革。新市场、新领域的拓展，往往需要在原有营销模式之外建立新体系、新模式。某些处方药企业，迫于基药的挤压，逐步向 OTC 市场拓展，营销系统就要重起炉灶，依据自身情况设计 OTC 营销模式，建立 OTC 营销队伍。

深化型营销模式变革。市场深度拓展、市场把控加强，都需要打破原有模式束缚，在旧体系内孕育新体系。如随着 OTC 市场竞争加剧，原来以电话招商为主的 OTC 药企，受制于自身资源和模式，市场拓展遇到瓶颈，需要突破电话招商模式，逐步建立以驻地招商为基础的精细化招商模式。

其次是营销体系变革。

营销总部职能强化。总部职能强化既是职能部门能力建设的需要，也是对业务线进行调整和变革的基础。许多医药企业多年打拼，营销老板对业务线建设关爱有加，而将营销总部定位为销售服务部门，在营销总部建设方面少有建树。随着销售规模扩大，总部需要强化对业务线的管理功能，支撑销售业务发展。总部职能建设上应以专业化建设为核心，将市场、营销管理、营销财务、政府事务等部门建设成为一个有机的营销职能体系。营销总部职能的强化，应考虑业务线发育程度和原有基础，本着“先完善再强化”的原则稳步推进。

业务线设计。业务线建设既要考虑医药企业营销的整体规划，也要考虑自身能力及资源需求。如在业务线分线方式方面，垂直分线和区域分线没有优劣之分，要结合企业的产品资源、人力资源和业务发展状况选择。

业务线裂变。在市场环境变化过程中，注入新品，或进入新领域之后，可以在借鉴原有模式和利用已有资源的基础上，进行快速的模式复制，做分模式、分队伍的裂变，开展业务线的变革和调整，通过新产品、新队伍、新模式、新体系的裂变方式，不断发展和壮大。

强化部门职能和岗位职责。对于营销总部来说，首先明确部门职责和权限，明确总部职能部门与业务线的职责划分。对于业务线来说，重点明晰不同层级之间的工作分工，将销售管理者从具体的销售事务中抽出身来，站在市场布局、客户布局的角度进行系统性、综合性的规划与管理，注重对区域市场的统筹管理能力。

营销管理变革。强化制度流程建设，完善日常管理体系和业务管理体系。营销制度不能照抄照搬，需要与实际营销工作、市场实际情况相结合；工作流程尽量清晰简明，责权对等。在制度流程建设的基础上，完善日常管理体系和业务管理体系，对营销工作既要有结果考核，也要有过程控制，工作结果要形成系统性的汇总报表，尽可能数字化。

强化绩效考核体系。重点强化业务线考核的有效性和导向性，而合理的绩效考核体系构建是基础。若绩效考核体系缺失或不明确，营销体系的运作和营销规划的落实则成水中月、镜中花。考核指标需要根据营销战略规划和年度营销计划进行论证、调整，既要包含销售业绩指标，也要包含市场发展指标，以真正体现价值贡献，做到公平、公正。

二、因势而变

医药企业产品资源很难在短时间内得到质的改变，而营销能将有限资源的作用放大，能快速提高企业的经营质量和经营业绩。营销应以变革实现自身提升，变革一般基于以下四个因素：

第一，营销变革是适应国家政策变化和市场环境变化的必然选择。随着国家政策频出、医改步伐加快，企业外部经营环境发生了很大变化。原有市场发展可能受到限制，而新市场在孕育中破土而出。新政策带来新机遇，新环境提出新要求；企业需要与时俱进，顺应国家政策趋势，应对外部环境变化，变革营销体系甚至营销模式，在变化中不断成长、突破。

第二，营销变革是突破医药行业白热化竞争格局的重要手段。我国医药行业近年来发展迅速，但营销理念陈旧、营销模式单一、营销手段落后，整体市场还处在低水平竞争阶段。医药企业若要脱颖而出，需要主动、系统、稳健地进行营销变革，升级营销模式，提升营销能力，把握市场机遇。若因循守旧，或变革方向不清，则将在困境之中苦苦挣扎。

第三，营销变革是医药企业规模扩张的内在需求。医药企业经过前一个阶段的快速发展，销售规模快速增长，营销组织迅速扩大，原有营销管理手段、管理能力都无法适应新规模、新组织的要求，营销体系、营销管理都面临着升级、变革的内在需求，以适应新的发展阶段。

第四，营销变革为医药企业“尝鲜”提供体系支撑。医药企业突破原有业务领域，推出新产品、进入新市场和新领域，或者老产品拓展新市场、尝试新模式，都需要营销系统做相应的调整和变革，以适应、支撑新产品、新市场和新领域的拓展。

三、以终为始

营销变革若想获得预期效果，还需关注三个方面：

首先，方向是前提。营销变革的方向要清晰、明确。变革方向应源于医药企业的营销战略规划，延续整体的营销战略思想，从全局把握，从顶层设计。若要营销变革得当，营销战略思想要成体系、可执行、可落地：既考虑经营大环境和市场大趋势，也要衡量自身能力和资源积累；既要有明确的营销变革思路与目标，也要有对应的实施路径、变革措施和资源配置。

营销变革不能好高骛远，也不能一蹴而就。变革不可怕，最怕的是没有方向性和目的性，短时间内大幅度变来变去。营销系统的发育、完善和产生预期效果，需要耐心与坚持。整个变革既要考虑系统调整时间，也要考虑内部磨合的时间，只有通过一定时间的磨合才能高效运转起来。

其次，决心是保障。态度要明确，变革要坚决。营销变革是一个系统工程，不能通过某一措施发挥作用；推进过程一定会遇到现实阻力，面临局部阵痛。一些医药企业在变革过程中态度很坚决，出现摇摆，营销体系也会出现问题，政策不通、措施不落，或者浅尝辄止，改革不彻底，推行不到位。这样的变革往往起不到多大的效果，甚至引起营销倒退。所以，坚持到底，才是硬道理；排除万难，才能取得胜利。

最后，落实是关键。营销改革要有执行、有跟踪、有评估。营销变革是一把手工程，营销总经理一定要亲自抓，但是具体落实、跟进需要有专门机构负责：可以考虑设立营销变革领导小组，配置相应的权力与资源；也可以考虑聘请咨询公司等外部机构规划、推进。改革中的具体步骤，需要量化和细化并持续跟踪，避免流于形式。建立营销变革评估机制，通过设立内外部指标，对变革的效果加以分析，根据分析结果调整推进速度或变革方案。

第十二节　集中营销：医药行业变革下的全新模式

孙文辉

2015 年既是招标大年，也将是医药招标的分水岭。岁末年初，湖南、浙江传来重磅消息：新一轮省级医院招标中，药品普遍降价 10% 以上。药品降价的大幕不可避免地被拉开了，传统的“招商、自建高费用处方药推广模式”会逐步走入末路，新型的医药销售模式必然会随着医药大势“新常态”的开启成为新趋势。

一、周期性招标制约传统销售模式

中国医院市场是以省区为区隔的政策性市场，阶段性的招投标政策让医药企业的医院市场开发、维护和上量工作呈现周期性重心转移。

同时，周期性的招投标，使医院市场存在客户签约、市场开发的“窗口期”，这决定了销售过程中人员、资源投入的阶段性集中。在前标期，人力、物力、财力需要在短时间内投入招标省份，实现市场的开发、覆盖；在中标期，以属地人员日常维护为主，投入相对较少；在后标期，以样板医院的突破上量为主，投入相对较大。具体如表4－2所示。

表4－2　“窗口期”阶段性集中人员、资源投入

阶段	前标期	中标期	后标期
时间定义	中标结果出台前3个月	标前1个月至标执行3个月	标执行3个月到下一个标执行
工作重点	集中开发（签约）	集中维护（进院）	集中上量（样板）
人力需求	人力投入高	人力投入低	人力投入中

在传统营销模式下，组织体系通常层级固化、编制固定、组织弹性较小，无法实现短时间的人员调动、资源调动、组织与协同。其结果，要么前期市场开发不足，要么后期人员冗繁。

二、以项目管理为核心的营销创新模式

笔者曾服务于一家成长型医药企业，操盘过处方药销售业务，深深地感受到企业资源局限性与市场开展周期性的矛盾，一直探索着低成本、高效能的解决之道。

如果中小企业囿于传统模式和固化体制，以“阵地战”的方式与大企业进行市场争夺，往往不具备竞争优势，市场份额也无法真正突破；但若以“运动战”的方式将有限资源汇集到局部市场，形成竞争中的局部优势，以招投标为契机有效占有市场份额，不失为市场“逆袭”之道。基于这样的思考，笔者将项目制管理引入医药营销中，在实践中不断摸索，逐步形成了一种新的营销模式：集中营销。

在这样的思想指引下，笔者结合医药行业新形势，将项目制管理引入医药营销中，在实践中不断摸索，逐步形成了一套科学性、系统性、体系化的“集中营销”新模式，并取得了不错的市场效果。在集中营销模式下，笔者尝试将项目制管理与差异性市场策略、阶段性市场开发充分结合：依据市场潜力和成熟度将市场分类管理，制定不同的市场开发策略和项目执行标准；以省区招投标为顺序，通过项目组管理实现内部资源在公司内部的自然流转、弹性配置，达到短时间内市场的集中开发与覆盖；以低成本、高效能、标准化拜访为手段，降低推广上量成本，实现开发客户的集中维护与增量。

无论医药企业原有模式是招商、自建或其他模式，都可以建立与周期性招投标制度相适应的集中营销模式。该模式没有打破原有销售模式，而是在原有模式下，加入项目制管理要素，以软性、科学的管理措施和短时间的资源调动，有效“歼灭”目标市场和目标客户，实现市场的有效覆盖。

三、集中营销模式的管理内核

集中招标模式体现在管理上，就是在现有组织架构和人员结构基础上，引入“**三横四纵**”的柔性、动态项目管理制度，升级原有销售模式，实现对企业营销资源的最大化利用。

“三横”，就是按照区域重要性、市场突破难度和企业资源整合难度，将集中营销项目分成一类、二类、三类进行立项，建立三级项目分级管理体系，实现在营销总部、销售大区和销售省区不同层面对项目的统筹支持与管理。

“四纵”，就是依据集中营销过程中招投标、集中开发、集中上量和集中维护四个阶段，建立相应的项目决策组织和项目执行组织，实现专门化、专业化管理。在公司层面，建立全国项目公共事务委员会、全国项目开发委员会、全国项目上量委员会、全国项目维护委员会等项目决策组织；在省区层面，建立相应的省级公共事务小组、集中开发小组、集中维护小组和集中上量等执行组织，具体如图 4－2 所示。

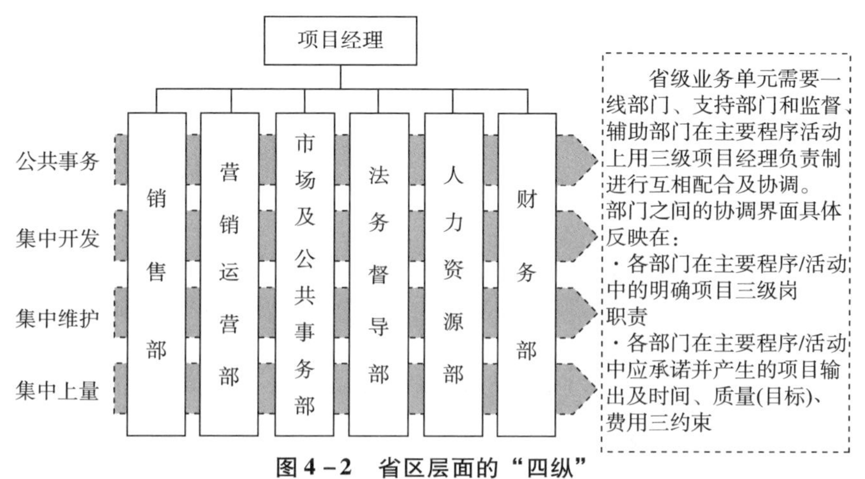

图 4－2 省区层面的“四纵”

通过分级、分阶段制定策略、制度流程，跟进激励考核，落实组织职能、人员编制、工作计划、费用预算和工作排期，实现销区乃至全国市场的销售高速增量，实现营销团队的快速成长，保障集中营销项目的最终落地。

四、集中营销的职能保障

创新的集中式营销模式需要低成本、高效、完整的营销业务链。在营销总部层面，应该明确企业现在和未来的营销战略方向；通过与样板企业及竞争企业对比，评估营销组织功能效率，挖掘适应市场规律的组织体系和人员编制，确定部门职能和岗位标准。具体如图 4－3 所示。

营销总部支持服务部门需要进行职能完善，为省级销区实现销售目标提供强力支持。完善市场和政府事务部，进行招标、物价、医保、质量风险及产品线管理；完善商务部，解决普药或基药的直供、配送问题；完善督导部，解决流程制度执行及市场窜货问题；完善营销人力资源部职能，

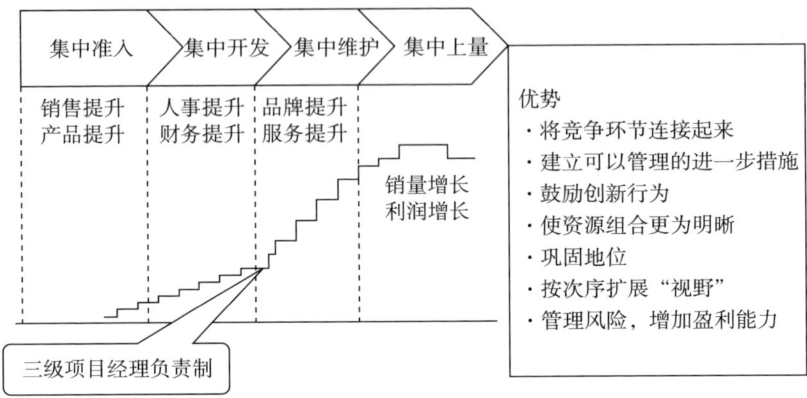

图 4－3 创新的集中式营销模式

解决管理销售及总部支持人员的招聘绩效薪酬问题；完善销售财务部，管理来往票据及资金账务问题。

完善营销职能的同时，应以省级销区服务和管控为重点，梳理关键制度和核心流程，提升营销总部对省级销区的业务对接能力、策略指导能力和销售管控能力；同时，在新制度和新流程下，也可提高省级销区的客户应答效率和客户服务水平，让省级销区真正掌握客户与终端。

五、集中营销的执行保障

在营销总部职能支撑与配合下，营销落地还需要以省级销区为作战单元，以阶段性招投标的省区医院市场为主战场。因而，省级销区的完善程度和战斗力是集中营销实现的关键。

在集中营销模式下，省级销区要建设成相对独立的“省级业务单元”，其不同于传统省区办事处：省级业务单元的销售体系不再隶属于某产品线或业务部，而属于公司层面，将承接公司现在及未来所经营的全部产品，最大限度地实现交叉销售及资源共享。

省级业务单元的建立，意味着营销总部的管理重心下沉到省区，其核心是强化省区管理职能，将销售、市场、公共事务、团队管理等职能在省级单元优化整合，靠文化和收益引导团队，塑造竞争优势。

在总部职能对接方面，可以在组织上为省级业务单元配备市场、公共事务、人事、财务等专业人员，使销售团队更聚焦于自身的核心职能。

在资源调配上，可以实行总量下省区费用控制。同时，对核心省区，可以考虑在现有奖励体系外，采取样板区域特设的激励措施，树立榜样。

实践证明了集中营销在当前环境下的生命力：在笔者尝试操盘的若干医药企业中，多数通过一轮招投标过程，基本可实现70%目标医院覆盖、70%签约医院进院业绩，约有20%医院能成为样板，快速增量。

在传统意义上，营销模式变革更多的是暴风骤雨般的升级，需要壮士断腕般的决心。变革成，则凤凰涅槃；变革败，则一蹶不振。

集中营销模式的关键，是以管理促进组织自进化和模式自优化，是现有营销模式的升级版，不破坏企业内部的原有人文生态。以项目制管理为基础，以营销职能建设为推手，以省级业务单元建设为抓手，以正向激励为保障，可以在目前剧烈变动的营销新业态下，实现快速全覆盖、重点区域增量的突破，成为营销战略落地的重要路径，真正实现医药大变革时代“低成本”的营销升级！

第十三节　医药企业如何起步网络营销

周　亮

众所周知，企业运用网络营销以低成本的方式在塑造企业品牌、推广产品等方面，具有非常明显的优势。当下，广泛运用网络营销已成为市场营销的一个趋势。对于医药企业而言，互联网不仅仅只是一个媒体和工具，已为企业提供了一个低成本接触更多人群、宣传企业和产品的渠道。要做好网络营销，提高竞争优势，是各药企市场部门亟须面对的问题。

不少企业对于网络营销，只关注自身品牌或产品在各种网络广告的形式和曝光次数上，却忽略了最权威、最有说服力且自身独有的平台——企业网站。如今，不管大企业小企业几乎都有了自己的网站，但是真正懂得运用门户网站做网络营销的企业少之又少。很多企业的网站成为摆设，除了建站之初会大量填充一些内容、得到一些关注外，之后就很少再去管理，更谈不上设立专人专岗运营维护了。企业网站一天有多少人访问、访问的人来自何处、是如何知道网站的、哪些内容关注度大，很多企业都不知道，甚至不明白为什么要弄清楚这些。殊不知，企业网站营销正是企业玩转网络营销这把利器的第一步，也是成本最低、信息量最大、宣传效果最好的网络营销方式。

企业如何做好网站营销呢？笔者认为有以下几个方面值得关注：

（1）给网站一个定位、一个特色、一个身份。

网络营销与传统的市场营销有一个共同点，那就是一切都从营销出发，着眼营销、服务营销，所以建站之初就要给网站一个定位、一个特色，即建立营销型网站。由于目前国家的种种政策限制，医药企业并不能直接在网站上销售自己的产品，所以，网站最大的功能就是推广，实现线上推广、线下销售。

网站展示的内容要从消费者需求出发，考虑他们想获取什么信息，把那些领导致辞、企业文化、组织架构等无关紧要的内容统统拿掉，换成产品介绍、使用指南、用户交流、答疑解惑等用户关心的内容，建成一个专门围绕产品开展服务和宣传的网站。在企业网站上，无须考虑成本和篇幅限制，可以采用各种形式软硬广告去宣传产品，且不必担心被谁删除。

国内的武汉健民药业集团股份有限公司已经进行了尝试，并做得非常成功。在推广其小儿补钙主打产品——龙牡壮骨颗粒时，该公司就由传统的面向医生的营销对象转为直面儿童家长，通过网站提供丰富、专业的产品信息，将产品的作用、副作用、价格和性价比等详细情况直接向浏览者公布，并且侧重对产品的评价。这种不同于以往的网站运营手段取得了很好的效果。有数据表明：该网站运营至今，经历 3 次大的改版，但网站定位始终围绕儿童补钙及疾病健康咨询开展服务，如今已经成为国内流量最大、服务最优、用户最多的儿童补钙咨询网站，其日平均独立访客数 12000 人，最多时每天接到 300 多个用户补钙咨询问题，累计健康咨询超过 10 万人，其流量、咨询量等指标已经远远超过企业级门户网站的水平，甚至赶超一些行业站点。通过成功的网站营销模式，两年间，龙牡壮骨颗粒销售净增长 1 多亿元。武汉健民药业集团股份有限公司的营销型网站运营模式取得了重大成功，但所花费用还不及某滴眼露生产企业营销费用的 5% 。

（2）给网站一个合理的结构。

合理的结构包括网站栏目结构和页面布局两大部分。网站栏目设置是一个网站结构的基础，也是网站导航系统的基础，应做到设置合理、层次分明。合理的栏目结构，不仅方便浏览者访问，使网站的第一印象突出，还有利于搜索引擎收录。一般来说，企业网站的一级栏目不应超过 8 个，而栏目层次三级以内比较合适，这样，用户可以在不超过 3 次点击的情况下浏览到该内容页面，过多的栏目数量或者栏目层次会为浏览者带来麻烦，从而使游览者产生厌倦情绪。

网页布局对用户获取信息有直接影响，企业网站不同于大型门户网站，页面内容不宜太繁杂，与网络营销无关的信息尽量不要放置在主要页面。可以将最重要的信息放在首页显著位置，一般来说包括产品信息、企业要闻、通过网站定位需要主推出的其他信息等。

（3）定期给网站注入新鲜的血液。

网站的信息即为一个网站的血液，定期更新网站信息，可以持续保持其活力。不少医药企业，建站一段时间后就很少进行维护，内容更新非常不及时，有的甚至还挂着几年前的新闻。试问访问者看到这样的网站，会怎样去联想这家企业？怎么去信赖这家企业所发布的信息？另外，频繁地更新网站信息，也利于搜索引擎的收录。值得注意的是，网站内容的更新不是各种信息的泛滥、堆砌，而是那些有针对性的、对用户真正有用的东西。这样才创造用户的回头率，使访问企业的网站成为他们的习惯，在用户心目中形成权威。

（4）使网站成为一个互动的平台。

如今的网络世界是一个追求互动的世界，人们渐渐厌倦了那种说教、单一的展示网站，一个人唱独角戏的企业网站已经得不到那些天天都在进步的互联网用户的支持。互动型的网站，不仅可以与用户拉近距离，以低成本进行客户教育与学术推广，还可以从用户的反馈信息里得到对产品和企业服务的需求意见，从而迅速做出调整，防止竞争对手乘虚而入。

（5）给网站一个推力。

在浩瀚的网络海洋中，如何让客户访问到企业的网站，是网站营销环节中最丰富、最需要创意的一个步骤。除了采用众所周知的SEO对网站进行优化外，使用主流搜索引擎的关键词服务是一个不错的选择，特别是在网站建立之初，需要尽快打开知名度的阶段。

使用关键词竞价排名，让客户能第一时间访问到网站，结合前期做好的基础工作，能迅速积累一批忠实用户。另外，结合时下流行的“新媒体”，如微博、博客等开放平台，既能使企业形象和产品尽快进入人们的视野，制造口碑，又能给网站带来不错的流量。最后，线下的活动和各种创意，也有助于网站的传播，如在产品包装醒目位置显示网站域名、举办药品知识普及活动时主动推广网站等。

目前，国内医药企业能够做到以上内容的还不多，但他们的学习能力非常强，网站营销意识已经渐渐深入人心。很多医药企业开始主动对企业网站进行调整，并形成了自己独特的风格，给人耳目一新的感觉。网络时代带给人们最重要的改变就是，沟通与互动变得无处不在。而消费者在做出选择药品决定时，正越来越多地依赖来自网络上的朋友甚至是陌生人的建议。这种分享与交流的特点，也决定了网络传播并不仅仅是发布产品信息和企业宣传那么简单，而企业的网站营销正是这网络营销长征之路的第一步。

第五章
兵无常势：各种品类的不同打法

第一节　处方药学术推广：本土药企的误区与突破

段继东

当关系营销遭遇政策的围剿而变得举步维艰时，国内的医药企业纷纷把目光转向了专业化的学术营销模式。但是，习惯了埋地雷、端炮楼和拼刺刀的游击队、县大队和区小队们还沉浸在单兵作战的英雄主义情结中，还不习惯于大兵团协同作战和精细化的战事管理，大部分企业的专业化营销尝试走了样、失了效。

国内企业想做好专业化学术营销，必须走出 5 个误区，做好 4 个升级。

一、学术推广认知的五大误区

误区一：学术推广不能带动销售。

这是医药代表最常说的一句话，也是很多销售总监根深蒂固的看法。那么，外企为何一直在做专业化的学术营销呢？他们就是要给医生一个强有力的处方理由，让医生从内心深处认可产品，认可产品的差异化优势、认可产品带给患者的利益。

当各个企业的代表都在搞关系时，医生处方的选择标准就是产品本身的差异性。一个大医院的医生，经历了 5～11 年（本科－博士）的专业学习，处方时首先想到的是药品的安全性和有效性，没有医生会因为关系而处方有风险的、不可靠的药品，那样会对他自己的职业有不利影响。医生发表文章，在学术上有所发展，也需要讲学术的企业支持。

学术推广对销售的积极作用包括三个方面：

效率高：国家级的 KOL（key opinion leader，关键意见领袖）对某产品的认可和传播，可以影响成千上万的年轻医生，改变他们的处方习惯。

更持久：学术推广能延长产品的生命周期。

降低销售难度：专业化营销模式使医药代表更容易获得信任和尊重，大大降低了公关的难度。

认为学术推广不能带动销售的本质原因是其价值不能进行一对一的直观评价。决策者应该对此有清醒的认识，走出学术无用论的误区。

误区二：专业化学术营销不如直接搞关系来得快。

"还不如把投入市场的钱让我直接送出去呢！"这是销售部的普遍认识。这种认识的本质原因是销售所处的立场不同，看问题的角度不同，销售只对当前的指标负责，只要完成本月、本季度或本年度的指标就能拿奖金，不考虑以后的事情，也不考虑全局的事情。

但是企业家、营销副总不但要为今天负责，还要为明天后天负责，要考虑将如何这个产品做成大品牌，如何与后续产品进行无缝嫁接，如何延长其生命周期，如何以后转为 OTC 品种，如何在没有推广时也能维持大量的自然销售……

直接做关系营销，有推广、有销量，结果是推广停、销售降。专业化的学术营销则不同，市场成熟后没有推广也会自然销售。

误区三：搞学术就是要开学术会议。

许多进行专业化学术推广尝试的国内企业，对这种营销模式缺乏深刻的认识，简单地认为开几场科室会、参加全国会就是搞学术。没有想清楚开会只是形式之一，也没有想清楚开会讲什么、怎么讲、谁来讲、要传递的关键信息（key message）是什么，不清楚支持这些关键信息的证据是什么，医生习惯接受信息的方式是什么，带给医生的利益是什么，除了开会还可以做什么……

这些“为什么”想不清楚，自然也说不明白，产生不了预期的效果。结果是改进不完善、改革不彻底，对专业化推广丧失信心。

误区四：仿制药无法搞学术。

这可能是国内企业最头疼的一个问题。那么仿制药能不能搞学术推广呢？能！

以拜耳公司的“尼莫同”为例。“尼莫同”是治疗蛛网膜下腔出血的经典用药，但当时“尼莫同”已经在中国上市10年，进入了衰退期，市场份额已经被依靠关系营销不断成长的国内仿制品超越。拜耳（中国）公司意欲放弃该产品，但德国总部不同意。企业在对研究进展充分挖掘的基础上进行学术资源整合，提出了进军血管性痴呆市场的成长策略，学术推广非常顺利，销售业绩逐年攀升，从2001年的5000万元增长到2006年的1.2亿元。“尼莫同”重新夺回第一品牌的桂冠。

对于同一类产品，策略的成功与否和它是进口药还是仿制药无关，谁先提出新的理论和概念，谁就理所当然地成为该概念的代表并获得先发优势。仿制品也可以做学术推广，企业高管一定要承认这个事实。

误区五：中药无法搞学术推广。

很多人认为中药的机理因为不能用西医理论解释，所以无法搞学术推广，这是国内医药营销人士的另一个误区。

近20年来国际西医学界最认可的学术理念是循证医学（evidence-based medicine），也就是不看原理、不看推理，就看结果。只要是大规模、多中心、随机双盲试验证实有效的，就是真有效。医学是实践科学，研究的方法在结果和推理两者之间更看重结果。所以，中药完全可以根据循证医学的原则做专业化推广。以岭药业的“通心络”、步长制药的“脑心通”、天士力的“丹参滴丸”，都是中药通过专业化学术推广获得成功的典型案例。

二、专业化学术推广的四个升级

做专业化学术推广仅仅走出以上五个误区还远远不够，还要做高端、做高级、做精细，需要做好以下四个升级。

升级一：理念升级。

理念升级包括化模仿为创新、化浮躁为严谨、化投机为务实、化透支信任为讲道德。

企业在产品研发和推广形式上都要创新，模仿也要进行创新型模仿，这样才有生命力。专业化学术推广是一种严谨和务实的模式，必须扎实地做，做好每一个细节。凭空杜撰理念来透支客户信任的企业不能长久，必须树立建品牌、护品牌的理念，有将企业做成传世经典的远景目标。

企业对业绩的追求不能依靠对单一产品的透支，而应该做好产品生命周期的管理，做好产品线的延伸，做好产品结构的梳理。用金牛产品提供的现金培育明星产品，当金牛产品进入衰退期，变成瘦狗产品时，原来的明星产品又会成长为金牛产品，使企业产品形成“研发一批——推广一批——收获一批——放弃一批”的有序格局，以此来维持稳定的业务成长。

升级二：内涵升级。

专业化学术推广的内容不能只是罗列一些事实，那样不易于医生接受和记忆，必须做到有证据、有提炼、有概念。

通过对医生和消费者的洞察，对竞争产品的分析，找到自己的竞争优势和市场机会，然后对学术证据进行结构化处理，提炼出核心观点和关键信息，在关键信息的基础上概括出新的概念，形成完整的逻辑关系，做出清晰的产品定位，这样才能够打动专业的目标医生。

升级三：形式升级。

学术推广不是仅限于开会，而是进行整合传播，包括专业杂志广告、专业协会和专家公共关系的维护、临床试验的设计实施和推广、继续医学教育、征文活动、公益活动和事件营销、发起或参与政府的慢病防治计划和流行病防治计划、争取临床治疗指南的修订等。

这些传播方式的有效运用不仅能建立品牌形象，对销售的拉动作用也非常显著。杨森制药为治疗足癣的产品度身定制了在医院内免费查足的“护足周”大型公益活动，每年一届坚持至今收到非常显著的推广效果。而有一段时间，为了提升中美史克“肠虫清”因为城市市场萎缩而导致逐年下滑的销售业绩，企业与国家相关部门合作，对全国200个县的中小学校进行寄生虫的普查和治疗，当年销量提升37%，不仅获得了企业效益，也获得了社会效益。

专业化学术推广的形式很多，关键是要遵循专业性、权威性、有效性的原则。

值得一提的是，专业化学术推广和患者教育并不冲突，只要不违反处方药不能做广告的法规就可以。强生新产品Cypher支架上市前，专业市场上支架的竞争已经达到白热化的程度，业内不时有因为激烈竞争而导致的恶性事件被媒体曝光，而Cypher支架的价格又是最贵的，4.6万元人民币一个，是其他品牌的2~4倍。根据这种背景，当时强生Cordis制定了面向患者传播的营销原则，让患者自己选择产品。通过软文、讲座、院内宣传和数据库营销等方式，使Cypher支架上市6个月就成为第一品牌，成为业内第一个做患者教育并大获全胜的经典案例。

升级四：素质升级。

要做好专业化的学术推广，要求营销人员有四方面的能力：医学专业能力、市场掌控能力、传播策划能力和公关能力。目前国内做处方药营销的同道们，大多数还仅仅局限于公关上。建立健全市场部的职能，组建强大的专业化推广团队，建立持续学习和培训机制，借助于专业的第三方服务公司等都是重要而急迫的工作内容。

专业化学术推广模式不是外企的专利，国内企业只要有严谨务实的态度，有立足长远的气度，留住人才，用好人才，走出误区，做好升级，就一定能够做好学术推广。

哪家企业能最快做好准备，就能在越来越规范的市场竞争中赢得先机，就有可能做成基业长青的传世企业。

第二节　处方药巧跨大零售

刘雪涛

医药行业处在一个重大的战略转型、战略升级、新模式建立期，唯有创新和创造性改革才能实现企业的持续发展。处方药企业在恰当的时候可以走一些冷门，从战略上向大健康产品或广阔的零售和第三终端市场转移营销资源，认真分析自身产品资源，挖掘市场机遇，谨慎培养新业务能力，确保每一次探索都有最大化的收益。

一、颠覆传统认知

处方药营销一定要跟着政策走没错，但一定要跟着政策实施的节奏走。当前，医药企业普遍面临政策焦虑。

首先，行业政策频繁出台，但每一个政策都不完整，不同政策之间又相互制约。企业不关心政策，就好比盲人摸象，但若天天研究政策，事事跟着政策走，又必然乱了章法，难以形成企业的核心竞争能力，这就是所谓的“政策性增长”，风险很大。

其次，很多政策处于探索期，各省执行尺度不一，客观上要求制药企业的营销策略一定要有多样性和个性化，必须“一地一策”，不断调整营销策略，这就对企业的策划能力和管理能力提出了巨大挑战。

最后，按照规律，一个政策出台后必将有一部分盲目参与者牺牲。如何既能把握政策节奏缓步推进，又能保证整体业绩的快速增长，是每一个处方药企业必须高度关注的命题。

处方药进军零售市场，对制药企业来说至少有三方面意义。第一，短期为企业建立了新的业务增长点，长期为企业进军零售市场搭建营销平台。第二，在市场和消费者人群中树立品牌，降低了产品销量对医生的依赖，同时也降低了企业业绩对政策的依赖。第三，为处方药产品转换为 OTC、延长产品生命周期奠定基础。默沙东公司曾多次将处方药转化为 OTC，以其旗下抗过敏品牌开瑞坦为例，当处方药氯雷他定转化为 OTC 后，市场表现更为突出。实践证明，如果注重产品、营销策略和队伍建设，以处方药/医院终端为主营业务的制药企业在零售市场照样大有可为。

二、适合零售的处方药

适合转型做终端零售的处方药至少应该具备以下三个特征：

第一，医院终端强势，有一定的患者认知基础。能够在零售和第三终端操作的品种，一定是在医院终端市场耕耘多年，在患者心目中树立了良好认知的产品。若要作为核心推广产品，还要有比较明显的竞争优势和治疗效果。形而上学一点来说，独家产品、专利产品医院销售规模应该在 5 亿元左右，非独家产品的销售额应该在 1 亿元以上才可以考虑做终端市场零售。

第二，大品类，常用药。一般来说，市场需求大、见效快速、使用方便、消费者可以自我判断症状和疗效的品种，或治疗周期长、容易反复发作的常见慢性病产品，比较容易在零售市场取得成功。

区域市场调研表明，居民患病后自我药疗的前四位症状分别是感冒和呼吸道疾病（占 89.6%）、消化道疾病（占 55.7%）、各类疼痛（占 33.9%）和皮肤病（占 17.5%）。南方医药经济研究所数据统计表明，比较适合在 OTC 市场操作的主要品类为感冒类、止咳化痰类、皮肤类、妇科类、胃肠道类、维生素类、补钙类、咽喉类和外用镇痛类。

第三，价格适中，符合零售和第三终端主流消费者需求。根据居民消费水平，做终端零售的处方药产品价格应该在 10～30 元之间，要结合具体的治疗病种。不同病种、不同患者人群，价格接受度不一、敏感度不同。一般来说，价格太低没有市场运作的空间，即使是在零售市场也无法做大；价格太高会自动将消费者人群细分化，市场容量比较小，也很难有大作为。

三、处方药大零售战略

医院销售的处方药能进入药店和第三终端销售，对药店和第三终端及企业都是一件好事，关键在于如何规划和构建企业的营销团队，且处方药和 OTC 销售团队需要密切配合、协同作战，才能同时扩大两个市场的销量，凸显产品影响力。

处方药实现大零售应该做到以下五点：

（1）转变思想。处方药做零售，首先要转变思想。在医院市场，一个优秀的处方药产品经理讲究的是学术建设能力和专家网络资源，而零售市场更看重市场策划、品牌建设和维护、消费者心理和行为把握等能力，传递信息要注重产品的科普性。所以，“双跨”之后，营销目标、营销模式、传播媒介和方法、沟通方式也不一样。零售市场上的产品经理更应该是产品经理和策划经理的统一体，其工作也是专业性和艺术性的统一，根据产品情况制定策略，比如是通过鼓励店员推荐来开发新病人，还是通过店面维护来增强消费者的忠诚度。

市场拉动也不能依靠单一手段，应该线上、线下互动整合推进，既有线上的疾病教育（通过报媒、电视、网站等），扩大市场规模，又有线下的店面活动，如店员培训、店员推荐、药品陈列、产品卖场氛围营造及与医院专家资源联合专业推广等，原则是“先店内，后线上”、“先店员，后消费者”。

（2）定位精准，诉求简单。制药企业总希望产品能有更多适应证，尽可能地扩大适用人群，说明书把能沾边的都写上。但医生很容易理解的适应证描述，到了患者这里可能就如同读天书，所以零售推广一定要定位精准，诉求简单。

零售市场成功很大程度上依赖于消费者沟通的成功，诉求点描述应该注重症状描述的准确化、通俗化和口语化，使消费者容易理解和自我判断。例如，法莫替丁作为处方药使用时，用于治疗胃及十二指肠溃疡、应激性溃疡、急性胃黏膜出血，作为 OTC 产品则强调其解除胃酸过多（烧心）症状，宣传上应该循序渐进、逐步深入。

比如，吗丁啉从上市初期的止吐，到消化不良（上腹饱胀、餐后不适、腹胀、食欲不振），再到胃动力概念（胃胀、胃堵、消化不良）；从“消化不良，找吗丁啉帮忙”到“针对胃动力、帮助胃健康”，正是其实现从 0 到 5 亿元规模的成功过程。当然，处方药在没有转化成 OTC 产品之前，不能在大众媒体做广告，但系统的策略化宣传推广是必要的。

（3）产品组合，打造合适的产品线。做零售的药品除了要保证优质优价、价格适中符合零售和第三终端消费需求外，还必须以产品群作战。

与处方药一个产品拉起一支队伍的做法完全不同，零售产品一般价格空间比较有限，一两个产品根本支撑不了一支队伍的生存，哪怕是在终端招商也必须打造一个产品群。根据修正、仁和、葵花药业的实战操作情况，这个产品群的产品数量应该有 30 ~ 50 个（当然，外企也有 3 ~ 5 个产品就能支撑一支队伍的现象）。同时，产品线规划还要注意将高毛利和低毛利产品有效组合，产品线梯次化、治疗手段组合化搭配。推广时，要以某一个或几个高毛利产品为核心，带动一部分产品进行组合推广和销售。

（4）重新组建专业的销售队伍。任何组织都有惯性，因为相互利益冲突、渠道冲突和观念认识上的不同，加上营销策略与技巧不同，要从原有的处方药销售组织中派生出 OTC 销售队伍非常困难。因此，以处方药市场为主的制药企业在制定好 OTC 市场开发策略后，还要进行必要的组织变革，最好的办法是重新选择专业的 OTC 操盘手，组建一支 OTC 营销队伍。

毛泽东说："政治路线确定之后，干部就是决定的因素。"俗话说："用兵先选帅。"要建设一支能征善战的销售队伍，选好带兵的将帅是首要解决的问题。然后，确定市场战略和策略后，专业、敬业、高效的执行队伍就是决定因素。

一定数量的 OTC 终端队伍，对产品在终端市场的覆盖、陈列、促销、终端培训乃至最后的纯销上量至关重要。他们与医院销售代表有很大区别：通常一个 OTC 代表要管理 60 ~ 120 家左右的药店，进行分级分类拜访和管理，为此 OTC 产品可能需要三五百人乃至过千人的队伍来支撑。

（5）建设专业的市场推广队伍。与处方药销售要做学术推广一样，制药企业做药品终端零售最好一开始就建立自己的市场推广队伍，对销售人员和店员进行专业培训，对患者进行知识普及，提高产品竞争力。

相对医院市场，做零售市场的销售人员文化水平和个人能力较低，需要专业培训和指导，但这类队伍的优点也很突出，勤劳、忠诚、执行力特别强。

零售终端市场推广部的核心工作包括区域市场管理培训、产品知识培训、促销活动策划与推广。首先，应该具备培训销售人员功能。有专业的方案和人员进行市场开发、管理培训，培养销售人员，使之有良好的市场思维，掌握区域市场作业流程，如产品竞争态势、市场网络现状、公司营销计划、促销方案等。其次，应该具备策划市场活动和教授专业产品知识功能，通过各种活动和策略，让销售人员、店员甚至消费者了解、认知、认可公司的产品。

未来5~10年，医药大零售市场孕育着巨大的转型升级和增长机会。首先，随着人均消费水平不断升高，人口红利的进一步释放，以及自我药疗观念的提升，OTC市场将继续扩容；其次，由于新版基药大幅扩容，医药电子商务上线等对病人造成的分流，必将改变现有零售市场的用药结构，迫使OTC企业进行营销转型。现有零售市场的大品种能否打破天花板，再上一个台阶，是对OTC企业的巨大考验。而对处方药进军大零售市场这一战略而言，这无疑是一次不可多得的良机。

第三节　抓住处方药电商发展的机遇

顾　威

当“互联网思维”如同病毒一样四处招摇，渗入各行各业的管理、运营，甚至战略布局的时候，医药行业也将跟着魔鬼的步伐跟上行业大势。相对于其他行业，医药行业的电商化并不落后，早在1998年的时候，上海就有首家网上药店运营，但由于当时并没有相关的医药行业政策规范而被叫停。此后的十多年里，医药电商就在各种蜗行摸索中不断推进，即使 B2C 发展受限，B2B 和 G2B（指政府与企业之间的电子政务）发展速度却非常快。比如明日黄花的海虹模式，时下热门的广东模式，根本上也是一种电商。时至今日，在政府市场化进程的大背景下，医药电商，尤其是 B2C 最终实现了原则上的突破。2014 年国家食品药品监督管理总局发布的《互联网食品药品经营监督管理办法（征求意见稿）》提出将解禁处方药网上销售，允许第三方物流配送药品，非连锁药店企业或可网上售药。

一石激起千层浪，医药电商水涨船高，从原来的“鸡肋”秒变“金蛋”，这年头医药企业不搞点电商，都会觉得落伍。笔者不评价电商大势，只就处方药电商开售这一政策，为医药企业支些招。

从根本上看，制约医药 B2C 发展的关键因素不仅限于政策层面，如患者购药习惯、实体药店布局、医药电商自身服务能力等都将影响业态发展。

比如医药电商的物流瓶颈，一方面，仓储作业环节存在药品的拆零业务瓶颈，要管理仓储分拣流程，对非药品包装、存储和配送也有要求；另一方面，自有配送人员不专业、配送成本高、逆物流无法解决等。

比如实体药店在布局上，有 42 万家药店遍布全国各地，密度极高，购药便利，制约着医药电商发展。最根本的，还包括消费者购药习惯无法突破，网购人群中 40 岁以上仅占 10%，而 40 岁以上人群是药品的主要消费群体。网民最关心的药品类型依次为：妇科疾病、美容整形、内科、养生保健、男科疾病，与线下药品消费类型有很大不同。

鉴于此，笔者认为医药企业可以从长短期综合考虑，抓住处方药电商开闸的政策机会。短期策略要考虑：

（1）拓宽医药营销渠道，如果企业拥有妇科疾病、美容整形、内科、养生保健、男科疾病等品类产品，将会有销售带动。

（2）新媒体作为一种品牌推广载体，使处方药企业获得一个“变相”的广告渠道，企业通过网络载体可以达到营销的效果。

（3）大数据营销，借助大数据分析消费者购买习惯，精准定位目标人群，企业实现品类关联组合。

长期规划要考虑：

（1）商业渠道重构，渠道重心从医院转向社会药店，核心在医院院前店的布局，原来缺乏 OTC 商业终端的企业，调整周期较长。

（2）利益链重塑，借助处方药电子平台实现医药剥离，从“医院统方”转变为“药店统方”，多出一笔给药店的费用。对此，企业需要重新重视零售药店的市场地位，在业务板块上给予适度关注。

第四节　OTC 营销十字关口

郭东军

中国医药 OTC 市场从 2008 年 1000 多亿元上升到 2012 年的 2300 多亿元，占整个医药市场的 21.4%。虽然在整个医药市场中所占比例不是很大，却是整个产业链条中不可或缺的一环，是药品直接与消费者面对面对接的部分。受医改影响，医药市场近年来出现了一些新动向，市场发展前景不明，OTC 营销模式开始发生明显改变。

一、OTC 品牌产品首当其冲

自实施新医改，推进基药政策、全民医保以来，作为 OTC 主战场的医药零售企业并没有享受到医改的优惠政策。基药零差率制度对医药零售业影响最大，使顾客更多地流向了社区卫生服务中心。而社区卫生服务中心的产品多为慢性病、小病和常见病用药，这些都与零售药店所销售的产品重叠，零差率销售使零售药店甚至平价大卖场的优势尽失。有数据表明，在药品实行零差率的地区，零售药店的客流量减少了40%～60%。

除政策不利影响以外，近些年人工成本、房屋租金相继上涨，整个零售终端的各项成本大幅上升。据不完全统计，这些成本已经占据销售额的30%。企业如果没有给药店足够的利润空间，其药品一定不会“享受”到店员的推荐，这样的情况受打击最大的莫过于OTC的品牌产品。

二、连锁整合尚待加强

过去10年，中国的零售药店产业经历了快速扩张，药店数量从15万家左右上升到45.5万家。目前我国零售药店整体上已处于过度竞争的状态，同时在本轮医改中，零售药店渠道成为药品销售终端中增速最慢的部分。

目前我国的零售药店行业还处于集中度较低的状态，连锁门店占30%左右，大部分连锁药店只能在1～2个省份占有较高的市场份额。零售药店面临进一步整合，短期来看国内的连锁药店很难通过提供医疗服务获利，大部分零售药店不得不选择改变商业模式。对于区域性中小型连锁药店来说，巩固在区域内的优势地位和打造核心经营管理团队是其提升整体竞争力的关键举措。

连锁企业通过几年的扩张，现在所面临的任务更多是一种资源整合，既追求规模，也追求效益。近两年，我国最大的直营连锁零售药店海王星辰连锁药店有限公司一直坚持调整收缩与扩张发展并进的道路，2012年新开56家新店，关闭了319家业绩改善无望的门店，门店数量少了，竞争力与盈利能力反而更强了，同店销售增长率大幅提升，2012 年门店销售同比增长 9.1%。目前海王星辰的门店数达到 2094 家。

连锁企业也在向专业化、大型化、全国化的方向发展。2012 年营业额超过 40 亿元的连锁企业已达到了 3 家。去年下半年，成都迪康药业公开转让旗下连锁企业及 18 家门店推出医药零售业，就是为使企业本身管理更加专业化。

三、传统销售模式日渐式微

由海虹星辰所创设的“高毛首推 + 终端拦截”模式虽然提高了连锁企业的利润率，却使医药企业的品牌产品遭受重创，也使得“品牌宣传 + 渠道分销”这一 OTC 最显著的运作模式走到了尽头。在新的形势下，医药企业及连锁企业都在纷纷寻找新的模式以期有所突破。例如哈药三精制药突破原有的“品牌宣传 + 渠道分销”的模式，组建 OTC 队伍，积极向终端延伸。

“高毛首推 + 终端拦截”这一模式吸收的产品大都是一些中小企业的产品，使高毛率由 50% 提高到 70%，但是难以保证产品的质量。再加上连锁企业的高毛率产品越聚越多，导致“高毛首推”失去了其应有的意义。

L 连锁企业的“高毛首推”产品“A 类 + B 类”达到 3600 种，柜台上随处可见“高毛首推”，到处是终端拦截，反而使消费者反感，产品销售不畅。“高毛首推 + 终端拦截”模式只是昙花一现。现在连锁企业开始了既追求品牌又追求利润率的转型，产品开始向二线品牌回归。医药企业对连锁药店的管理由跑店、理货、促销发展到今天的客流量、客单量和会员式管理。

模式创新是摆在医药企业和连锁药店面前一个共同的课题。通过对前两个 OTC 主流模式的分析，我们在给 Z 企业做咨询的过程中，提出了“临床拉动+网络推广+柜台实销”的OTC营销新模式，受到企业和连锁药店欢迎。

四、新媒体营销蓬勃开展

前几年相关主管部门和协会曾组织多家非处方药生产企业开会讨论《药品广告审查办法》（修订稿），准备施行禁止OTC药品做广告宣传的禁令，最后因参会企业的强烈反对，并没有推行下去。但OTC企业也同样遭受打击，广告投入相对减少，并开始寻求一种新的企业宣传和品牌宣传形式。

近些年广告投入增幅很大，使企业难以承受，并且广告投入与销售规模不成比例。重点做广告宣传的企业哈药集团，2012年其营业利润下滑44%。2013年一季度，哈药集团旗下主要OTC产品生产销售企业三精制药盈利仅为718.02万元，同比下降93.84%，也可以说单纯依靠“品牌宣传+渠道分销”的模式已不再奏效了。

于是，有企业充分利用互联网等新媒体进行品牌宣传和实际销售，像武汉健民药业集团股份有限公司的龙牡壮骨冲剂，企业在其网站上着力宣传，同时形成了产品销售的前线；马应龙药业集团有限公司通过网上病毒式传播，以最小的代价使产品的影响力迅速扩大。最近许多企业又开始通过微博、微信、二维码进行宣传，在新媒体上试水。

2013年9月，云南鸿翔一心堂药业在其新浪官方微博举行为期8天的“全国门店突破2300家，千万厚礼国庆倾情巨献，转发微博@3位好友，就可以参与抽幸运大奖”活动，操作如此简单、奖品如此超值的微博营销活动吸引了网友支持，而线下的抽奖活动也为一心堂的国庆营销活动带来一波又一波的人气。

天猫和京东商城大型平台电商的介入，进一步推动了医药B2C交易规模及用户需求的增长。目前平台型 B2C 销售贡献率大于自主型 B2C，达到 55%。许多著名的医药连锁企业都对此跃跃欲试，诞生了一些零售市场的黑马。

例如广州百济新特药连锁公司主要销售额来自线上，2012 年百济新特药连锁公司网上药店营业额已达到 2 多亿元，可以说是目前医药电商中为数不多的盈利企业。目前其线上销售有两个平台，一是天猫医药馆，二是“百济健康商城”。营销模式已由传统门店销售的单一模式向 O2O（门店 + 网店）、B2C、D2P 多元模式转变；公司的网络宣传有专门团队负责，有自己的微博、微信，包括每个病种的微博。观其发展态势，广州百济新特药连锁公司因定位精准，正逐步占领国内重大慢性病用药市场。如果说专业化定位是广州百济新特药连锁公司迅速发展的根本，那么对专业的专注则是其固本之方。

第五节　整合推广，塑造网络时代 OTC 大品牌

顾　威

近几年，鲜有 OTC 大品牌诞生，这已经成了业界公认的事实。最早的 OTC 大品牌都是由“广告密集轰炸 + 地面终端推进”实现的。那是一个 OTC 企业每每提及都热血沸腾的年代，广告费用不多、消费者教育简单、药店终端还没有分级……简单的市场环境下，先发者优势明显，回报率非常高。时至今日，仍然影响着消费者的购买行为。但是，那个时代已经一去不返了，以往 3000 万元的广告费，可以实现 2 亿元的回报，而现在 2 亿元的广告费投进去，7000 万元的回报都不一定能实现。OTC 新秀们在产品还没有收益的情况下，不愿意花大力气做消费者教育；老牌 OTC 产品的老

消费人群不需要教育，新的消费人群不知道该怎么教育。是媒体胃口太大，消费者口味太刁？还是终端利益驱动红了眼？我们只能说，市场环境真的变了，而医药企业远没有跟上市场的脚步。

网络时代下，多个行业已经走在前面，即使是再保守的医药企业，也会在网络中寻找突破，但限于药品特性、政策制度的不明朗、网络技术的陌生等因素，还处于探索阶段。笔者根据项目经验和其他行业成功案例分析认为，成功的网络推广应该是一个“线上线下联动的闭环传播”，需要实现“人群精准、传播精准、互动聚焦、活动聚焦”。与以往传统媒体广告投放不同，新媒体定向投放功能更强大，也就是能够尽量将信息传递给产品的直接消费者，这也是网络推广的魅力所在。

一个有成效的网络推广体系需要“三大平台”做支撑：

启动平台。狭义的启动平台指网络推广赖以生存的门户支撑，包括官网、微媒体、搜索引擎检索、网络广告等。广义的启动平台是指运作网络推广的所有信息流，包括网络环境的日常维护和网络推广的专项突破口，用以启动专项推广项目。

互动平台。相对于以往的单向传播时代，目前的网络环境已经进化到互动时代，消费者不仅是信息的接受者，更是信息的传播者，甚至是制造者。在这样的前提下，互动媒体，包括微信、微博成为一个重要平台。一个成功的互动平台，会使消费者感觉自己不是在和企业沟通，而是在与人交流。

联动平台。推广的最终目的是增加产品销量，如何将推广转化为实销，是联动平台承担的主要工作。与其说是平台，不如说是一种链接和转化，联动平台实际上就是提供“消费者方便购买”的渠道，操作越简单、优惠越有吸引力、越快得到产品，这一平台越成功。医药企业需要与线上医药电商建立关系，将网络购物作为一个消费出口，同时创新与线下药店的合作形式，比如二维码优惠购买、消费买赠等。

三大平台互为支持、互为带动。大部分医药企业都单纯的只做一个方面的工作，比较零散和破碎，没有整合运作，官网是官网，微博是微博，微信不更新，忽略销售转化路径等，导致网络推广一直差强人意。另外，三大平台除了提供基础支持作用外，还可以启动专项推广项目，依靠线上推广与线下活动有机互动，连续不断地制造各种话题，增加曝光率。

笔者以一个突击推广项目为例，简要介绍一下这种联动关系。

我们在启动平台上制造一个话题，比如一部微电影。在互动平台上为微电影造势，做软文植入、垂直网站专项讨论、有奖转发和粉丝互动，增加微电影的播放量，实现传播闭环。在联动平台上，做前两个平台的购买链接、优惠购买或视频前贴片。线上推广形成格局后，启动线下活动。联合媒体、公益基金、官方或民间协会等，开展大型科普和义诊活动，并将活动报道进行软文植入，为线上推广继续制造话题提供素材。医药企业网络推广，核心关键就在于整合性和一体化。后网络时代环境下，医药企业推广会出现更多更丰富的形态，这点非常值得期待。

第六节　浅谈 OTC 药企非品牌产品在连锁药店开发及上量的策略制定

黄　新

由于 OTC 药品市场近年蓬勃发展，许多处方药企业纷纷涌入。但面对已有一定规模和较成熟的市场化竞争规则的 OTC 市场，这些由处方药转型为 OTC 的药企，略显力不从心。或连锁药店供货价被强势连锁品牌挤压空间，或好产品被拒在连锁门外，或千方百计进入首推但被店员冷落轻视，或热闹促销后门庭冷落。如何与连锁药店上下共赢，如何让非品牌的好产品在连锁门店不断上量，成为许多 OTC 企业亟待解决的问题。“知己知彼，百战不殆”，唯有把握连锁脉络，在连锁药店开发和上量的“四个阶段”，对症下药，连锁药店上量指日可待。

一、评估阶段：全面评估，锁定目标，区别对待，定位提炼

连锁药店终端可分为全国性连锁药店和区域性连锁药店，可根据口碑、品牌、美誉度和地区覆盖情况，对目标地区的连锁药店做一次盘点梳理和划分，考察其规模、利润及近年经营和增长情况，尤其要注意连锁的直营店及加盟店的性质及比例。经过分析，可筛选出目标连锁，并按照一定标准将其分级分类。口碑好、品牌强、美誉度高、地区覆盖广、经营增长良好、直营店多的连锁药店，实力强，产品示范效应明显，自然成为第一梯队的候选目标。

因连锁药店实力、规模及谈判能力不同，可依据不同类型连锁药店采用不同销售模式：全国性大型连锁药店或区域强势连锁药店因其实力强、规模大、覆盖范围广、有较强的谈判能力，可选择企业连锁直供的销售模式；区域性连锁药店或中小连锁药店，视企业的实际情况选择区域精细化代理销售模式。

好产品是企业撬动连锁药店市场的杠杆。随着连锁市场对品类管理的日益重视，有特色、疗效好、包装精、价格优的产品往往受到连锁药店和消费者的欢迎。因此在进军 OTC 市场之前，企业应深入进行市场调研，通过多种途径搜集同类竞品在目标连锁药店的陈列摆设、销售情况、销售模式、宣传卖点、店员认知等信息，并以此完善产品卖点、产品定位，提炼产品区隔，设计销售模式及价格链，做好进入 OTC 市场前的充分准备。所谓同类竞品有以下三个筛选标准：①成分、剂型或疗效相似的产品；②相

近价格区间的产品；③相似销售模式的产品。

二、开发阶段：拜访谈判，侧重了解，不同策略，个性上量

此阶段进入拜访谈判的实质阶段。在与连锁药店的拜访谈判中，应侧重了解以下要点：①连锁药店的折扣率要求和推荐级别的关系；②推荐级别与门店任务的要求和考核方式；③直营店与加盟店的管理差异，以及连锁药店总部对门店的管理能力；④连锁药店内部管理执行力情况；⑤连锁药店回款速度及回款方式；⑥连锁药店的品类管理理念及现有同类直接或间接竞品的相关信息（折扣率、推荐级别、价格体系、促销形式、销售模式、队伍维护）；⑦不同地区或不同门店的采购方法和管理情况（全国不同区域的门店，同一区域不同类型门店等）；⑧较好的上量方法。

不同类型的连锁，其政策的制定、执行、内部管理能力有较大差别，需要在拜访谈判中详细了解、仔细辨别，针对其特点，制定进入连锁药店的策略及进入后的销售政策，探寻制定针对连锁药店的个性化上量方案和策略。

三、培训阶段：有效培训，加强认知，多样活动，打造样板

连锁门店的店长和店员是产品销售的终端实现者和强有力的产品销售推动者，因而他们能够清楚地了解产品的特点、卖点和与竞品的区隔信息，是产品上量的关键前提。忽视这一环节是许多OTC企业产品虽进入连锁药店但无法上量的重要原因。

OTC企业需清楚了解不同连锁药店内部培训方式和在实际中有效的培训方法，结合企业的培训资源，做到有的放矢，并通过组织多样的促销活动，提高店长和店员对产品的认知，如销售竞赛等。OTC企业要对销售人员提出要求，加强客情维护，解决销售中出现的实际问题，创新促销活

动。在产品销售一段时间后，筛选重点店，着力将其打造成为样板店，增强对其他门店的带动和示范作用。

四、提升阶段：会员教育，促销活动，多种宣传，树立品牌

广大会员是连锁药店的宝贵资源。OTC 企业可结合连锁药店组织的会员活动的实际情况，参与连锁药店的会员促销活动，结合产品特点，适时举办消费者教育或体验活动，充分利用连锁内部会员期刊或其他形式的宣传刊物，借助新媒体（如微信、微博等）扩大企业及产品的宣传，不断树立企业在消费者心中的品牌形象，最终实现强有力的终端拉动。

第七节 普药常态化，终端直供模式焕发新春

程建军

近年零售市场整体增速低于行业平均水平，在低位徘徊。而由于房租和人工成本不断攀升，零售药店压力大增，同时面对同业的恶性竞争，药店的盈利能力日趋下降。此时，终端直供模式因正好满足药店的盈利要求，而获得强大的生命力。

行业产品资源过剩是支撑终端直供快速发展的大背景。采用终端直供模式能够成功的企业，无不拥有丰富的产品资源，例如有的企业拥有几百甚至上千品种。

终端直供是普药营销模式转型、打造品牌 OTC 大产品的可选路径之一。眼下鲜有品牌 OTC 产品成功，这与各个领域基本稳定的竞争格局有关，更与整个 OTC 环境密切相关，也与品牌 OTC 无法切合终端关键需求有关。企业通过终端直供形成较好的市场覆盖、终端认知、消费者群体，

将有助于打造品牌 OTC 大产品，因为它避免了品牌 OTC 传统模式无法有效解决的终端拦截问题。

一、驱动终端直供的四大要素

第一，产品资源是终端直供模式的根本驱动力力量，并且是符合零售市场大类趋势的产品资源。我们看到典型的企业成功路径，就是用产品建队伍，进而产品与队伍资源组合裂变的过程。无论是修正药业的 10 个事业部，还是仁和药业的 3 支队伍，无不如此。

第二，利益驱动。终端直供发力的核心是形成以逐层承包制为核心的利益链。通过设计满足省地县总需求的终端利益链，将各环节绑在一条共同利益链上。由于是逐层承包，客观上让各个链条节点既有很强的动力，也有很大的压力。

第三，人海战术。终端直供是金字塔式的团队结构。因此，一支队伍的起步要关注地县级市场的覆盖，成熟之后甚至关注乡镇级市场的覆盖。可以说，每一个县级经理就是一个销售终端，然后乘以单产就是可能的销售额。

第四，品牌加分。品牌是对终端的承诺，是产品溢价的前提，能降低终端拦截的难度。但目前利用品牌渗透的企业很多，所以，为了能够获得持续利益，终端对厂家的选择也会非常慎重。

二、如何做好终端直供

终端直供模式的核心看似是利益链，但实践证明，光有利益是不够的。那么，做好这种模式还需要什么？

（一）系统特色、贴近市场的产品规划

产品是任何模式的根本，终端直供也不例外。模式的初级阶段就是有

什么产品卖什么产品，完全由市场自然选择产品。而要实现业绩稳定持续的发展，在完成市场基本覆盖之后，必须围绕产品做文章。

首先，进行“1+N”的产品规划。每条产品线必须有领导产品、重点产品、一般产品，从而实现大产品带动、多产品联动的局面。无论是终端进场还是终端推广都可以满足需求，并且可以实现潜力大产品乃至大品牌的打造。

其次，进行冲量产品、高毛产品的规划。要养活队伍，做大销量，必须要有做量的品种，但无论是对公司还是对业务员而言，必须有赚钱的产品。二者不可偏废，同样重要。

最后，进行公司重点产品、区域重点产品的规划。公司重点产品就是公司期望未来做大的产品，对于未来成长要有详细的规划和要求，而区域重点产品是根据各地历史沉淀、区域特征、竞争格局进行区域重点打造的产品。

（二）务实直白、简单直接的产品策划

常规的产品策划无不是做N多的分析，然后得出一些高大上的产品定位和产品卖点。但是，高大上的东西并不适合这种模式。因为，我们面对的销售团队和终端客户都需要更加简洁的东西。简洁就是直达人心，一句话、易记易传播。一定不要阳春白雪，简洁深刻最重要。

（三）公司—省区—地区多级联动的市场推广体系

模式领先的公司，除了历史积淀、产品众多、品牌深厚之外，最核心的就是推广体系健全。公司面向不同类型终端有系统的推广模式，对不同产品有完善的推广策略和措施。公司形成几个可推广的复制套路，区域也要有自己特色的策略和打法。公司的市场部要更多发挥统筹、协调的作用，进行模式总结、复制、推广。方法无穷无尽，关键看是否适合自己。“自上而下出思路，自下而上想办法”是理想的状态。

（四）强势、到位的监察、法务体系

这个模式是靠利益串联，如果出现状况怎么办？这就需要强势的监察、法务体系，保障市场秩序稳定。曾经有的公司提出“修理烂苹果、打击白眼狼”，怎么修、怎么打，无不是靠这个体系去实现和保障。

因此，光有利益是不够的。没有统筹，没有市场功能的健全和有效发挥，大家就是利益的陀螺，跟着利益转。而如果要稳定持续地发展，必须要有市场、监察、法务体系的支持和保障。

三、打造创业型的团队

终端直供模式的成功需要打造创业型团队。创业型团队必须具备具有领军能力的灵魂人物、一班具有发展想法的骨干力量和想干事、能干事、熬得住的团员。

俗话说：“兵熊熊一个，将熊熊一窝。”做终端直供尤其如此。在组建团队初创期，必须说到位、跟到位、做到位。因此，自上而下，从搭建省级平台到地级平台到县级平台，逐层下沉展开。

模式初创期，通常会遇到团队构建的问题，尤其是遇到地区团队和县级团队从哪里来的问题。

通常县级团队成员会有两种来源：

一是子弟兵。所谓的子弟兵，就是地区总经理带着自己的亲戚、朋友承包一个地区，进行县级市场的覆盖和运作。他们有亲缘关系，对于前期的投入和回报看的较为平淡，而这种团队业绩增长往往较慢，但是稳定性和成长性较好。

二是居间人。所谓居间人，就是通过密集招商的方式，寻找掌控这块终端资源的自然人，让其成为自己的县级总经理，其本质就是代理商。这种团队通常业绩增长较快，但是中期发展会遇到瓶颈。主要瓶颈就是掌控

力较弱，很容易形成小富即安的状况，或者因不重视、不上心带来的增长乏力。

这些人在哪里？子弟兵自然不用说了，需要地级总经理带着财富故事和创业想法，去号召自己的团队。而第二种的来源就多种多样，最根本的发展理念，就是他们在哪里出现，就到哪里寻找。

最初，就是终端蹲守的方式，或者通过终端老板的介绍，寻找这些人；或者通过过票（专属名词）的商业去寻找这些人。通过引荐、接触，进入当地的圈子，再从中识别合适的人作为候选县级总经理。还有，很多其他的方法，需要自己去摸索和探讨。

当然，构建团队，仅仅完成了体系构建的第一步。通常企业都有很强的意愿希望打造忠诚于自己的企业团队，而这较为困难。但是，也不是不可为。

形成自己的团队，通常依靠引导、指导、施压的方式实现。

（1）通过政策引导，包括建立样板市场、政策倾斜、授信支持等，吸引县级总经理倾向于卖自己的产品，让其将精力更多放在自己的产品上。

（2）通过策略指导，给予其市场布局、团队管理、终端管理、促销策划方面的指导，从最初的生意关系成为伙伴关系，进而逐步将其培养为专职的团队。

（3）通过任务施压，也就是不断施加拿货压力，挤占县级总经理的资金，使其无法兼顾其他的产品。其实，本质上就是通过财富故事、利益做大、业绩压力给予综合捆绑，直到其成为自己产品的专职销售团队。

四、终端直供未来方向

终端直供发展壮大的核心是产品、人力叠加，对产品资源的持续补充、人力资源的持续配置要求甚高。但是当产品资源、人力资源枯竭的时候，如果没有了产品黏合剂，终端直供模式的持续性将会受到挑战。

药品流通行业将会进行深度变革，规范化、透明化将是趋势。流通企业的整合将会使原有企业可以依附的平台越加稀缺，可能动摇模式基础，更要考虑的是随着电商等新兴业态的壮大，连锁药店的持续壮大，其赖以生存的终端基础可能发生巨变。

第八节　“半普药”——爆破普药企业三低困境

章建楠

普药红海竞争激烈，此消彼长，因而成长和突破成为普药企业的主旋律。但成长的烦恼不断却又挥之不去，难到只能随波逐流？在这里，我们尝试剖析普药企业常见困境，浅议突破成长瓶颈的路径。

一、从三低困境到普药突破

每到普药企业，最常听的三句话是：“事情做了，但没有效果。”“钱花了，但没有回报。”“指标订了，但很难完成。”这种反应是普遍现象，既反映了行业的真实情况，也反映了企业低效、低利、低增长的成长困境。

所谓低效，包含两方面的意义：

（1）由于没有明确的销售方向，没有创新的销售手段，造成销售费用投入产出比不高，市场份额没有扩张，销售规模没有上去。

（2）销售能力不足，销售模式落后，虽拥有众多的产品资源，却没有充分释放产品潜力。

所谓低利，体现在三个方面：

（1）生产成本控制能力低，没有做到在保障质量的前提下，成本最低、最优。

（2）产品结构不合理导致利润很低，大量低/负毛利率的普药产品占了主要的销售额，高毛利率的普药产品没有做出规模，有些可作为高毛利率销售的普药产品却以低毛利率销售。

（3）费用管理能力非常弱，销售费用居高不下，造成大量销售费用的浪费。

所谓低增长，就是缺乏增长的驱动力，没有增长后劲，可以从三个角度来理解：

（1）销售模式很传统，是简单的渠道模式、价格销售；市场管控意识缺位，市场管控能力缺失。

（2）很多企业虽然借鉴了销售新模式，如二级分销、深度分销，但对新模式的本质认识不深，对新模式的关键节点没有把握，所以没有真正提升销售。

（3）在销售理念上，销售人员不愿意改变，不接受新思想，变革意识比较低，学习意识比较差，思维还停留在业务员的层面，没有转变到市场管理者的层面。

面对困境，总有企业抱怨："新产品不给力，找不到突破点。"据笔者观察，大部分普药企业不是没有好产品、新产品，而是只会吃老产品，吃老市场，不会玩新产品；总是用老眼光看新产品，用老模式做新产品，用老手段玩新产品，造成新产品"早衰"。没有对普药产品线进行全局性思考，只对个别产品的个别点进行思考，就无法取得突破。

普药企业要突破成长怪圈，可以从战略和战术层面思考：

（1）战略层面上，普药企业从长远上来讲要做大的转型，向品牌化、基药化和直供化转变。在这个基础上，持续优化产品结构，围绕产品制定营销策略，提升营销手段。

（2）战术层面上，就现有产品进行产品梳理，优化产品结构，变革销售模式，增加操作手法。战略突破要先以产品结构优化和销售模式变革为基础。中小企业面临现实困难，需要先在战术层面上突破，以现有产品进行突破。

二、没有相同的产品，只有雷同的策略

普药流通模式的核心是费用驱动，关键是对通路和终端的掌控。企业通过费用抢占有限的市场容量，挤占同类竞品的市场份额；通过合理的利益投放，疏通通路和稳定终端，保证市场份额持续增长。所以，我们首先需要梳理产品线，筛选出有毛利空间的、适销对路的产品，找到费用的有效来源，将费用花到关键性的通路节点和针对性的营销活动上面。

对产品进行梳理以后，我们会发现：有一部分普药产品具有较高毛利空间，能够满足商业促销和终端促销的利益链设计要求，我们可将这类推广型产品称为“半普药”；大部分普药产品毛利空间较低，不能做促销设计，这类流通型产品可称为“大普药”。具体如表 5 - 1 所示。

表 5 - 1　药品产品梳理的分类标准

分类	目标市场	毛利空间	生命周期
大普药	非高端医院市场	小于 30%	产品处于成熟或衰退期，无需医生和消费者教育，可以主动处方和自行购买
半普药	非高端医院市场	高于 30%	产品处于成长或成熟期，终端认知相对不足，需要医生教育和消费者教育
新药	高端医院市场（二级以上医院，含县医院）	高于 50%	产品处于导入或成长期，终端认知不足，需要逐层进行医生教育

"半普药"和"大普药"分类是建立在产品力和价格力区别基础之上的：其根本因素在于产品力，即产品的生命周期和产品特性；核心因素在于价格力，即可用于市场操作的毛利空间，这是流通利益链重置的驱动力量。对于处在成长期和成熟前期的"半普药"产品，可以通过进一步的市场推广和医学教育提升产品认可度和销量；对于处在成熟后期和衰退期的"大普药"产品，企业对其进行市场推广的投入产出率很低，往往也没有这样的市场推广费用。普药产品多是自然流通与销售，但"半普药"有较高的毛利空间，可以在一个立体的流通体系中设置商业促销和终端促销，由利益驱动加速药品的流速，成为整个药品流通链条上的黏合剂和加速剂。

三、以"半普药"重塑销售体系

以"半普药"为基础，设计利益链的合理分配，建立普药企业所需要的可控的、立体的二级分销体系，带动整个普药产品线销售业绩的提高。在一定规模"半普药"促销利益的驱动下，通过先人一步的市场策略，在各个通路节点上，以压迫式打法驱逐竞争对手，加速普药产品从普药企业向各级商业流通企业及终端客户顺畅流动；持续通过转变合作、下沉服务工作，形成对终端和终端客户的掌控，形成对市场的掌控，保障企业业绩的增长，实现销售规模和销售利润的双提高。

"半普药"产品的选择不但是根据一定标准进行的筛选产品，更是在产品策略和产品战略层面上的设计与再造。在一个治疗领域或者一个细分市场，树立"半普药"产品龙头地位，并与"大普药"产品形成一个或几个产品组合或销售组合，满足不同层次商业公司的需求；根据产品规划建立产品梯队，通过"半普药"产品的成长与替换，不断驱动整个普药产品线的优化与提升。但很多普药企业经过多年的价格竞争，其大部分产品毛利率不足30%，很难选出合适的“半普药”产品。这种情况下，通过筛选有产品力的产品品种，考虑合理的产品组合，通过产品规格的重新设计、新规格的重新定价，重新获得较高的毛利空间，成为支撑型半普药产品。

立足于眼前，以现有“半普药”突破三低困境，既是战术的选择，也是战略的选择。“半普药”产品选择的实质是产品结构的二次优化，改善了盈利结构，带动了销售模式的变革。企业也由此建立了可控的销售渠道和业务体系，并为潜力品牌产品成长提供通路和路径，为三低困境战略突破建立坚实模式基础和体系基础。

选择半普药，赢在当下。

第九节　外资品牌仿制药营销：新三板斧打造出路

林延君

在专利药到期高峰来临，中国仿制药市场一片叫好声中，越来越多的外资仿制药巨头却陷入左右为难的困局。全球第三大仿制药生产企业阿特维斯（Actavis）首席执行官保罗·比萨罗（PaulBisaro）在参加摩根大通一次健康保健类会议时表示，公司将彻底退出中国市场，这令人大跌眼镜。

是什么原因让全球仿制药的巨头如此决然放弃中国巨大的医药市场而又寻求其他的资本合作？其中不排除公司战略的改变，但主要原因还是一个——难赚钱。

一、未见成功模式

外企在中国过去几十年的发展中，专利药的销售收获颇丰，中国市场已逐渐成为跨国药业增长最快的市场，但他们同时还不得不面对专利大量到期的现实。外企当然不愿意放弃仿制药这块美味的大蛋糕，于是开始纷纷进行战略布局。但到目前为止，在中国仿制药市场真正获得成功的模式还没有出现。

其实，阿特维斯退出中国市场并非首例，前有印度南新药业放弃中国市场，后有 2013 年阿斯利康暂停对品牌仿制药的投资。2014 年刚开始，辉瑞剥离其品牌仿制药业务单元的消息再度甚嚣尘上，其他的外资仿制药巨头也是躁动不安。

在营销业绩受挫后，有部分外企选择了与本土药企的联手，典型的代表就是辉瑞与海正的合作，但这一模式是否成功还有待考验。

二、重新认识市场

过去外资药企在中国依靠“学术推广、政府事务和专家网络”这“三板斧”取得了很大的成功。

首先，依靠专业化的学术推广模式，将产品的特性专业化地推广给临床医生，突出产品的学术地位；其次，依靠强大的政府事务能力，将产品的物价、医保、招投标等政策壁垒攻克，为产品取得了政策上的先发优势；最后，依靠“瀑布式”的专家网络，建立起国家级、省级、地市级的三级专家体系，充分发挥各级专家的力量，将专家打造成企业产品的代言人。可以说，依靠这“三板斧”，众多外资企业在中国医药市场屡试不爽，甚至成为国内众多药企争相效仿的对象。

但是，面对仿制药市场时，外资药企的“三板斧”似乎不灵了，甚至可以说是屡战屡败，最为典型的就是辉瑞自建营销队伍的案例。在大量专利药到期后，一开始，辉瑞选择了复制过去专利药的成功模式，通过自建队伍巩固仿制药市场，但在药品价格大幅下降，仿制药市场竞争加剧的环境下，自身并没有及时调整产品策略和营销模式，销售业绩并没有达到预期的效果，最后不得不放弃了自建队伍的营销模式，而选择与国内最大的医药流通企业国药控股股份有限公司进行战略联姻，同时探索与国内企业海正进行深度合作，依赖国内企业的本土优势发展品牌仿制药。

可以说，面对中国医药市场仍然以政策主导为主、未完全市场化的环境，外资企业要在仿制药市场取得成功，就必须在寻找新的营销战略的基础上，重塑企业新的核心竞争力。笔者分析，外资仿制药企要想在中国取得成功，必须打造健全的营销网络、多元的营销模式、强大的终端掌控“新三板斧”。只要能够重新认识中国仿制药市场的环境，重塑新的核心竞争力，依靠管理上的优势，外企就一定能够取得仿制药市场的成功。

三、“新三板斧”造市

外企正处于由过去的超国民待遇向与本土企业一视同仁的平民待遇转变。过去本土企业学外企，但在仿制药市场，外企应更多地向本土企业学习，运用“新三板斧”来打开仿制药市场的一片天。

（1）健全的营销网络。一直以来，外资企业的营销网络资源集中在二级以上城市医院，即所谓的第一终端市场，而在二级以下的城市医院、县级医院及广阔的农村市场等第二、第三终端市场存在较大的不足。既往外资企业药品在专利保护期内，采取上述策略是没有问题的，但面对仿制药市场，在网络覆盖上必须延伸和下沉，由过去的高端医院市场下沉到县级医院等基层市场。

原因在于，一方面专利到期后，由于竞争的加剧，仅仅依靠过去的市场难以维持既有的市场份额，企业势必要寻找新的市场增长点。另一方面，专利到期，产品降价后，基层医疗市场的需求更容易激发。同时外资企业经过多年经营，产品的品牌溢价能力较强，更容易获得医生和患者的认可。当然，外资企业在网络下沉的发展模式上，可以采取自建队伍及与外部合作等多种模式，无论是自建队伍还是外部合作，核心的目的就是实现网络的下沉，建立完善的市场网络。

（2）多元的营销模式。过去外资企业在营销模式上较为单一，大多为临床专业化学术推广模式，而纵观目前国内企业在仿制药市场取得成功的案例，无不采取了更加灵活的多元化营销模式。例如，海思科药业的精细化招商模式、华海药业的超精细化招商模式、润都制药的营销成长联盟模式、海正药业的网络营销模式等。

因此，外资企业在仿制药市场延续学术化推广模式的基础上，应积极借鉴国内成功企业的做法。原则上，城市核心市场以自建队伍营销模式为主，其他市场应以招商模式为主，其他营销模式为补充的方式，最终形成更加符合市场特点的多元化营销模式。

（3）强大的终端掌控。在仿制药市场竞争激烈的环境下，对于微观市场的精细化管理显得尤为重要。无论是以医院为主的处方药市场还是以药店为主的 OTC 市场，谁对终端市场的管理越精细化，谁的终端掌控力就越强。其实很多企业的产品本身有优势，但由于缺乏对终端市场的精细化管理，也就失去了终端的优势。

外资企业在二级以上医院的处方药市场管理比较健全，通过销售代表的精细化管理实现了对客户的精细化管理，但对于更加广阔的基层医院市场及更加复杂的 OTC 市场，在管理幅度和管理精细化方面明显存在短板。为此，外资企业应清醒地认识到，只有建立强大的终端掌控力，才能真正实现品牌仿制药的持续发展，在终端掌控方面，核心是建立以产品管理、销售队伍管理、客户管理和市场管理四大管理为核心的精细化管理体系。

第十节　中药大产品的“魔方哲学”

顾　威

中药行业“十一五”期间的年复合增长率为20.79%，保持高速发展态势。我们可以预见中药行业的乐观前景，但同时也不能忽视行业发展中存在的问题：

（1）中成药国际化发展缓慢。虽然中成药在国内发展势头强劲，但是却很难走出国门。文化理念、用药习惯、监管体系，乃至市场要求都有极大差异。中药无法国际化，企业就不可能国际化，中药企业欲实现百亿规模，成为全球经营企业，甚至是未来成为跨国医药企业，就很难实现。

（2）上游中药材价格波动，重金属、农药超标。中药材季节性、区域性明显，中药材价格也随之出现波动。同时，受游资影响，价格变化幅度远远超过市场可控范围，对中药企业形成巨大冲击，成本压力陡增。另一方面，环境污染导致中药材中重金属含量超标，农户短期获利倾向导致农药含量超标等，这使得近几年中药材质量问题层出不穷，全社会对中药材信任度越来越低，对中药行业带来巨大冲击。

（3）传统中药企业产品雷同、剂型陈旧，同质化竞争严重。传统中药企业“多、散、弱”，产品雷同、剂型陈旧，这就导致企业无法站在新的高度做创新。因为同质化竞争，企业效益低下，无法实现研发投入，这就是一个“死循环”，若无法突破，企业将没有未来。

一、机会留给有准备的人

“十二五”规划明确表示未来将在中药质量控制、原材料和临床投入上给予扶持措施，在特殊治疗领域（如心脑血管、肿瘤和糖尿病等）优先支持中成药。中成药在价格、医保和基药目录上的优势依然存在，国家通过政策手段给中医药产业营造良好环境。

为了突破低水平价格竞争，中药行业中的领导企业致力于产品创新，以便形成新的差异化优势。例如，以中医药理论为指导，运用现代科学技术将传统中药与现代研发技术衔接，研制出创新中药；对制药工艺和剂型标准进行升级；对复方中药进行提取、分离、鉴定，深入研究其药理作用。领先型中药企业也开始通过大量循证医学数据增强其产品的市场竞争地位。中成药领导企业中，像天士力、以岭药业和绿叶制药都开始从产品角度进行发力，增加产品科技含量，进入国际市场。

二、魔方解码——中成药企业战略决定因素

为适应新的行业变化，把握难得的政策机会，中成药企业必须调整战略重点，实施中药大产品战略。笔者基于成功的中药企业战略思路和实战经验，结合中药市场未来发展趋势，提出中成药大产品战略思想的“六面魔方”。

（一）【绿前】产品革命

中成药企业必须变革产品理念，不断推陈出新，通过现代科技改造中药产品。为了实现中成药产品革命，必须实现六个“现代化”，即**适应证现代化**，如中医清热解毒类向西医抗病毒类靠拢；**临床试验现代化**，如通过循证医学数据支撑产品学术地位；**研发理念现代化**，如通过合作研发和委托开发，利用资本杠杆降低研发风险，获得潜力产品；**生产工艺现代化**，如大量采取行业领先的生产技术，包括超微粉碎技术、数字化连续带式真空干燥工艺、陶瓷膜过滤除杂技术等；**质量控制现代化**，如从原材料购进、生产过程、产品放行、市场反馈等环节建立完善的质量检验和质量

保证体系；**剂型规格现代化**，如从传统“丸、膏、丹、散”向滴丸、喷雾、透皮剂等新剂型提升。

（二）【白顶】把握政策

中成药产品受国家政策影响深远，必须解决“四大政策门槛”，才能将政策“阻力”变“政策助力”。这四大“门槛”，即**审评审批**，产品符合国家药监总局鼓励的重大疾病、罕见病、老年人和儿童疾病领域药品；**单独定价**，包括专利药、获得国家级奖励药品或产品疗效突出的产品；**进入医保**，借助进入国家医保和省医保机会，保证产品支付优势；**通过招投标**，只有经过这一大关，产品方能抵达消费者手中。结合前三项政策，企业在招投标过程中才能保证产品规模和利润的同步增长。

（三）【黄底】掌控上游

一直以来，中成药企业对于上游药材采购多采用“看货议价、现货现金”的模式。受中药材价格持续上扬、重金属和农药超标现象严重等不良因素影响，国家在中医药标准化、信息化上采取鼓励措施，通过创新交易模式有效解决现阶段中药材现货交易中存在的问题。

应对中药材市场环境变化，企业在掌控上游中药材资源上，采用两种新的模式：其一为自建模式，采用“政府＋企业＋基地＋农户”的形式，代表企业有白云山和黄、华润医药集团 、奇正藏药等；其二为收购模式，采用“收购中药材市场＋八项统一（原料、品牌质管、产品等级、标识、储存、渠道、交易价格）”形式，代表企业有康美药业。

（四）【橙左】多元营销

国内医药市场区域性明显、终端结构复杂，中成药企业需要明确营销目标，兼容并蓄，着力打造多元组合营销模式。

所谓“多元营销模式”，包括容纳多元产品，涵盖新药、半普药、普药，涵盖重大治疗领域与专科治疗领域，产品线长度、宽度、广度、深度具有优势；适合多元市场，针对不同终端市场采有不同的打法策略；拥有多元团队，企业不能只做一个市场、只会一套战术，需要打造能够适应多市场多操作模式的营销队伍；制定多元政策，针对不同营销模式，建立有竞争力的薪酬考核激励机制；采取多元管理，进行营销管理系统提升和再造，销售队伍建设、制度流程、薪酬激励及客户管理等围绕销售模式进行动态组装。

（五）【红右】品牌卓越

当前医药行业中普遍存在两种品牌问题，一是强公司品牌弱产品品牌，二是强产品品牌弱企业品牌，究其原因在于品牌价值未被释放。决定中成药企业品牌价值的因素包括企业家声望、商标、药品疗效、药材质量、企业声誉和学术地位六大因素。医药企业品牌价值无处不在，不仅是OTC产品营销的关键，在原研药专利期后对销售的支持、基药招投标，甚至普药营销上，品牌都凸显重要地位。

（六）【蓝背】人文积淀

中成药植根于中国悠久的历史文化，传统人文积淀固化到品牌形象中，在患者心中容易形成区隔。现有中药企业中，有通过建立新的理论体系形成产品区隔的，如以岭药业、步长制药；有文化传承的，如同仁堂；有主打历史名人牌的，如宛西制药仲景品牌；有依靠区域主推疗效的，如道地药材和名族药等。

魔方组合千变万化，但胜负论断的最终评判还是六面统一。中成药企业“六面魔方”，每一面代表中药企业成败的一项战略因素，缺一不可。六面合一，战略元素协同，就能成就大产品，给企业带来无穷利润，保证企业长久发展。倘若“六面魔方”，缺失任何一面，也就是战略因素出现根本性欠缺，即使企业目前还能喘息，未来也不能支撑战略的发展。

第十一节　中药企业价值回归思考

顾　威

当前医药行业在新的政策调整下，依靠某一政策机会和边缘化的销售策略，很难维系企业未来长远发展。如何破解这种纷繁变化的形势，笔者建议中药企业管理者静下心，寻找最初的价值——产品价值。将培育大产品提升到更高的位置，并组合多方元素，实现培育大产品的终极目的。有好的产品才有好的企业，有强大的产品力才能支持企业在发展中不断完善诸如运营管理、营销体系建设、研发体系完善等不足。

那么如何才能培育中药大产品呢？

一、观天时——紧跟医药发展大势

所谓紧跟医药发展大势，就是要把握行业发展的脉络，领先行业发展半步，不能跑得太快，曲高和寡，也不能跑得太慢，人云亦云。笔者建议中药企业管理者多与医药行业政策专家交流。政府相关部门对每一项政策的出台，必然依据上一级政策，或一项长远规划的某一环，或一次较为深远的公众事件。企业需要有极高的政策和形势敏感度，通过与政策专家的交流能很快获取相关信息，不求影响政策，但求跟上形势。

对于中药企业来说，长远形式还是很乐观的，政府对中成药扶持态度一直很明显，对于中药产业的发展支持从2006年起一直不断加大，复合增长率达到25%以上，并不断加强对临床研究的投入，投资数十亿元进入中药相关项目。这里笔者提示一点，国家对病理学基础复杂、需要长期治疗和缺少有效西药治疗手段的疾病领域尤其关注，所以包括心脑血管病、肿瘤和中枢神经系统的领域，中成药渴望实现突破。

二、法地利——把握临床产品需要

把握临床需要是医药产品作为一种商品的固有属性。立足于大病种、反复用药领域，产品特性足够明显的前提下，将会造就大产品的出现。从临床产品格局来看，在大领域一定会有大企业的出现。大企业势必依靠该领域的大产品实现突破和发展，如天士力的复方丹参滴丸、以岭药业的通心络等。

产品品牌与企业品牌已形成天然的联系，那么那些小病种呢？笔者认为小病种最能成就的是专业性企业，如滇红的丹莪妇康煎膏、香雪的抗病毒口服液等都是在专业领域做得较为突出。

笔者建议，中药企业需要对拥有的产品资源做系统梳理，并挖掘中药产品的独特优势。中药产品不同于化药产品，任何产品经过仔细打磨后都将显现出独特性，企业需要依据这些优势，进行产品再定位和卖点的挖掘，并依据临床需要和产品地位进行二次开发，加强临床循证医学证据。

三、通人和——寻找竞争比较优势

任何产品在市场中都不能独存，在局部市场的竞争不可避免。中成药企业多、品种多，竞争将非常激烈，在产品特异性不是非常明显的情况下，如何通过恰当的竞争手段实现突破，成为企业必须思考的问题。笔者建议，医药企业在竞争中可以通过领先品种创造市场、跟随品种切割市场、潜力品种聚焦市场的思路，来操作竞争策略。

具体策略如下：

（1）领先中药企业通过不断细分市场、精准定位领域，寻找还未开拓的蓝海。

（2）领先中药企业通过选择合适的适应证来聚焦资源，并构建独特的品牌形象。

（3）领先中药企业可以通过建立中医理论和西医理论的关系来进行医生教育，使晦涩的中医理论和当前的西医体系有共同点，并最终获得理论上的认同。

（4）领先中药企业通过加强循证医学证据来提升产品价值，强化市场竞争力，以高质量的临床试验，区别于低端竞争。

在此笔者做如下总结，中成药在局部竞争上，可以采用“去全取专”、“去征取病”、“去古取今”、“去短取长”的思路来操作，通过比较优势实现竞争突围。

第十二节　保健品洋品牌抢滩攻略

王明威

随着中国保健食品行业的发展和市场的壮大，众多国外营养与保健食品品牌纷纷入驻抢占中国市场。2013 年，辉瑞、新西兰 VITACO、美国 Swanson、爱身健丽、加拿大知名保健食品公司 Atrium 等都宣布或已经开始进军中国市场。

近日，保健食品被列入国家食品药品监督管理总局的“非行政许可审批”，在行业内引发轩然大波。很多洋品牌对国内保健食品行业觊觎已久，但囿于国内审批程序的复杂性和长期性，不少舶来品以普通食品的名义进入国门，既造成监管的混乱，也不利于消费者有效选择。国家食品药品监督管理总局的这一举措使外企对“保健食品最终取消审批”充满期待。当政策门槛不复存在，洋品牌如何在迅猛增长的中国保健食品市场站稳脚跟呢？

一、找伙伴共同做大

中西方在体制、文化等方面存在的巨大差异使洋品牌不能迅速做大市场，一个有实力的本土盟友是其能否顺利在中国大陆迅速开展业务并取得成功的关键要素。因此，如何选择合作伙伴及合作方式是否合适，是外国企业进入中国的首要战略任务。

“信心是打赢一切战争的基础。”未来的战略合作伙伴必须对产品的成功有信心，对产品足够重视，以及能提供持续性的大力投入。同时，必须具有一定的资源基础，尤其是要有市场网络基础和政府关系处理能力。企业可依据以下七大标准，全面评选合作伙伴：

（1）业务上，主营保健食品，对行业有深入了解，最好具备相同领域保健食品的营销经验。

（2）渠道上，具备全国性的销售网络及铺货能力，与渠道商及区域代理商有良好的客户关系，能够保证渠道畅通，具备网络营销的经验。

（3）信誉上，在业内有良好的口碑，不能有行政处罚等不良记录。

（4）合作意愿上，对产品的前景有共识，有比较强烈的合作愿望。

（5）合作方式上，愿意接受 co-developing & co-marketing（共同市场开发）模式，愿意共享业务操作经验。

（6）规模上，具备一定的经营规模，比如营业收入大于5000万元。

（7）国际合作方面，最好有同国外公司成功合作的经验。

合作双方以成立联合委员会的形式，对整个业务流程（注册、上市前筹备、营销等）进行审核及监控。企业可以参与者的身份接触整个业务流程，减少过程风险，了解中国市场，最重要的是，可以学习合作伙伴的经营经验，为自营打下基础。

co-developing & co-marketing 模式的优势在于：与自营相比，前期投入比较小，启动快，风险及费用与合作伙伴共同承担；与传统的总代理制相比，能够有效地参与业务，有利于学习经验。

二、多模式取长补短

“天下武功，唯快不破”，在行业竞争激烈、加速规范的阶段，迅速做大市场规模是产品取得成功的第一要诀。实现快速成长，合适的营销模式是前提。不同的营销模式，有其明显的优势和不足，企业应根据实际情况采取对应的营销模式组合，取长补短，建立最佳的营销模式和网络。

直销门槛高。《直销管理条例》规定：直销企业的注册资本不得低于 8000 万元，保证金不低于 2000 万元。因此，资金实力不足的中小企业，申请一个直销牌照的可行性不高；与已获牌照的企业合作，条件比较苛刻，不利于后期收回产品、接管市场。

电视购物、电话营销及会议营销规范性差。这 3 种营销手段门槛低、利润高，曾被大批国内企业采用。部分企业在操作过程中大肆虚假宣传，甚至欺诈，规范性极差。消费者对这些营销手段印象不佳，并且产生了防范心理。企业采用这种模式，容易给品牌带来不利影响。而且，市场操作人员倾向于夸大宣传，做一锤子买卖，也不利于产品的长期发展。

传统营销成本高，见效慢。直营模式需要由生产厂家直接负责市场运作，投入成本很高，且未必带来高产出。底价招商模式，利润低，不利于渠道控制。

网络直销投资少，操作模式灵活、多样。企业可以自建网站，或借助成熟的电商平台，采用投放广告、事件营销、新媒体营销等手段。同时，网络营销具备传播快、覆盖面广、信息丰富、推广精确等特点，比较适合新产品推出。

近年来，网购在中国的发展极为迅速，物流等配套设施也较成熟，已被越来越多的消费者接受。网络直销可以较精准、较便捷地覆盖一二线城市的中高端人群，适合作为高端新产品的首选营销模式。

区域代理，线下补充，扩大市场覆盖范围。考虑传统渠道，如商超、药店，仍是保健食品的主要途径，且仍有一部分消费者不习惯网上购物，故需有选择地与一些商超、药店合作，作为线下的补充，提高市场覆盖率。但是，该模式的利润率不及网络直销。

第六章
推演复盘：药企营销的成功案例分析

第一节　调结构、挖潜力：M 企业从营销到盈利的破局之道

林　雷

M 企业，由于产品同质化严重，企业综合实力较弱，近年来总销售额徘徊不前，维持在 5000 万元左右。由于产品少，产量低，单位成本比行业平均成本每支高出 3 块钱，实际净利润率只有不到 3%。而且，一品独大现象严重，产品 A 占总销售收入的 93%。面临竞厂强大的学术推广能力和有力的市场政策，产品 A 的市场空间被严重挤压。企业面临严峻形势。

从金融的角度出发，企业的唯一目标是创造利润。所以我们从利润、收入和成本的关系开始分析，归纳解决企业问题的核心思想：解决收入少（产品力弱、营销力弱、品牌力弱），或者解决成本高（资源浪费、成本分配失衡）。而收入和成本又是负相关的：通过销量的增长，也能使成本摊薄。所以解决大部分企业盈利问题的首选应是解决营销问题，再解决成本问题。

我们发现，M 企业面临的主要问题如下：

（1）流动成本高：销量低，难以摊薄成本：只达到满负荷运作的 1/3 水平。

（2）财务成本高：固定资产折旧大，财务成本高。

（3）研发成本高：持续对新产品进行投入，但由于研发能力较弱，耗时长，耗资大。

（4）产品同质严重：两个产品竞争厂家均 15 个以上，在产品高度同质化的情况下没有进行差异化定位和营销。在企业实力不占优的情况下，

逐渐失去市场。

（5）资源浪费严重：产品目标医院相同，目标科室重叠，但由不同代理商代理，浪费代理商资源和医院资源。

（6）招标职能缺失：导致了产品 A 中标价格低，失去对代理商的吸引力。

（7）策划职能缺失：没有市场部、没有产品经理、没有策划职能。

（8）服务职能缺失：由于销售部只有 4 人，出差频率低，不能与代理商进行良好的沟通。不能做到快速适应市场形势，不能对代理商提供最好的服务。

（9）公关职能缺失：对突发事件没有抵抗能力，不能争取有利政策。

（10）销售模式混乱：流通利润低，却严重影响市场价格，负面影响大。

（11）销售政策失衡：底价高，标价低，操作空间小，导致代理商背叛，失去市场。

（12）市场结构失衡：国内产能严重过剩，在激烈竞争中没有调整市场结构。

（13）人员动力不足：销售人员薪酬固定部分大，浮动部分小。

企业需解决的问题往往很多，但解决问题须分轻重急缓。我们把问题分成 4 大类。对企业影响大，且易解决的问题，必须在短期内作为重点解决对象和方案设计的重中之重。对于较难实施但影响大的问题，如产品策略的制定、招标能力的提升，须在方案设计完成后，由项目组与同企业共同推进。所以在解决短期问题的同时，须从全局考虑，设计系统化解决方案。而影响小，但容易实施的问题，将根据整个方案来选择解决的时机及手段。所以，项目组根据解决问题的难度和问题的重要程度，设计整体方案。

经过模型的分析，**对需要最先解决的问题达成了一致：销售政策失衡，销售模式混乱，人员动力不足及资源浪费严重**。因此，我们把以下四个方面作为短期重点解决的着手点：

（1）调整销售政策：降底价、增强功能性返利，使替换成本大于维持成本，增加市场支持和开发等专项奖励。

（2）优化销售模式：从渠道流通向医院推广转型，从重点市场向一般市场扩张。

（3）调整薪酬结构：增大提成部分比例，提成与销售业绩、增长率紧密挂钩。

（4）充分利用资源：针对产品A代理商，设产品B的市场开发支持和奖励。

另外，由于客户的产品结构简单，必须回归客户需求的本质：将产品做大，利润做多。所以，**基于产品本身制定产品营销策略至关重要**。由于客户的两个产品为处方药，我们从产品学术性和赢利性两个方面开始对产品进行分析。产品A是已上市15年的里程碑式产品，产品力很强。但由于上市时间长，竞争厂家多，产品A跟竞品比无论从推广能力上还是价格上均有明显的劣势。由于对代理商的政策较差，市场被抢占，代理商背叛。只是靠个别代理商，在个别地区的销售支撑一定的规模。但由于政策跟竞厂差距较大，即使是现有代理商，也没有开发市场的动力，且有替换产品的可能。所以，**对于产品A，我们从市场政策调整开始，采取“保我争他”的策略**。通过对价格、销量弹性的关系分析，从降底价开始，维持现有代理商。我们通过强化学术支持、活动赞助等功能性返利鼓励代理商维持、开拓市场，并增强和代理商的沟通，打造“厂家产品、服务＋代理商网络”、资源的“1＋1”代理模式。

目前销量有限的产品B在国际上应用广泛，且在多个治疗领域有明显优势，卵巢癌治疗只占整个用药领域的40%。但由于国内的学术和临床实验较国外落后，所以在国内只局限于在卵巢癌的治疗中使用。我们通过对医生的访谈，和对国外学术数据的分析，明确了产品B在放疗、普外等科室使用的可行性。而且我们预计随着国内学术水平的跟进，产品B在国内的用药领域必将规模性拓展。**产品B虽然目前在卵巢癌治疗领域面临的竞争激烈，但在其他治疗领域前景非常辽阔。所以，我们提出了具有前瞻性的差异化市场细分，制定了拓展科室、适应证的策略。并利用国内外产品B市场供求失衡的现状，出口退税的有利政策，明确了“产品国际化”的方向。**

我们制定的整体方案还包括其他内容：

（1）凝聚企业团队： 统一思想、统一言论、统一装备。

（2）补充市场队伍： 增加区域招商经理，保证销售部对代理商的接触频率，把握市场信息，增强市场开发力度。

（3）强化客户服务： 增加对代理商的沟通频率，增强人性化情感交流。

（4）拓展用药领域： 开拓用药领域，转移竞争最激烈的肾科至肿瘤科、妇科。

（5）强化政府公关： 通过当前的政府审查，建立双层三级的政府事务网络，逐步获得有利资源。

（6）出口周边国家： 借力于当前出口退税的有利政策，向东南亚需求量较大的国家出口。

在明确了方案的操作计划后，通过共同推进，企业调整了市场政策，强化了代理商服务职能，增强了团队战斗力，开拓了新的市场。目前企业由于销量的提升，带动了生产资源的较充分利用，从而摊薄了成本。企业短期盈利已经实现，长期盈利能力已明显提升。

医药企业面临的问题往往多而杂，涉及面广而具体，但营销往往是解决大部分问题的绝佳切入点。我们必须既要考虑企业整体发展，又要对问题充分深入，寻找问题的根源，系统性地归纳，并分析解决问题的思路和方法。这是我们解决企业盈利问题的核心。

第二节　铁的销售管理，打造铁的营销团队—RH 的营销管理精髓

程建军

铁的纪律才有铁的军队，优秀的管理才有优秀的团队！

优秀的销售管理就是要让人要拼，就是要过程可控，就是要令出必行，就是要让制度建立权威，就是通过构建组织系统的力量，打造强有力的营销指挥系统。

笔者认为，销售管理是个系统的工程，是关于策略制定、执行并服务于目标达成的一套体系，包括计划管理、财务管理、团队管理、客户管理、后勤管理等多个分（子）系统。不同模式和不同类型的企业销售管理功能基本相同，重点有所不同。笔者有幸服务业内领先企业 RH，将自己些许感受与读者分享。

RH 是笔者曾经服务过的国内领先的医药企业。其销售管理有特色，也是其曾经成功的法宝之一。总结来看，其核心可总体概括为几点。

第一，PK（PlayerKilling）文化为核心，保持激活状态，压力始终背身。

在与 RH 合作过程中，感觉最为深刻的是内部 PK 文化。无论在组织体系、业务体系、部门建设都贯穿此精神，即通过组织化的内部竞争机制和体系的建立，实现优胜劣汰、自我提升和组织升级。

通过内部 PK 可以始终保持营销团队的活力，让团队处在激活之中。内部 PK 也为其培养了不少骨干人才，其梯队培养也从中得以保障。当然，PK 文化在其发展的某个阶段也造成内部恶性竞争，资源内耗的状况，但客观来讲，其在历史发展初中期，PK 文化的建立利大于弊。

第二，重奖重罚保执行，令出必行，敢想敢打敢拼。

自上而下理思路，自下而上想办法。要想创造性地完成销售目标，需要依靠一线团队，其前提是利益。只不过一线看“钱”更多，往上看“前”更多。

RH 销售团队的企业认同感和执行力在业界是领先的。打造这样一支团队并非一朝一夕。其最为核心的就是激励与考核。不管最初是粗放式的业务增长，还是几经磨炼升级下通过销售管理实现的增长，前提都是到位的激励和考核。其团队总体的收入在行业也是领先的，是具有相当竞争力的。这也是为什么企业不断变革调整，仍能保持相对稳定骨干团队的主要原因。

其实，不论是粗放还是精细，首先要保证销售团队能够获得丰厚的收益，才能激励其创造办法、不拘一格的完成公司的目标和任务。当然，一味奖励也并不能达成公司要求，RH 的考核和处罚也是到位的。笔者有幸参加其销售工作会议，会议的管理之严格，处罚之及时，团队对其之重视在别的企业较为少见。这也从侧面反映，RH 的销售管理之严格。

第三，信息体系保基础，管理统筹，打造可管控营销体系。

管理的边界取决于信息的边界。

坦白讲，RH 之前的成功是粗放式的，来自于历史机遇，来自于销售团队的拼杀。但是，随着多元销售模式的建立，随着团队的日益庞大，其越加重视信息体系的构建。庞大、完整的信息体系为销售管理的实施做了较好的支撑和保障。

信息体系的缺失恰恰也是诸多医药企业的软肋。“数据拿不出。一切都是估”也是很多企业的常态。说不清楚增长在哪，为什么增长，稀里糊涂占市场、稀里糊涂丢市场。虽然 RH 在此投入很多，但信息体系的建设没有终点，信息的整合应用是个难点也是重点。

第四，从“人治”到“法治”，组织制度保障，从固化、优化到活化。

公司小的时候靠人的盯关跟是能够发挥作用的，但是公司壮大的时候，单纯靠人就会出现问题。因此，销售管理的升级演进也是从“人治”向“法治”演进的过程。RH 也同样经历了这样的过程。

在合作过程中，我们可以看到显在的企业感受，井井有条，每个岗位对其工作的理解都很到位。这些都是制度化、专业化实现的结果。也就是我们常说的制度固化、优化、活化的过程。如果说 RH 销售管理还有值得称道的，我觉得就是建立了“法治”。“法治”的建立也是其通过自身蜕变、职业经理引入和吸收、咨询力量介入的结果。

笔者在咨询过程中深深感受到：制度、模式容易复制，最难的是学习其骨子里的东西。现在很多企业也在不断学习和借鉴，有的虽然也有模有样，但是有形无魂。

总之，优秀的销售管理要打造的不仅仅是体系、团队、模式，而是那种始终拼搏的魂。

第三节　如何构建事业部制下的营销组织体系

——A 企业的营销组织体系再造案例

林延君

A 企业为国内知名的中药企业，拥有销售过 5 亿元的重磅产品，以及多个中药独家品种，但近几年，公司的销售却处于停滞状态，营销变革迫在眉睫，经过与企业高管的深入沟通，笔者带领项目组对A企业的营销组织体系进行了重新梳理和再造，构建了适应企业自身特点的全新组织体系。

一、A营销组织现状——按产品线规划的事业部管理制

首先看一下A企业变革前的营销组织体系。A企业按产品线分成三个事业部，事业一部以销售过5亿元的单产品S构建，S产品是最早一批通过电视广告拉动、渠道分销做大的产品。近几年，随着传统广告效应的减弱，S产品的销售出现增长缓慢的状态，由于企业对渠道和终端没有控制，导致S产品价格体系混乱，市场窜货现象严重，终端拉动无力。为了解决上述问题，A企业将S产品独立出来，成立了事业一部，同时对商务结构做了重新梳理，设立了较为合理的一二级商业客户结构。为解决终端拉动无力的现状，又分别组建了医药临床队伍和OTC队伍，试图通过终端拉动，突破产品的销售瓶颈。在组织体系上，事业一部下设事业部总经理、大区经理、省区经理、医院主管及代表、OTC主管及代表、商业代表等。其余两个事业部也以产品线划分，每个产品线均有23个主力品种，销售规模均在2000万元~3000万元之间。与事业一部类似，剩余两个事业部也组建了医院临床队伍和OTC队伍。通过介绍可知，A企业的事业部框架基本呈现出来了，即有三个事业部，每个事业部分别有一支临床推广队伍和OTC队伍，这就出现了A企业在临床终端和OTC终端各有三支独立的销售队伍，合计有六支销售队伍。

二、A企业病在哪里

（一）商业客户结构动荡、骨架不稳

首先来看一下事业一部，S产品目前的商业客户共有600多家，其中

一级商业客户 30 家左右，二级商业客户 650 家左右。一级商业客户以国内某大型商业公司为核心，占到分销量的 40% 左右，可谓一家独大。二级商业客户绝大多数（400 多家）年进货金额在 50 万元以下，同时每年约有 1/3 的二级商业客户退出和新增。二级商业客户体现出小、散、乱，又极不稳定的现状，整个商业的工作重心仍在一级商业客户上，与现在企业轻一级、重二级的趋势有较大差距。

（二）渠道栓塞加剧、张力僵化

再来分析一下 S 产品的库存情况，近两年，S 产品年发货量维持在个位数增长，而年库存增长量却持续上升，甚至达到了 20% 左右，产品的流动性出现了很大问题，导致了 S 产品积压在渠道的货量日益增加，结果是渠道压货的空间越来越小，下级分销的动力越来越弱，渠道面临崩盘的压力。

（三）终端拉动无力

虽然为了提高 S 产品的纯销，事业一部成立了医院临床队伍和 OTC 队伍，但由于空间限制，临床队伍推广力度有限，医院销量也没有达到公司的预期。而成立的 OTC 队伍，主要以连锁药店为主，工作以陈列、维价为主，几乎没有任何终端促销活动。上述两支队伍，看似企业为了终端拉动，促进纯销，实际效果一般。核心问题在于 S 产品是销售多年的老产品，无论在临床还是在药店，空间已失去竞争力，终端拉动也就成了空谈。在空间有限的不利条件下，销售费用又通过大区经理、省区经理、主管、代表的层层提成，将费用分解殆尽，使得销售的动力完全变成了公司的个人行为，没有统筹的市场策略和产品规划。

（四）事业二、三部入不敷出

由于事业二、三部的产品规模始终无法做大，A 企业采取的又是自建队伍的模式，这种销售模式使得事业二、三部的产品长期处于导入期，无法实现产品快速发展期，产品也无法给公司带来利润，真正成了烫手的山芋，吃不得，放不下。

三、A 启动的营销组织体系再造

（一）事业部制的再造

由于 A 企业原有的以产品划分的事业部，在省区层面，省区经理承担的职责比较多元，既要擅长医院销售，又要擅长 OTC 销售，这种管理模式无形之中增加了市场管理的风险。因为少有人能够通晓医院市场和 OTC 市场，结果就是全国各地市场发展极不平衡，有些地区医院销售强，有些地区药店销售强。基于此，笔者对 A 企业的营销组织体系提出了按终端重构的方案，即将销售队伍按终端重新组建，包括医院终端、OTC 终端、第三终端。这种按终端组建的事业部管理，最大的优势在于业务线的管理更加专业，将擅长不同终端的销售管理人员的能力尽可能放大。

（二）产品梳理与规划

笔者对 A 企业的所有产品做了重新梳理，按照规范的产品评估模型，将所有产品划分成重点产品、潜力产品、一般产品三个层次，同时按产品生命周期和特点匹配到不同的终端事业部，避免了以往事业部内的产品，无论产品特性，医院、OTC、第三终端一起抓的盲动。在三大终端事业部内，笔者又将各产品划分为品牌产品、规模产品、利润产品三个层面，这样就清晰地明确了各产品的销售政策和资源配置，形成了产品的有序发展。

（三）S 产品的大产品策略

S 产品具有较强的产品品牌力，规模已经几个亿，对于这样有品牌驱动，但空间有限、终端无力的核心产品，笔者提出了“上推下拉”的策略，即在渠道层面实现“上推”，在终端层面实现“下拉”。上推方面，由过去以一级商业为主，变为二级商业为主，通过梳理现有二级商业客户，减少分销型二级商业，增加纯销型商业客户，实现渠道扁平化的管理模式。同时强化公司商业队伍的力量，实现商业管理重心的下移，通过二级商业实现临终端促销，将S产品渠道进一步下沉，贴近终端。下拉方面，根据S产品属性，明确S产品的市场重心应以OTC市场为主，果断放弃医院市场。对于S产品空间有限的情况，笔者提出设计全新的大包装策略，以满足终端利益的需求。同时以S产品为品牌驱动，组合公司其他高毛产品，通过产品组合，实现OTC市场的有效资源配置。

（四）事业二、三部的半承包制

针对A企业事业二、三部长期亏损的现状，笔者提出实行半承包制的销售管理模式，即省区经理以上核心管理层仍隶属公司员工，按照工资加奖金提成的方式考核，对于区域的主管和代表放弃原有的自建队伍的思路，变为区域费用承包，基本按终端点对点的承包，没有基本工资，只有按比例的费用承包。这样，一方面大大降低了公司的销售成本；另一方面又大大激活了有能力的终端销售人员，费用的使用更加灵活，避免了层层上报，效率低下，与市场脱节。

A企业通过全新的事业部调整，实现了由过去的产品事业部向终端事业部的转轨。围绕S核心产品，构建大产品策略，并通过产品线的全面梳理和评估，实现了产品的有序分层和规划，资源有的放矢，销售动力得到了释放。通过本次咨询，A企业的销售业绩实现快速发展，较咨询前几乎翻倍，咨询的价值得到了充分体现。通过A企业营销组织再造案例，给我们的启示就是营销组织体系多种多样，产品事业部仅是其中之一而已。企业切勿忽略了产品的特性和企业销售基础贸然进行所谓的事业部管理，回归产品本身、回归企业本身，应是所有想进行营销组织变革的老板们首先要考虑清楚的事情。

第四节　十年十倍，解密 B 企业的神话

林延君

B 药业用不到十年的时间，销售业绩由十多亿元猛增到一百多亿元，俨然成为医药行业新的领军企业。时势造英雄，B 模式成为近几年医药行业研究的热点，众企业开始纷纷效仿 B。但可惜的是，真正理解 B 模式内涵的人寥寥无几。大多是道听途说后，便开始大幅改革，成了邯郸学步，失败不可避免。更有甚者开始从 B 高薪挖人，期望通过外部个人实现营销变革的成功，可惜由于土壤、环境的众多原因，外面的人也不是神仙，成功没有那么简单。

什么是 B 模式，B 模式的核心是什么，B 模式为什么能够成功，这可能是业内人士最想搞清楚的事情。有幸的是，笔者结识了在 B 工作超过十年的销售高管，通过不断地探讨与交流，B 模式的脉络也逐渐清晰，对 B 模式的内涵有了更深刻的认识。结合笔者在日常咨询中看到的众多企业学习 B 模式失败案例，通过总结，形成了本人对 B 模式的独立见解，为大家揭开 B 的神秘面纱。

一、什么是 B 模式

B 模式简单一句话，就是规范管理下的区域费用承包制。这种模式看似简单，通俗地说，不就是搞大包制，这有什么难的。说到这里，笔者必须认真告诉各位，这种理解大错特错了，费用承包绝不是简单的大包制。其实 B 的区域费用承包制也是经历了不断完善和调整，由最初的费用预算制、费用承包制等诸模式逐步演变成规范管理下的费用预算承包制。从名

字就可以看出，B 模式绝不是简单的费用承包制，而是有规范管理，有费用预算，最后才是承包制。

规范管理就是销售有一套管理流程和制度，以制度管人，以流程管事，推广规范、商务统一、财务健康。上述的管理要素构成了规范管理的核心，可以这样讲，B 的费用承包绝不是不管了，或者少管了，而是管得更严了。

费用预算，就是对费用的使用进行过程管理，多少比例投向学术、多少比例投向促销、多少比例投向市场活动都有严格的要求，名义上费用承包出去了，但实际上费用的管理却严格按照预算式管理。这种费用管理模式，大大降低了费用的风险，通过可控的方式，提高费用的使用效率。

承包制就是以地市为单位进行承包，渠道不论临床还是 OTC，只要是进入该地区的，所有的销量均归承包人，这就大大激发了承包人的积极性。不少承包制企业的做法是，同一产品，将临床和 OTC 严格区分，对临床渠道进行承包，而由临床带动下的 OTC 销售却归于公司。对于针剂产品而言，这种以医院纯销进行承包的方式是可行的，但对于口服产品，尤其是临床带动 OTC 自然销售明显的品种而言，这种区分看似公司将 OTC 利润截留了，实际上这种做法严重挫伤了承包人的积极性，得不偿失。

二、B 模式的内涵到底是什么

B 模式的精髓到底是什么，除了前面介绍的规范管理下的区域费用预算承包制，B 营销的核心就是四大项内容，即销售目标、团队建设、市场开发、学术活动，无论集团还是各事业部，营销的核心就是围绕这四项活动展开。

（1）销售目标。这个比较容易理解，就是要对每个产品提出明确的销售指标，指标的设定是有很大挑战性的，也是硬指标。笔者听过这样一个故事，就是B有一事业部老总认为公司制定的销售指标过高，希望能够降低，和公司老板沟通后，指标不仅没降，反而主动要求增长。可见在B文化里，指标就像打仗一样，属于必须完成的任务。其实做过销售的都知道，销售的潜力永远可以深挖，在好的激励政策下，销售的压力可以转变成动力。

（2）团队建设。就是对销售人员的管理，销售要做大，保证一定数量的销售人员是必要的。费用承包后，为了避免承包人不愿增加市场销售人员，消除其坐享其成的思想，B对区域的销售人员有明确的要求，先有数量的要求，后有质量的要求。一开始，只要求各区域根据市场情况，必须增加多少销售人员，对于销售人员的质量不做过严要求，等销售人员数量达到一定程度后，再对销售人员的专业能力提出要求，比如对产品知识的掌握，对销售技巧的培训等。

（3）市场开发。由公司统筹，公司销售管理中心对各区域市场开发现状、市场开发的潜力等必须非常熟悉，并根据公司整体市场开发策略，让各事业部制定各区域的市场开发计划，制定奖惩分明的制度，这样既保证了销售有动力开发市场，又对开发达不到要求的销售人员进行惩罚。通过公司统筹的市场开发安排，避免区域无序的节奏，全国上下一盘棋，这也是B为什么能够覆盖上万家医院的关键。相比较而言，国内众多企业的医院开发只有区区几百家，市场覆盖远未达到饱和，销售上量更无从谈起。

（4）学术活动。B模式的核心之一就是学术营销，这也是国内众多企业的困惑，甚至有企业家提出，学术营销有用吗？B的不同在于，如果以临床促销为主，费用不是可控的，即销售费用是否真的投入到临床促销上，还是被销售层层截留，难以控制。对此，国内企业的普遍做法就是对费用逐层审批，严格把关，这种管理模式看似合理，但实际上很难控制。比如临床促销费用，销售人员申请时，可大可小，可有可无，财务管理监管的只是票据是否真实合理。与其这样，不如把费用投向学术活动，因为学术活动是看得见、摸得着、控的住的项目，再加上适度的临床促销，不仅大大提高了产品的学术地位，与临床专家的关系更是递进式的发展。

三、B 模式为什么能够快速裂变

B 由最初的几个事业部快速裂变成十几个事业部，并且每个事业部的销售业绩都有很大的增长，既有销售过十亿元的 N、D、W 等超级重磅产品，又有销售过亿元的 K、H 洗液等产品，形成了有层次的产品梯队。谈到这里有人会问，B 为什么上市一个潜力品种，就能造就一个大产品，成立一个事业部就能成功一个，事业部的快速裂变核心是什么？不得不说，B 模式的成功绝不是个人的成功，而是系统的成功，这也是 B 与其他国内众多药企的区别。

有些企业完全被销售绑架，即销售老总个人能力很大程度上决定着产品的命运，销售老总能力强，产品销售得好，销售老总能力弱，产品销售得差。这种对销售人的依赖在产品发展到一定阶段后，其弊端尤为凸显，一方面，企业难以把控销售管理，企业与销售管理变成了彼此博弈的关系；另一方面，企业又担心销售业绩，对销售的不满也难下决心。长此以往，企业对销售的管理完全变成了被动式的管理，只能不断地提目标要求，缺乏统筹的策略与计划。相反，B 企业的销售管理系统非常健全，除了常见的人力资源部、财务部、商务部等，还有审计、公安、法务等部门，由此可见 B 实行承包制后管理不但没有降低反而加强了。除此之外，B 有较好的人才储备，各层销售管理人员都有较好的储备，甲走了，乙顶上，保证了市场的稳定。一个事业部成功容易，十几个事业部都成功就不简单了。

B 的成功是系统的成功，是管理的成功，是对人性管理的成功。笔者最后要提醒行业内想学习 B 模式的企业老板，要想成功，首先要对照自身，是否具备上述成功的要素，这些要素变革的基础是否具备。只有对 B 模式了解透彻，对企业自身能力对照透彻，变革才有可能成功。

第五节　找原因，转思路：Z 公司的招商破局

郭东军

进入 Z 公司项目以来，笔者发现企业的营销思路严重扭曲：企业的营销工作仅限于回款，企业的营销业绩长期停滞。在做调查的过程中，部分员工认为企业虽有过几次大的招商行动，但效果并不好；大多数员工认为是产品没有产品力，营销业绩难以提升，企业招商工作遇到了瓶颈。企业招人难、招商更难，这已经成为 Z 公司的一种普遍情绪。

一、失败的招商尝试

在 Z 公司近十年的营销工作中，公司组织了几次比较大的招商活动，结果都不尽如人意，招商队伍没有建立起来，市场更是没有得到充分开发。

（1）大会式突击。2002 年左右，公司组织了两支队伍，一路下广州；另一路上湖北，进行大规模会议式的招商工作。参会人员很多是当时的商业公司，没有开发出新的市场，而且费用还很高，最后公司难以支撑这种高投入、低产出的营销活动，结果以失败而告终。

（2）抱团式营销式。这是 Z 公司特有的一种营销方式，即地区经理在其区域招募县域经理，附加一些政策以支持，实际上也就是招募县级代理商。这个政策现在一直沿用，并对产品在湖南省的销售起到了非常大的作用。

但是抱团式营销，只能形成一定规模的销售，没有更大的发展空间，之后各区域经理不再把招募代理商作为自己的工作重点。

（3）人员式招商。这是由北京一家咨询公司给出的顾问建议，招募了一群学生兵，待遇很高，能力不足。结果三个月下来公司花费很高，学生兵却一个代理商都没招到。这一事件可以说是彻底失败了，它对公司招商的信心打击是最大的。

（4）电话式招商。引进 Y 公司的电话招商模式，组建了电话招商部门，通过了近一年的努力也有了一定的成果。但是由于模式单一、涉及面窄，以及产品单一，专业性很强等原因，招商的效果并不是很突出，没有形成一定的规模，在企业销售中占据不到一定的地位。电话招商模式并没有显示出很强大的生命力，或者说并不十分成功。

总结 Z 公司招商失败的原因，不仅仅是上述一些表面形式的失败，关键是在全公司没有形成对招商较为深刻的思想认识，没有必胜的信念，总是浮在各种形式之间尝试，而不能很好地总结并坚持下去。即使尝试做某种形式的招商工作，也只是某一个部门的事情，而其他的都在观看，与己无关一般，不能调动全公司资源来为招商服务。全公司的招商工作也没有一个行之有效地机制来保证其成功，招商工作与公司的业务就好像水和油一样不能相融。

二、战略层面的招商新思路

如前所述，Z 公司前几年的招商工作，是在零乱、没有统一策划、不能坚持的情况下，断断续续地进行了几年，招商工作并没有开展起来，公司的整体业绩也是日渐萎缩。

公司要想在整体业绩上有一个较大的发展，必须在公司整体层面及公司的战略层面进行思考，并在摸索中不断完善，坚持下去，直到做出成绩。

首先，企业应该从产品上设计出适合整体招商的模式。在产品特点、产品政策上下功夫，制定出适合市场营销规律的产品。使招商人员营销可以获利、有干劲；使代理商可以充分得到公司的多方面支持，觉得跟公司干有依靠。

其次，从组织结构上，企业应该设计以总经理为整体负责，各大区总监具体负责，各业务模块全部由大区总监直接管理的组织架构。招商工作不单独组建体系，全部纳入现有营销体系中。这样就充分调动了现有管理人员的积极性，使他们觉得招商不再是别人的事，而是自己应该的工作。

最后，企业不仅仅要把现有的营销人员纳入招商体系，而且要对负责人进行考核。一是考核招商业绩；二是要考核招商经理在一定时期内设定的人数。

三、转思路，建立立体招商新体系

企业一定要摒弃以前认为某一种招商方式就能解决问题、就能广泛地发展代理商、就能使招商回款上规模，而要充分认识到招商工作的专业性强、招商人员的综合能力要求也很高。对于公司来讲更是要进行长期的坚持，以点带面，形成星火燎原之势，这样才能显示出招商的规模。

对于Z企业，我们给出了如下方案：

（1）利用原有的电话招商部门，改变其职能，使电话招商部门从原来的招募代理商、抗指标、管理代理商成为一个只是负责信息收集、信息发布、上传下达的空中支援部队。

（2）利用前程无忧人才网，招募招商经理，组建招商队伍，这是招商工作的地面部队。

（3）在招募招商经理的同时可以把不适合做招商经理的人转为代理商，

这叫招人带招商，这也使代理商的队伍不断扩大，使公司业绩不断增加。

（4）可以通过专业的药品招商网站，常年发布广告，将公司的招商信息发布给代理商。

（5）通过专业的药品招商期刊，常年打广告，将公司的招商信息发布给代理商。

（6）通过这些手段，形成一支陆海空多兵种的招商体系，坚持相对较长的时间。

代理商看到了企业的坚持，也逐渐相信了企业的承诺，就会愿意与企业合作共同开发市场。队伍逐渐壮大、市场布局逐渐提高、招商回款的业绩大幅增加，这就是我们所追求招商的成功。

第六节　产品、模式和变革：Q 企业的营销体系打造

黄　屹

Q 企业是全国闻名的大型综合医药企业，其营销业绩、上市和研发的产品储备均在国内同行业中处于当之无愧的领先地位。

多年以来，由于 Q 企业并非上市公司，行事风格又一直十分低调，外界对其了解极为有限，这与其在行业内光鲜的业绩形成强烈的对比。因此，许多业内外人士都希望对 Q 企业的发展历程一探究竟，尤其是其强大营销体系的打造。

一、靠产品成功：构建强大的多领域优质产品网络

Q 企业的产品研发一直为业内瞩目。和国内许多医药企业类似，Q 企业以抗生素产品起家。尽管如此，从 20 世纪 90 年代初期开始，Q 企业已

经开始向高附加值产品进行业务转型。历经十余年的发展，企业成为国内优秀抗肿瘤产品的企业，并逐步成长为国内领先的抗肿瘤药龙头企业。

进入2000年后，Q企业开始了进一步产品布局的延伸，先后在神经系统、消化系统、抗感染、心血管等多个领域推出重磅产品。这些产品大都是国内首次上市，并被企业作为学术推广和销售的绝对重心，投入大量资源进行开发，其中多个产品还获得了单独定价，拥有政策和产品线资源优势，这些产品每年都为企业带来丰厚的销售收入。

迄今为止，Q企业的品种类型主要集中在目前我国药品使用量较大的治疗领域，而且都有很强的竞争力和系列化的重磅级产品，抗肿瘤领域尤为突出，也有疗效更好副作用更小的更新替代产品。在未来几年，Q企业仍会是这几个领域强有力的竞争者和市场占领者。不仅如此，在新兴的抗体药物等领域的布局情况，无论是人才引进、研发和生产体系建设、品种申报等诸多方面，Q企业的动作都异常迅速，令人叹为观止。

毫无疑问，Q企业持续打造的强大产品力，在其发展历程中为销售业绩的持续增长奠定了坚实的基础。

二、靠模式飞跃："自营+招商"并举，全面覆盖广阔市场

Q企业传统的肿瘤产品线以传统自营模式为主，从20世纪90年代首个抗肿瘤产品上市开始，经历多年的学术积淀，形成了肿瘤线的优势，实现了"四网"：销售团队、代理渠道、重点医院、核心专家网络的建设，为后续上市的数十个新肿瘤产品打下深厚基础。

尽管如此，由于企业营销体系的发展速度一度落后于企业产品线（尤其是新布局治疗领域产品）的发展，导致了一段时间内，企业的产品潜力无法充分释放。加之部分地区产品分线不彻底，使得业务人员推广其他产品动力不足。

为了解决这些问题，2003 年起，企业开始调整营销模式，由过去的自营队伍模式开始向“自营 + 招商”共存模式转变，开始打造专门的招商体系，并进行相应的产品分线管理。尽管两种模式之间仍存在协调、市场推广等问题，但“自营 + 招商”的共同发展为企业带来了良好的资源互补。

通过“自营 + 招商”并举的模式，Q 企业实现了销售额连续多年的高速增长，并为后续上市的产品进行了很好的铺垫。企业原有的产品潜力被进一步释放，在巩固原有的，尤其是医院市场优势的同时，开始快速覆盖原本自身较薄弱的普药、社区市场，和几乎空白的零售市场和其他区域市场。

甚至在某些重点品种的个别区域市场，企业采取了将销售权同时交给两支队伍的模式，包括企业内部的自营团队和外部的代理商，都可以进行销售，即使在同一市场上也可以交叉重叠。这样的策略最初引起巨大的争议，被认为会引起资源浪费，但随后，这一策略给营销团队带来压力的同时也产生了巨大的推动力，最终该产品获得了十分突出的销售业绩。

三、靠变革升华：从职能制到事业部制，积极应对市场机遇

在近几年的发展中，Q 企业的营销管理体系开始了二次变革，逐步从原有的直线职能制向事业部制变革。

在 Q 企业变革方案中，事业部作为独立的业务单元，下辖独立的营销体系和支持体系，能够获得行政、财务、销管等职能，成为拥有独立责权利的业务单元，拥有更快发展的资源条件。

在此基础上，Q 企业进一步强化了支持部门的管控职能，原有的市场部、销管部、财务部由服务职能向“服务 + 管理 + 指导”职能转变。通过这样的功能转变，业务部门得以获取更好的支持和管控，从而在降低风险的基础上得到飞速发展。

通过事业部变革，企业的一线营销队伍的职能和灵活性都得以深度强化，最大程度规避市场波动带来的问题，同时还起到了打破垄断、释放产品活力的效果，更解决了企业营销体系中的“养人”问题，逐步向以产品带队伍的机制转变。

Q企业的成功发展，正是靠雄厚的研发力提供强大的产品力为基础，靠自营和招商的双腿走路实现了销售的飞跃，靠组织变革完善了庞大的管理和营销体系。在此过程中，企业不断释放产品力，打造出多个领域的专业队伍，聚焦产品线品牌和企业品牌，朝着世界领先的医药企业不断迈进。

第七节 处方药学术推广的若干案例分析

郭东军

医药行业发展到今天，医院临床产品在医药市场上占有绝对的主导地位。许多国内企业确立了医院临床销售营销模式，也开始学做一些学术推广工作，但是在实际操作过程中，一是不知道怎么做学术推广。二是所做的学术推广工作不见效，只学了些皮毛，而不知其内涵。眼见外企把推广工作做得风风火火，自己却没有业绩，只知道着急却不知问题所在。为此，明晰国内药企的本土化学术推广道路非常重要。

一、学术推广实际操作

学术推广标准操作流程中的资料收集，包括最基础的临床数据收集，需要企业投入巨大资金，选择学科带头人和临床医院，做病理数据研究和病人流分析，而且时间较长。基础数据出来后，学科带头人在专业期刊发表文献，企业请其到各地讲课，这样一层一层带动医生从学术上认同该产品，为临床产品的学术推广打下深厚的基础。学术推广可分为国家级学会、省级学会的推广，企业要多参加这些学会组织的年会活动。还有就是地区级的组织各医院相关科室的学术推广活动。最后，就是组织专门的医院科室会。

各种学术推广活动如何配置力量，进行组织，只是一些实际操作中的熟练过程，不用过多赘述。

二、典型案例分析

笔者在企业咨询中，曾接触过几个学术推广做得比较好的企业，在此与广大读者分享。

案例一：M 药业是一家民族药企业，公司的一支独家心内科产品属民族药，对治疗高血压和冠心病有一定的疗效，但在确定其主治功能上一直摇摆不定，定位不准。为此，M 药业与阜外医院合作做高端临床试验，通过大量的临床数据，发掘出其国际前沿的代谢综合征临床适应证，通过对代谢综合征的治疗而改善高血压症状，试验效果远远好于预期。2011 年，该药单产品销售额还在 1 千万元左右，到 2012 年，单品实现销售额达 2 千多万元，预计 2013 年单品销售额将超 3 千万元。

案例二：Z 企业是一家在中药治疗风湿领域耕耘多年的企业。企业很注重学术推广，以前企业对国家级学会组织的年会都去参加，而且宣传做得很好，该产品在医药和卫生系统小有名气。但是该企业没有在高端医院做过临床数据研究，在基层医院也没有进行推广，所以十多年来，产品销售一直处于徘徊状态，企业发展也因此受到制约。自外来营销团队进驻以后，要求企业坚持参加国家和省一级的学术会议，起到了持续宣传作用；

同时开展区域性的医院学术推广会议及小型的科室会议。经过一段时间的终端学术耕耘，该风湿类系列产品在2011年时销售额只有1700多万元，到2013年预计可实现回款5000万元以上，企业盈利状况有所改观。企业计划在业绩进一步好转的情况下，将开始临床基础数据的研究工作，使该产品在医院临床学术的高度得以提高。

案例三：K企业是一家研发型化药企业，主打产品为抗抑郁用药。公司的几支产品为国内独家，且进入医保报销体系，只是在产品推广过程中，医院和医生的认同程度不是很高，产品销售一直很难上量。

面对营销瓶颈，公司下决心在学术推广上下功夫，招聘了一些科班出身、并有推广经验的员工，组建高素质的招商队伍。然而，在实际的学术推广中，医生虽开始逐渐认识该产品，但销售上量仍然达不到公司对市场潜力的评估要求。通过“外脑”诊断后认为，该产品在国际上都属前沿产品，国外也只有日本的推广工作做得较好，而国内的大医院及专科学术带头人对之都缺乏相应的认识，专家建议企业必须在北京、上海等大城市寻找相关学术带头人，做高端的临床数据收集，得出结果后，由学术带头人对各省市的大医院医生进行讲授，使整个学术推广工作起到了事半功倍的作用。

医院临床产品的学术推广工作是一个系统性工程，包括产品定位和整个工作的流程设计，都需要企业市场部人员仔细、认真地研究，从全局把握、分段分步实施，以科学的态度专注精力，将学术推广与销售上量更紧密地结合起来，取得满意的效果。

“本土管理实践与创新论坛”成立

长期以来,中国企业在学习西方管理、本土化实践中不断进步。经济进入新常态,管理也要进入深水区。东西方企业与管理,有共性,也有个性。本土管理领域正在产生自己独特的理论与模式。尤其在移动互联时代,中国的情况与西方更不同,有很多新课题,需要本土专家们一起研究。

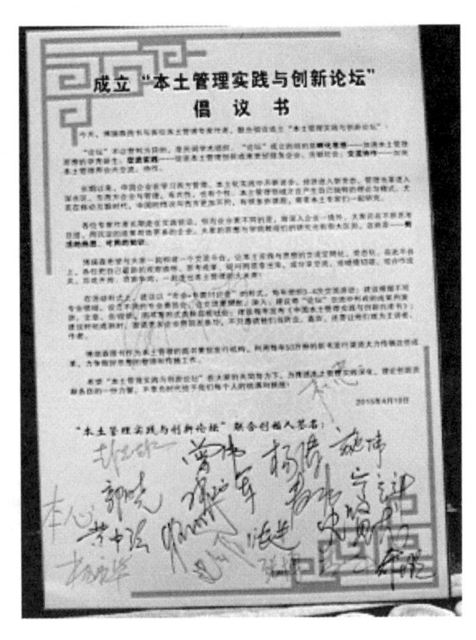
成立“本土管理实践与创新论坛”

倡 议 书

“本土管理实践与创新论坛”联合创始人签名:

为此,博瑞森图书与各位本土管理专家作者,联合成立“本土管理实践与创新论坛”!“论坛”不以盈利为目的。“论坛”的宗旨是:

孵化思想——加速本土管理思想的孕育诞生

促进实践——促进本土管理创新成果更好服务企业、贡献社会

交流协作——加强本土管理界业内交流、协作

通过这个论坛,让本土实践与思想的交流定期化、常态化。在此平台上,各位作者把自己最新的观察感悟、思考成果、疑问困惑拿出来,或分享交流、或碰撞切磋、或合作攻关。通过举办“年度论坛”、出版《年度报告》等方式,百花齐放、百家争鸣,一起走出本土管理的大未来!

“本土管理实践与创新论坛”联合创始人

彭志雄、曾伟、宋新宇、杨涛、施炜、郭晓、张学军、秦国伟、宁立新、黄中强、程绍珊、张进、史贤龙、杨永华、高可为、史立臣、张博、李志华、张本心、余世耀、杜忠(以年龄为序,以示本土管理群体思想传承之意)

博瑞森图书分类导读图 + 书目

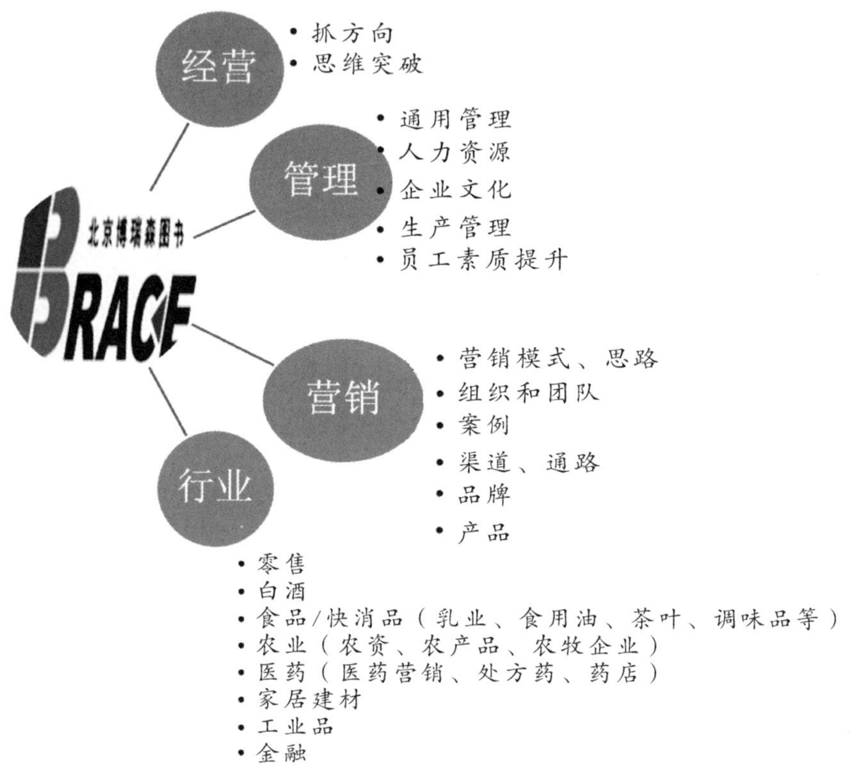

更多实战好书，请关注**“博瑞森管理图书网”**

BRACE http://www.bracebook.com.cn

博瑞森图书：多读干货，少走弯路

行业类：零售、白酒、食品/快消品、农业、医药、建材家居等

	书名．作者	内容/特色	读者价值
零售·超市·餐饮·服装·汽车	1. 总部有多强大，门店就能走多远 2. 超市卖场定价策略与品类管理 3. 连锁零售企业招聘与培训破解之道 4. 中国首家未来超市：解密安徽乐城 5. 三四线城市超市如何快速成长：解密甘雨亭 IBMG 国际商业管理集团　著	国内外标杆企业的经验 + 本土实践量化数据 + 操作步骤、方法	通俗易懂，行业经验丰富，宝贵的行业量化数据，关键思路和步骤
	涨价也能卖到翻 村松达夫　【日】	提升客单价的 15 种实用、有效的方法	日本企业在这方面非常值得学习和借鉴
	零售：把客流变成购买力 丁　昀　著	如何通过不断升级产品和体验式服务来经营客流	如何进行体验营销，国外的好经营，这方面有启发
	餐饮企业经营策略第一书 吴　坚　著	分别从产品、顾客、市场、盈利模式等几个方面，对现阶段餐饮企业的发展提出策略和思路	第一本专业的、高端的餐饮企业经营指导书
	赚不赚钱靠店长：从懂管理到会经营 孙彩军　著	通过生动的案例来进行剖析，注重门店管理细节方面的能力提升	帮助终端门店店长在管理门店的过程中实现经营思路的拓展与突破
	汽车配件这样卖：汽车后市场销售秘诀 100 条 俞士耀　著	汽配销售业务员必读，手把手教授最实用的方法，轻松得来好业绩	快速上岗，专业实效，业绩无忧
白酒	变局下的白酒企业重构 杨永华　著	帮助白酒企业从产业视角看清趋势，找准位置，实现弯道超车的书	行业内企业要减少 90%，自己在什么位置，怎么做，都清楚了
	1. 白酒营销的第一本书 2. 白酒经销商的第一本书 唐江华　著	华泽集团湖南开口笑公司品牌部长，擅长酒类新品推广、新市场拓展	扎根一线，实战
	区域型白酒企业营销必胜法则 朱志明　著	为区域型白酒企业提供 35 条必胜法则，在竞争中赢销的葵花宝典	丰富的一线经验和深厚积累，实操实用
	10 步成功运作白酒区域市场 朱志明　著	白酒区域操盘者必备，掌握区域市场运作的战略、战术、兵法	在区域市场的攻伐防守中运筹帷幄，立于不败之地
	酒业转型大时代：微酒精选 2014－2015 微酒　主编	本书分为五个部分：当年大事件、那些酒业营销工具、微酒独立策划、业内大调查和十大经典案例	了解行业新动态、新观点，学习营销方法
快消品·食品	乳业营销第一书 侯军伟　著	对区域乳品企业生存发展关键性问题的梳理	唯一的区域乳业营销书，区域乳品企业一定要看
	食用油营销第一书 余　盛　著	10 多年油脂企业工作经验，从行业到具体实操	食用油行业第一书，当之无愧
	中国茶叶营销第一书 柏　龑　著	如何跳出茶行业“大文化小产业”的困境，作者给出了自己的观察和思考	不是传统做茶的思路，而是现在商业做茶的思路
	调味品营销第一书 陈小龙　著	国内唯一一本调味品营销的书	唯一的调味品营销的书，调味品的从业者一定要看
	快消品营销人的第一本书：从入门到精通 刘　雷　伯建新　著	快消行业必读书，从入门到专业	深入细致，易学易懂
	变局下的快消品营销实战策略 杨永华　著	通胀了，成本增加，如何从被动应战变成主动的“系统战”	作者对快消品行业非常熟悉、非常实战
	快消品经销商如何快速做大 杨永华　著	本书完全从实战的角度，评述现象，解析误区，揭示原理，传授方法	为转型期的经销商提供了解决思路，指出了发展方向
	一位销售经理的工作心得 蒋　军　著	一线营销管理人员想提升业绩却无从下手时，可以看看这本书	一线的真实感悟
	快消品营销：一位销售经理的工作心得 2 蒋　军　著	快消品、食品饮料营销的经验之谈，重点图书	来源与实战的精华总结
	快消品营销与渠道管理 谭长春　著	将快消品标杆企业渠道管理的经验和方法分享出来	可口可乐、华润的一些具体的渠道管理经验，实战
	成为优秀的快消品区域经理 伯建新　著	37 个“怎么办”分析区域经理的工作关键点	可以作为区域经理的‘速成催化器’
	销售轨迹：一位快消品营销总监的拼搏之路 秦国伟　著	本书讲述了一个普通销售员打拼成为跨国企业营销总监的真实奋斗历程	激励人心，给广大销售员以力量和鼓舞

续表

农业	**农资营销实战全指导** 张　博　著	农资如何向"深度营销"转型,从理论到实践进行系统剖析,经验资深	朴实、使用！不可多得的农资营销实战指导
	农产品营销第一书 胡浪球　著	从农业企业战略到市场开拓、营销、品牌、模式等	来源于实践中的思考,有启发
	变局下的农牧企业发展9大策略 彭志雄　著	食品安全、纵向延伸、横向联合、品牌建设……	唯一的农牧企业经营实操的书,农牧企业一定要看
医药	**新医改下医药营销与团队管理** 史立臣　著	探讨新医改对医药行业的系列影响和医药团队管理	帮助理清思路,有一个框架
	医药营销与处方药学术推广 马宝琳　著	如何用医学策划把"平民产品"变成"明星产品"	有真货、讲真话的作者,堪称处方药营销的经典！
	新医改了,药店就要这样开 尚　锋　著	药店经营、管理、营销全攻略	有很强的实战性和可操作性
	电商来了,药店应该怎样开 尚　锋　著	电商崛起,药店该如何突围？本书从促销、会员服务、专业性、客单价等多重角度给出了指导方向	实战攻略,拿来就能用
	在中国,医药营销这样做:时代方略精选文集 段继东　主编	专注于医药营销咨询15年,将医药营销方法的精华文章合编,深入全面	可谓医药营销领域的顶尖著作,医药界读者的必读书
	OTC医药代表药店开发与维护 鄢圣安　著	要做到一名专业的医药代表,需要做什么、准备什么、知识储备、操作技巧等	医药代表药店拜访的指导手册,手把手教你快速上手
建材家居	**建材家居营销实务** 程绍珊　杨鸿贵　主编	价值营销运用到建材家居,每一步都让客户增值	有自己的系统、实战
	建材家居门店销量提升 贾同领　著	店面选址、广告投放、推广助销、空间布局、生动展示、店面运营等	门店销量提升是一个系统工程,非常系统、实战
	10步成为最棒的建材家居门店店长 徐伟泽　著	实际方法易学易用,让员工能够迅速成长,成为独当一面的好店长	只要坚持这样干,一定能成为好店长
	手把手帮建材家居导购业绩倍增:成为顶尖的门店店员 熊亚柱　著	生动的表现形式,让普通人也能成为优秀的导购员,让门店业绩长红	读着有趣,用着简单,一本在手、业绩无忧
工业品	**解决方案营销实战案例** 刘祖轲　著	用10个真案例讲明白什么是工业品的解决方案式营销,实战、实用	有干货、真正操作过的才能写得出来
	变局下的工业品企业7大机遇 叶敦明　著	产业链条的整合机会、盈利模式的复制机会、营销红利的机会、工业服务商转型机会……	工业品企业还可以这样做,思维大突破
	工业品市场部实战全指导 杜　忠　著	工业品市场部经理工作内容全指导	系统、全面、有理论、有方法,帮助工业品市场部经理更快提升专业能力
	工业品营销管理实务 李洪道　著	中国特色工业品营销体系的全面深化、工业品营销管理体系优化升级	工具更实战,案例更鲜活,内容更深化
金融	**交易心理分析** (美)马克·道格拉斯　著 刘真如　译	作者一语道破赢家的思考方式,并提供了具体的训练方法	不愧是投资心理的第一书,绝对经典
	精品银行管理之道 崔海鹏　何　屹　主编	中小银行转型的实战经验总结	中小银行的教材很多,实战类的书很少,可以看看
	支付战争 Eric M. Jackson　著 徐　彬　王　晓　译	PayPal创业期营销官,亲身讲述PayPal从诞生到壮大到成功出售的整个历史	激烈、有趣的内幕商战故事！了解美国支付市场的风云巨变
房地产	**产业园区/产业地产规划、招商、运营实战** 阎立忠　著	目前中国第一本系统解读产业园区和产业地产建设运营的实战宝典	从认知、策划、招商到运营全面了解地产策划
	人文商业地产策划 戴欣明　著	城市与商业地产战略定位的关键是不可复制性,要发现独一无二的"味道"	突破千城一面的策划困局

续表

经营类：企业如何赚钱，如何抓机会，如何突破，如何“开源”			
	书名．作者	内容/特色	读者价值
抓方向	让经营回归简单．升级版 宋新宇　著	化繁为简抓住经营本质：战略、客户、产品、员工、成长	经典，做企业就这几个关键点！
	企业由小到大要过哪些坎 卢　强　著	老板手里的一张“企业成长路线图”	现在我在哪儿，未来还要走哪些路，都清楚了
	企业二次创业成功路线图 夏惊鸣　著	企业曾经抓住机会成功了，但下一步该怎么办？	企业怎样获得第二次成功，心里有个大框架了
	老板经理人双赢之道 陈　明　著	经理人怎养选平台、怎么开局，老板怎样选/育/用/留	老板生闷气，经理人牢骚大，这次知道该怎么办了
	简单思考：AMT 咨询创始人自述 孔祥云　著	著名咨询公司（AMT）的 CEO 创业历程中点点滴滴的经验与思考	每一位咨询人，每一位创业者和管理经营者，都值得一读
	企业文化的逻辑 王祥伍　黄健江　著	为什么企业绩效如此不同，解开绩效背后的文化密码	少有的深刻，有品质，读起来很流畅
	使命驱动企业成长 高可为　著	钱能让一个人今天努力，使命能让一群人长期努力	对于想做事业的人，‘使命’是绕不过去的
思维突破	移动互联新玩法：未来商业的格局和趋势 史贤龙　著	传统商业、电商、移动互联，三个世界并存，这种新格局的玩法一定要懂	看清热点的本质，把握行业先机，一本书搞定移动互联网
	画出公司的互联网进化路线图：用互联网思维重塑产品、客户和价值 李　蓓　著	18 个问题帮助企业一步步梳理出互联网转型思路	思路清晰、案例丰富，非常有启发性
	重生战略：移动互联网和大数据时代的转型法则 沈　拓　著	在移动互联网和大数据时代，传统企业转型如同生命体打算与再造，称之为“重生战略”	帮助企业认清移动互联网环境下的变化和应对之道
	创造增量：穿越企业互联网转型的“黑洞” 刘红明　著	传统企业需要用互联网思维去创造增量，而不是用电子商务去转移传统业务的存量	教你怎么在“互联网＋”的海洋中创造实实在在的增量
	7 个转变，让公司 3 年胜出 李　蓓　著	消费者主权时代，企业该怎么办	这就是互联网思维，老板有能这样想，肯定倒不了
	跳出同质思维，从跟随到领先 郭　剑　著	66 个精彩案例剖析，帮助老板突破行业长期思维惯性	做企业竟然有这么多玩法，开眼界
	麻烦就是需求　难题就是商机 卢根鑫　著	如何借助客户的眼睛发现商机	什么是真商机，怎么判断、怎么抓，有借鉴

管理类：效率如何提升，如何实现经营目标，如何“节流”			
	书名．作者	内容/特色	读者价值
通用管理	1. 让管理回归简单．升级版 2. 让经营回归简单．升级版 3. 让用人回归简单 宋新宇　著	宋博士的“简单”三部曲，影响 20 万读者，非常经典	被读者热情地称作“中小企业的管理圣经”
	边干边学做老板 黄中强　著	创业 20 多年的老板，有经验、能写、又愿意分享，这样的书很少	处处共鸣，帮助中小企业老板少走弯路
	阿米巴经营的中国模式 李志华　著	让员工从“要我干”到“我要干”，价值量化出来	阿米巴在企业如何落地，明白思路了
	欧博心法：好管理靠修行 曾　伟　著	用佛家的智慧，深刻剖析管理问题，见解独到	如果真的有‘中国式管理’，曾老师是其中标志性人物

续表

流程管理	1. 用流程解放管理者 2. 用流程解放管理者 2 张国祥　著	中小企业阅读的流程管理、企业规范化的书	通俗易懂,理论和实践的结合恰到好处
	跟我们学建流程体系 陈立云　著	畅销书《跟我们学做流程管理》系列,更实操,更细致,更深入	更多地分享实践,分享感悟,从实践总结出来的方法论
战略落地	公司大了怎么管:从靠英雄到靠组织 AMT 金国华　著	第一次详尽阐释中国快速成长型企业的特点、问题及解决之道	帮助快速成长型企业领导及管理团队理清思路,突破瓶颈
	低效会议怎么改:每年节省一半会议成本的秘密 AMT 王玉荣　著	教你如何系统规划公司的各级会议,一本工具书	教会你科学管理会议的办法
	年初订计划,年尾有结果:战略落地七步成诗 AMT 郭晓　著	7 个步骤教会你怎么让公司制定的战略转变为行动	系统规划,有效指导计划实现
企业案例·老板传记	宗:一位制造业企业家的思考 杨　涛　著	1993 年创业,引领企业平稳发展 20 多年,分享独到的心得体会	难得的一本老板分享经验的书
	简单思考:AMT 咨询创始人自述 孔祥云　著	著名咨询公司(AMT)的 CEO 创业历程中点点滴滴的经验与思考	每一位咨询人,每一位创业者和管理经营者,都值得一读
	六个核桃凭什么:从 0 到 150 亿 张学军　著	首部全面揭秘养元六个核桃裂变式成长的巨著	学习优秀企业的成长路径,了解其背后的理论体系
	借力咨询:德邦成长背后的秘密 官同良　王祥伍　著	知名物流企业德邦的真实历史记录,讲述德邦是如何借助咨询公司的力量,进行自身成长与发展的	来自于德邦内部的第一线资料,真实珍贵,令人受益匪浅
	三四线城市超市如何快速成长:解密甘雨亭 IBMG 国际商业管理集团　著	国内外标杆企业的经验 + 本土实践量化数据 + 操作步骤、方法	通俗易懂,行业经验丰富,宝贵的行业量化数据,关键思路和步骤
	中国首家未来超市:解密安徽乐城 IBMG 国际商业管理集团　著	本书深入挖掘了安徽乐城超市的试验案例,为零售企业未来的发展提供了一条可借鉴之路	通俗易懂,行业经验丰富,宝贵的行业量化数据,关键思路和步骤
人力资源	回归本源看绩效 孙　波　著	让绩效回顾"改进工具"的本源,真正为企业所用	确实是来源于实践的思考,有共鸣
	曹子祥教你做绩效管理 曹子祥　著	复杂的理论通俗化,专业的知识简单化,企业绩效管理共性问题的解决方案	轻松掌握绩效管理
	把招聘做到极致 远　鸣　著	作为世界 500 强高级招聘经理,作者数十年招聘经验的总结分享	带来职场思考境界的提升和具体招聘方法的学习
	人才评价中心. 超级漫画版 邢　雷　著	专业的主题,漫画的形式,只此一本	没想到一本专业的书,能写成这效果
	走出薪酬管理误区 全怀周　著	剖析薪酬管理的 8 大误区,真正发挥好枢纽作用	值得企业深读的实用教案
	集团化人力资源管理实践 李小勇　著	对搭建集团化的企业很有帮助,务实,实用	最大的亮点不是理论,而是结合实际的深入剖析
	我的人力资源咨询笔记 张　伟　著	管理咨询师的视角,思考企业的 HR 管理	通过咨询师的眼睛对比很多企业,有启发
	本土化人力资源管理 8 大思维 周　剑　著	成熟 HR 理论,在本土中小企业实践中的探索和思考	对企业的现实困境有真切体会,有启发
	HRBP 是这样炼成的之"菜鸟起飞" 新　海　著	以小说的形式,具体解析 HRBP 的职责,应该如何操作,如何为业务服务	实践者的经验分享,内容实务具体,形式有趣

续表

企业文化	**华夏基石方法:企业文化落地本土实践** 王祥伍　谭俊峰　著	十年积累、原创方法、一线资料,和盘托出	在文化落地方面真正有洞察,有实操价值的书
	企业文化的逻辑 王祥伍　著	为什么企业之间如此不同,解开绩效背后的文化密码	少有的深刻,有品质,读起来很流畅
	企业文化激活沟通 宋杼宸　安　琪　著	透过新任 HR 总经理的眼睛,揭示出沟通与企业文化的关系	有实际指导作用的文化落地读本
	在组织中绽放自我:从专业化到职业化 朱仁健　王祥伍　著	个人如何融入组织,组织如何助力个人成长	帮助企业员工快速认同并投入到组织中去,为企业发展贡献力量
生产管理	**高员工流失率下的精益生产** 余伟辉　著	中国的精益生产必须面对和解决高员工流失率问题	确实来源于本土的工厂车间,很务实
	车间人员管理哪些事儿岑立聪　著	车间人员管理中处理各种“疑难杂症”的经验和方法	基层车间管理者最闹心、头疼的事,‘打包’解决
	1. **欧博心法:好管理靠修行** 2. **欧博心法:好工厂这样管** 曾　伟　著	他是本土最大的制造业管理咨询机构创始人,他从 400 多个项目、上万家企业实践中锤炼出的欧博心法	中小制造型企业,一定会有很强的共鸣
	欧博工厂案例 1:生产计划管控对话录 **欧博工厂案例 2:品质技术改善对话录** **欧博工厂案例 3:员工执行力提升对话录** 曾　伟　著	最典型的问题、最详尽的解析,工厂管理 9 大问题 27 个经典案例	没想到说得这么细,超出想象,案例很典型,照搬都可以了
	苦中得乐:管理者的第一堂必修课 曾　伟　编著	曾伟与师傅大愿法师的对话,佛学与管理实践的碰撞,管理禅的修行之道	用佛学最高智慧看透管理
	比日本工厂更高效 1:管理提升无极限 刘承元　著	指出制造型企业管理的六大积弊;颠覆流行的错误认知;掌握精益管理的精髓	每一个企业都有自己不同的问题,管理没有一剑封喉的秘笈 ,要从现场、现物、现实出发
	比日本工厂更高效 2:超强经营力 刘承元　著	企业要获得持续盈利,就要开源和节流,即实现销售最大化,费用最小化	掌握提升工厂效率的全新方法
	比日本工厂更高效 3:精益改善力的成功实践 刘承元　著	工厂全面改善系统有其独特的目的取向特征,着眼于企业经营体质(持续竞争力)的建设与提升	用持续改善力来飞速提升工厂的效率,高效率能够带来意想不到的高效益
员工素质提升	**跟老板“偷师”学创业** 吴江萍　余晓雷　著	边学边干,边观察边成长,你也可以当老板	不同于其他类型的创业书,让你在工作中积累创业经验,一举成功
	销售轨迹:一位快消品营销总监的拼搏之路 秦国伟　著	本书讲述了一个普通销售员打拼成为跨国企业营销总监的真实奋斗历程	激励人心,给广大销售员以力量和鼓舞
	在组织中绽放自我:从专业化到职业化 朱仁健　王祥伍　著	个人如何融入组织,组织如何助力个人成长	帮助企业员工快速认同并投入到组织中去,为企业发展贡献力量
	企业员工弟子规:用心做小事,成就大事业 贾同领　著	从传统文化《弟子规》中学习企业中为人处事的办法,从自身做起	点滴小事,修养自身,从自身的改善得到事业的提升

续表

营销类:把客户需求融入企业各环节,提供“客户认为”有价值的东西			
	书名.作者	内容/特色	读者价值
营销模式	**变局下的营销模式升级** 程绍珊　叶　宁　著	客户驱动模式、技术驱动模式、资源驱动模式	很多行业的营销模式被颠覆,调整的思路有了!
	卖轮子 科克斯【美】	小说版的营销学!营销理念巧妙贯穿其中,贵在既有趣,又有深度	经典、有趣!一个故事读懂营销精髓
	弱势品牌如何做营销 李政权　著	中小企业虽有品牌但没名气,营销照样能做的有声有色	没有丰富的实操经验,写不出这么具体、详实的案例和步骤,很有启发
	老板如何管营销 史贤龙　著	高段位营销16招,好学好用	老板能看,营销人也能看
	动销:产品是如何畅销起来的 吴江萍　余晓雷　著	真真切切告诉你,产品究竟怎么才能卖出去	击中痛点,提供方法,你值得拥有
组织和团队	**升级你的营销组织** 程绍珊　吴越舟　著	用“有机性”的营销组织替代“营销能人”,营销团队变成“铁营盘”	营销队伍最难管,程老师不愧是营销第1操盘手,步骤方法都很成熟
	用数字解放营销人 黄润霖　著	通过量化帮助营销人员提高工作效率	作者很用心,很好的常备工具书
	成为优秀的快消品区域经理 伯建新　著	37个“怎么办”分析区域经理的工作关键点	可以作为区域经理的‘速成催化器’
	一位销售经理的工作心得 蒋　军　著	一线营销管理人员想提升业绩却无从下手时,可以看看这本书	一线的真实感悟
	快消品营销:一位销售经理的工作心得2 蒋　军　著	快消品、食品饮料营销的经验之谈,重点突出	来源于实战的精华总结
	销售轨迹:一位快消品营销总监的拼搏之路 秦国伟　著	本书讲述了一个普通销售员打拼成为跨国企业营销总监的真实奋斗历程	激励人心,给广大销售员以力量和鼓舞
	用营销计划锁定胜局:用数字解放营销人2 黄润霖　著	全方位教你怎么做好营销计划,好学好用真简单	照搬套用就行,做营销计划再也不头痛
	快消品营销人的第一本书:从入门到精通 刘　雷　伯建新　著	快消行业必读书,从入门到专业	深入细致,易学易懂
营销案例	**解决方案营销实战案例** 刘祖轲　著	用10个真案例讲明白什么是工业品的解决方案式营销,实战、实用	有干货、真正操作过的才能写得出来
	招招见销量的营销常识 刘文新　著	如何让每一个营销动作都直指销量	适合中小企业,看了就能用
	我们的营销真案例 联纵智达研究院　著	五芳斋粽子从区域到全国/诺贝尔瓷砖门店销量提升/利豪家具出口转内销/汤臣倍健的营销模式	选择的案例都很有代表性,实在、实操!
	中国营销战实录:令人拍案叫绝的营销真案例 联纵智达　著	51个案例,42家企业,38万字,18年,累计2000余人次参与……	最真实的营销案例,全是一线记录,开阔眼界
	双剑破局:沈坤营销策划案例集 沈　坤　著	双剑公司多年来的精选案例解析集,阐述了项目策划中每一个营销策略的诞生过程,策划角度和方法	一线真实案例,与众不同的策划角度令人拍案叫绝、受益匪浅

续表

类别	书名/作者	内容	评价
产品	**产品炼金术Ⅰ:如何打造畅销产品** 史贤龙　著	满足不同阶段、不同体量、不同行业企业对产品的完整需求	必须具备的思维和方法,避免在产品问题上走弯路
	产品炼金术Ⅱ:如何用产品驱动企业成长 史贤龙　著	做好产品、关注产品的品质,就是企业成功的第一步	必须具备的思维和方法,避免在产品问题上走弯路
	新产品开发管理,就用 IPD 郭富才　著	10 年 IPD 研发管理咨询总结,国内首部 IPD 专业著作	一本书掌握 IPD 管理精髓
品牌	**中小企业如何建品牌** 梁小平　著	中小企业建品牌的入门读本,通俗、易懂	对建品牌有了一个整体框架
	采纳方法:破解本土营销 8 大难题 朱玉童　编著	全面、系统、案例丰富、图文并茂	希望在品牌营销方面有所突破的人,应该看看
	中国品牌营销十三战法 朱玉童　编著	采纳 20 年来的品牌策划方法,同时配有大量的案例	众包方式写作,丰富案例给人启发,极具价值
渠道通路	**快消品营销与渠道管理** 谭长春　著	将快消品标杆企业渠道管理的经验和方法分享出来	可口可乐、华润的一些具体的渠道管理经验,实战
	传统行业如何用网络拿订单 张　进　著	给老板看的第一本网络营销书	适合不懂网络技术的经营决策者看
	采纳方法:化解渠道冲突 朱玉童　编著	系统剖析渠道冲突,21 个渠道冲突案例、情景式讲解,37 篇讲义	系统、全面
	学话术　卖产品 张小虎　著	分析常见的顾客异议,将优秀的话术模块化	让普通导购员也能成为销售精英
	销售:如何与客户高层打交道 贺兵一　著	一套完整有效的销售策略	有工具,有方法,有案例,通俗易懂

北京时代方略企业管理咨询有限公司（以下简称“时代方略”）成立于2000年，专注医药行业管理咨询十余年，致力于打造中国医药咨询行业领导品牌，成为引领中国医药产业变革发展的顶级智库——医药行业思想创造者、战略引领者、模式创新者、管理提升者、资源整合者。

曾为跨国制药企业、国内医药工商业企业提供战略、营销、集团化管控、并购整合等管理咨询服务。合作客户包括辉瑞惠、帝斯曼、上海医药集团、国药控股、齐鲁制药、重庆医药集团、北药股份、以岭药业、仁和药业、吉林敖东、人福医药、北京舒泰神等近百家国内外医药企业。曾为CFDA和商务部提供政策研究服务，参与多次国家医药政策的制定，组织完成《基本药物制度对药品生产和经营的影响预判》《新版GSP法规修订》《医药流通行业发展规划（2011—2015）》等。

主要业务：

企业咨询：战略规划、营销管理、产品策划、品牌策划、集团管控、人力资源、国际化业务

政府合作：产业政策研究、医药园区规划

企业托管：市场部托管、营销托管、共建管理部门

并购整合：企业选择/价值评估、整合方案设计

高端培训：前言热点公开课、企业高管内训

服务优势：

专家优势：专职专业顾问，汇聚顶尖专家

资源优势：深耕医药行业，丰富行业资源

实战优势：百余咨询案例，专业覆盖面广

研究优势：前沿创新视野，深度研究成果

品牌优势：行业知名品牌，客户认可度高

服务优势：多种服务模式，灵活服务组合